행복작은
추억여행

행복창고 추억여행

초판 1쇄 발행 2024년 6월 28일

지은이 박인권
펴낸이 장길수
펴낸곳 지식과감성#
출판등록 제2012-000081호

교정 정은솔
디자인 정윤솔
편집 정윤솔
검수 주경민, 이현
마케팅 김윤길, 정은혜

주소 서울시 금천구 벚꽃로298 대륭포스트타워6차 1212호
전화 070-4651-3730~4
팩스 070-4325-7006
이메일 ksbookup@naver.com
홈페이지 www.knsbookup.com

ISBN 979-11-392-1929-6(03810)
값 18,000원

- 이 책의 판권은 지은이에게 있습니다.
- 이 책 내용의 전부 또는 일부를 재사용하려면 반드시 지은이의 서면 동의를 받아야 합니다.
- 잘못된 책은 구입하신 곳에서 바꾸어 드립니다.

지식과감성#
홈페이지 바로가기

행복찾는 추억여행

박인권 지음

들어가는 말

—

   살다 보면 잃어버리는 것도 많고, 잊어버리는 것도 많습니다. 이때 생각나는 말이 추억입니다. 추억은 잃어버린 것, 잊어버린 것을 되살리는 기억의 샘물 같은 존재입니다. 추억은 그리움을 먹고 살고 그리움은 추억 속에서 숨을 쉽니다. 추억이 세월을 거슬러 맞닿는 곳에 삶의 뿌리가 있습니다.

   누구에게나 추억이 있습니다. 누구에게나 어린 시절이 있습니다. 지난날이 그립고 부모님이 생각날 때 나는 고향집과 고향을 떠올립니다. 지금의 나, 현재의 내 삶을 만든 뿌리가 그곳에 신세를 지고 있기 때문입니다. 뿌리는 밥상머리 교육을 한 부모님, 웃고 싸운 형제들과의 우애, 사람 구실을 하게 해 준 선생님들, 또래의 학교 친구와 동네 친구들, 자식처럼 살갑게 대해 준 친척들과 다정다감한 동네 어른들, 골목길 놀이문화, 가정생활과 학교생활, 사람 냄새 나는 재래시장, 콩나물시루 교실 등 이루 헤아리기 힘들 정도로 다양합니다.

   시대가 바뀌어도, 세대가 달라도, 문화적 감수성이 색깔을 달리해도 우리는 모두 동시대(同時代)를 살아가는 동시대의 국민입니다. 역사는 개개인의 일상적 삶의 총화(總和)입니다. 한 인간이 죽고 나면 그만큼이 역사의 무게에서 빠져나갑니다. 역사는 한 사람 한 사람의 인생을 모두 더한 총체적 결정체와 다르지 않습니다. 시대의 운명을 바꾼 난세의 영웅들만이 역사의 주인공은 아닙니다. 이름 모를 장삼이사(張三李四)들이 한평생 살아온 크고 작은 일상과 희로애락이 덩어리져 세상을 움직이는 게 역사입니다.

   마찬가지로 한 생명이 태어나 또 하나의 삶이 시작되면, 역사의 공간은 그만큼 새롭게 채워지고 역사의 무게도 조금 더 묵직해집니다.

　세대 간의 갈등도 따지고 보면 지극히 당연하다고 할 수 있겠습니다. 살아온 시대가 다르고, 걸어온 길이 다르니 세상을 바라보는 관점도 같을 수가 없을 것입니다. 현세대는 윗세대를 모르고, 윗세대는 현세대를 이해하기 쉽지 않습니다.

　내가 성장기를 보낸 고향집과 고향에서 겪었던 이런저런 일상은 그런 점에서 한 세대 아래의 인생 후배들과 젊은이들에게 윗세대를 이해하는 작지만 의미 있는 지표(指標)가 될 수 있으리라 믿습니다. 내가 어린 시절과 청소년기를 보낸 고향집 언저리의 생활상은 한 개인에게만 국한된 제한적이고 단절적인 영역에 그치지 않습니다. 그것은 윗세대의 문화와 생활양식, 나아가 시대정신을 엿볼 수 있는 실마리와 같은 존재라 현세대와 윗세대를 이어 주는 정서적 소통의 창구가 될 수 있다는 바람에서입니다.

　지금은 사라지거나 세월의 풍화(風化)에 어쩔 수 없이 쓸려 나간 것들, 여전히 존재감이 살아 있거나 명맥을 유지하고 있는 것 모두 윗세대에게는 추억여행과 공감의 기회를, 현세대에게는 과거의 생활상에 새롭게 눈떠 레트로 감성을 자극할 기회이자 세대 간 동질성 회복의 계기가 되기를 소망합니다.

　추억여행이 그리운 중장년 세대와 레트로 취향에 호기심이 많은 20, 30대 젊은 층, 1970년대 생활상과 시대상이 궁금한 분과 세대 간 동질감 회복에 관심이 많은 분에게 이 책이 한 줌의 옹달샘이 된다면 더할 나위가 없겠습니다.

2024년 4월의 끝자락에서 박인권

목차

들어가는 말 _4

일러두기 _10

1. 고향집 오디세이

① 재래식 화장실 _12

② 대청마루 _18

③ 안방 _25

④ 부엌살림 _33

⑤ 다목적 공간, 가정집 마당 수돗가 _38

⑥ 설거지와 손빨래 _42

⑦ 연탄가스 중독 _48

⑧ 연탄불 갈기와 연탄재 _54

2. 아버지에 대한 기억

① 처음이자 마지막인 아버지의 손찌검 _62

② 부도(不渡)난 사업 _69

③ 아버지 손잡고 간 전학(轉學) 첫날과 짧았던 번화가 생활 _74

④ 아버지의 잠버릇과 종합 선물 세트 _78

⑤ 아버지의 존댓말과 객지 생활 _85

⑥ 인명(人命)은 재천(在天)이라는 명제(命題)는 참인가 _91

3. 어머니에 대한 기억

① 처음이자 마지막이었던 외갓집 방문 _102

② 어머니의 소리 - 다듬잇방망이 소리 _107

③ 어머니의 신체적 비밀 _114

④ 고봉(高捧)밥과 누룽지 _118

⑤ 어머니 앞에 출두한 금기(禁忌)의 단어 참척(慘慽) _122

⑥ 혼식(混食) 장려 운동과 보리밥 _127

⑦ 벙어리장갑과 털 스웨터 _132

⑧ 어머니와의 이별(上) _136

⑨ 어머니와의 이별(下) _141

4. 어머니의 음식

① 오징엇국과 배춧국 _150

② 신김치와 김치찌개 _155

③ 어머니표 김치와 밑반찬 _160

④ 육회(肉膾)와 붕장어회 _165

5. 기와집에서 여름나기

① 등목의 추억 _172

② 아이스케키와 빙수(氷水), 냉차(冷茶)의 추억 _177

③ 부채의 미학(美學) _181

④ 모기장과 모기향, 파리채 _186

⑤ 수박화채(花菜) _191

6. 기와집에서 겨울나기
① 한겨울 공부방 _198
② 석유파동과 동네 주유소 _202
③ 윗목과 아랫목 _208
④ 군밤, 군고구마, 어묵탕 _213
⑤ 만둣국과 감자수제비 _218

7. 골목길 오디세이
① 우산 수선(修繕) 장수와 엿장수 _224
② 길거리의 육체 예술가, 칼 장수 _230
③ 고물(古物) 장수 _234
④ 찹쌀떡과 메밀묵, 홍게 장수 _237
⑤ 뻥튀기와 강정 _241
⑥ 서커스 공연 _247
⑦ 방역차(防疫車)와 환경위생(衛生)차 _252
⑧ 약장수와 차력사(借力師) _256
⑨ 동네 방앗간 _261

8. 골목길 놀이 문화
① 구슬치기 _268
② 구멍 넣기 _273
③ 짤짤이(上) 게임 방식과 신경전의 유형 _276
④ 짤짤이(下) 딜러의 방어 전략과 경우의 수 _281
⑤ 이병 놀이(上) 사회학적 가치와 게임 방식 _286

⑥ 이병 놀이(下) 전봇대 앞 백병전과 다양한 공격 전술 _290

⑦ 자치기 _293

⑧ 딱지치기 _297

⑨ 말타기와 마부 놀이(上) _302

⑩ 말타기와 마부 놀이(下) _307

9. 군것질의 추억

① 달고나(포또 띠기) _314

② 눈깔사탕, 풍선껌, 센베이, 양갱(羊羹) _319

③ 황도(黃桃), 번데기, 밀크캐러멜, 카스텔라, 크라운산도 _323

④ 새우깡, 초코파이, 맛동산, 가나 초콜릿 _327

10. 잃어버린 것에 대하여

① 금산(錦山) 인삼 봇짐장수 _334

② 일회용 비닐우산 _338

③ 만병통치 빨간약 _344

④ 책가방과 교과서 북 커버 _348

⑤ 공중목욕탕(沐浴湯) _353

⑥ 동네 개천의 여름과 겨울(上) 잠자리 사냥 _358

⑦ 동네 개천의 여름과 겨울(下) 얼음 썰매 타기 _363

⑧ 민화투(花鬪) 놀이 _369

⑨ 할머니의 곰방대와 막걸리 _374

⑩ 초등학교 가을 소풍과 운동회 _379

일러두기

책의 내용 중 일부 방언(方言)은 방언의 정서적 어감(語感)을 살리기 위해 소리 나는 대로 표기했고, 아이스케키와 아까징끼라는 표현은 당시 사용했던 용어의 원형을 재현할 목적임을 밝힌다.

1.
고향집 오디세이

① 재래식 화장실

북촌의 한옥. 고향집은 개량 기와집이라 전통 기와집 양식과는 조금 달랐다. 장독대도 시멘트 계단을 밟고 올라가야 했는데, 바닥에서 높이가 3m쯤 됐다.

#기와집의 구조

어릴 때, 고향집은 개량 기와집이었다. 널따란 대청마루를 사이에 두고 큰방과 작은 방이 있었고, 마당 너머로 세(貰)를 놓은 곁방이 하나 딸려 있었다. 부모님과 위로 두 형, 나 다섯 식구가 살았는데 대청마루는 우리 3형제의 놀이터였다. 큰방에 딸린 부엌에 수도가 설치돼 있었고, 마당 한 구석에 또 하나의 큼지막한 수도 시설이 갖춰져 있었다.

#연탄 난방과 양은솥

그 시절 기와집이 그러했듯 화장실은 재래식으로 대문 바로 옆에 외톨이처럼 떨어져 있었고 난방 방식은 연탄이었다. 사시사철 연탄이 떨어질 날이 없었고, 연탄을 보관하는 창고가 따로 있었다. 큰방에는 연탄아궁이가 두 개 있었는데, 하나는 난방용이었고, 다른 하나는 석유풍로(風爐)와 함께 취사용이었다.

한겨울이면 큰방 아궁이 한쪽에 늘 커다란 양은솥이 걸려 있었다. 온수 시설이 없어 물을 데우기 위해서였는데, 아침에 일어나면 펄펄 끓는 물 몇 바가지를 떠 미리 받아 둔 찬물과 섞어 세수하고 머리를 감곤 했던 기억이 난다.

자기 전에 누군가 데운 물을 바닥이 드러날 때까지 사용하고는 물을 채우는 것을 깜빡 잊은 날이면 다음 날 아침 기상 시간이 가장 빠른 아버지의 호통에 가족 모두 움찔했던 적도 더러 있었다.

#아담한 정원

마당 한가운데에는 아담하지만 소담스럽게 꾸며진 정원이 있었는데, 그 안에 심어진 형형색색의 꽃들이 고운 자태와 은은한 향기로 기와집의 정취를 돋웠다. 키 큰 모과나무와 감나무도 마당을 지키고 있었는데, 수확 철이면 모과 술을 담그고 떨감이 홍시(紅柹)가 될 때까지 기다렸다 온 가족이 둘러앉아 나눠 먹었던 기억이 생생하다.

#온돌방 생활

나이가 제일 어린 나는 주로 부모님이 계시는 큰방에서 지내다가도 수시로 형들이 있는 작은방에서 자곤 했다. 온돌방에서 이불을 깔고 자던 시절이라 작은방이라도 세 명이 자기에 큰 불편함이 없었다. 1960년대 말에서 1970년대 초만 하더라도 식구들 각자의 방은 언감생심 꿈도 못 꿀 일이었다. 다 같이 허리띠를 졸라매던 그때 남자 형제나 여자 형제 두셋이 같은 방을 쓰는 일은 흔했다.

지금 와서 생각해 보면, 한 방에서 형제가 부대낌으로써 서로 간에 다툼의 원인이 되기도 했지만, 그보다는 알게 모르게 피붙이의 정을 느끼게 한 긍정적인 효과가 훨씬 더 많았던 것 같다. 안타깝게도 큰형은 40대 후반의 나이에 불의의 사고로 세상을 떠났고, 둘째 형은 사는 지역이 달라 왕래가 뜸하다 보니, 어릴 때가 더욱 그리워진다.

크고 작은 다양한 장독들이 놓여 있는 장독대.

#기와집과 화장실

그 시절 식구들이 가장 불편해했던 게 하나 있었는데, 화장실 문제였다. 그때는 화장실이라는 이름 대신 변소(便所)라고 불렀다. 한자어에서 알 수 있듯, 배설하는 장소라는 뜻으로 노골적이고 직접적인 표현이다. 시골에서는 화장실을 뒷간(間)이라고 호칭했는데, 변소보다 부드럽게 순화한 이름이다. 어의(語義)를 살피자면 뒤에 있는 곳이라는 의미인데 살림집과 부엌에서 동떨어진 위치를 강조한 이름이 아닌가 싶다.

#해우소(解憂所)

한자어로 된 해우소(解憂所)라는 호칭도 있다. 글자 그대로 근심 걱정을 없애는 곳이라는 아주 멋스럽고 철학적인 이름이 아닐 수 없다. 요즘도 산자락에 자리한 절을 방문하면 해우소라는 안내판이 걸린 모습을 심심찮게 볼 수 있다. 오늘날 일반적으로 통칭하는 화장실(化粧室)은 화장하는 방을 뜻하는데, 용무를 마치고 얼굴과 옷매무새를 고치는 용도를 세련되게 부각한 현대식 명칭이다.

#아침마다 전쟁터로 돌변하는 화장실

우리 가족과 곁방 식구까지 일곱 명이 대문 옆 화장실 하나를 공동으로 사용했던 터라, 아침마다 전쟁터가 따로 없었다. 재래식 변기와 소변기가 하나씩 설치된 화장실은 낮이나 밤엔 한산하다가도 아침만 되면 서로 먼저 차지하느라 북적거리기 일쑤였다. 궁하면 궁한 대로 살길이 있다고, 일찌감치 일어나 화장실을 먼저 다녀오거나 아예 생체리듬이 늦게 발동되도록 스스로 조절해 맨 나중에 드나드는 것이 하나의 방법이었다.

 이런저런 사정으로 늦잠을 자 화장실 대기자가 밀려 있는 와중에 생리현상이 급발진이라도 하는 경우엔, 이만저만 고생이 아니었다. 아랫배에서 묵직한 놈이 긴급 구조 신호를 보내올 때의 그 곤혹스러움은 당해 본 사람은 다 알 것이다. 그럴 때면, 각오를 단단히 해야 한다. 참을 인(忍), 한 글자를 주문처럼 되뇌며 괄약근의 군기(軍紀)가 풀어지지 않도록 온몸을 쥐어짜는 고통을 감수해야 한다.

 식은땀이 흐르고 머리끝이 쭈뼛해지는 무한 고통의 그 시간은 왜 그리 긴지, 하염없이 화장실 문이 열리기만을 학수고대(鶴首苦待)하는 것이다. 그러던 중 육체적 인내심이 한계에 이르러 괄약근의 확장 기세를 제어하지 못하는 순간, 시나브로 불쾌한 촉감이 뇌리를 스치며 아뿔싸, 하고 외마디 비명을 속으로 삼키게 된다. 현대식 화장실을 복수로 갖춘 아파트가 국민 주거 공간으로 정착한 지금에야 상상도 못 할 일이 그 시절엔 일상(日常)이었으니, 세상이 변해도 참 많이 변했다.

#여름은 덥고 겨울은 추운 기와집

 재래식 화장실을 떠올리면 생각나는 일화가 여럿 있다. 기와집 생활은 여름은 덥고, 겨울은 춥다. 건축자재의 품질이 지금과는 비교할 수 없을 정도로 떨어지는 데다, 열기와 냉기 차단에 적합하게 설계된 아파트와는 다른 기와집 특유의 구조적인 문제에 더해 열악한 냉난방 시설 등이 겹친 결과다. 가정식 에어컨이 희귀할 때라 부채와 선풍기로 한여름을 나야 했는데, 무더위를 견디기에는 역부족이었다. 특히 끈적끈적한 땀이 찰 정도로 열대야가 기승을 부리는 여름날이면 잠을 뒤척이기 일쑤였다.

겨울이라고 다를 게 없었다. 당시 기와집에 딸린 창문은 방풍(防風)과 방한(防寒) 기능이 있는 이중창이 아니라 외겹의 홑창이 일반적이라 한겨울 추위에 속수무책이었다. 난방 방식도 연탄을 때는 온돌식 난방이라 방바닥만 따뜻할 뿐, 외풍(外風)이 심하고 방 안은 냉기(冷氣)가 싸늘했다. 영하 10도를 넘나드는 강추위가 맹위를 떨치는 날에는 두꺼운 솜이불로 온몸을 꽁꽁 감싸야 겨우 잠을 이뤘다.

놋쇠로 만든 요강.

#겨울나기의 필수재, 요강

겨울날 한밤중에 요의(尿意)가 느껴지면 보통 성가신 게 아니다. 마당 구석에 떨어져 있는 재래식 화장실을 가자니, 춥기도 하고 귀찮기도 이만저만이 아니다. 이때 요긴한 물건이 있으니, 바로 요강이다. 지금은 추억 속에서나 존재하는 요강은 뚜껑이 달린 단지 모양으로 생긴 소변(小便)을 누는 그릇인데, 놋쇠나 사기(沙器)로 만들어졌다. 기와집 생활에서 요강은 나이 드신 어르신들의 겨울철 필수품이나 다름없었다. 방 한구석 윗목에 두는 집도 있지만 우리 집은 대청마루 귀퉁이에 늘 요강이 놓여 있었다. 이른 아침에 일어난 어머니가 제일 먼저 하는 일도 출렁이는 요강을 조심스레 비우고 깨끗이 세척(洗滌)하는 것이었다. 돌이켜 보면 요강은 옛날 기와집이나 시골 초가집에서 겨울을 나는 데에 꼭 필요한 아이디어 상품이 아니었나, 하는 생각이 든다.

#한여름에 화장실 가기

겨울은 그나마 요강이라도 있었지, 푹푹 찌는 여름날 화장실을 가는 것은 여간 괴로운 일이 아니었다. 화장실 문을 열면 좁은 공간에 갇힌 열기(熱氣)가 사정없이 온몸을 덮치는 데다 사방으로 떠다니는 지독한 암모니아 냄새가 코를 찔렀다. 파리 떼와 모기떼까지 설쳐 대는 여름철이면 날마다 어쩔 수 없는 지독한 화생방 훈련에 시달려야 했는데, 지금 생각해도 머리가 지끈거린다. 맨살을 드러내고 쪼그리고 앉아 있을라치면 어쩔 수 없이 모기떼의 일방적인 기습 공격을 받곤 했는데 그나마 속전속결(速戰速決)만이 피의 희생을 줄이는 방책이었다.

재래식 화장실과 관련해 또 하나 떠오르는 것이 있다. 화장실용 두루마리 화장지가 귀한 시절이라 가정집에서는 대개 신문지를 휴지 대용으로 사용했다는 점이다. 당시만 하더라도 당연하게 받아들였지만, 요즘 세대의 눈으로 보면 딴 세상에서 벌어진 희한한 일이라 여기고도 남을 것이다.

#위생(衛生) 차

재래식 화장실이 불편한 점은 또 있다. 급수장치가 장착돼 분뇨(糞尿) 처리시설이 자동화된 수세식(水洗式) 화장실과 달리 재래식 화장실은 수동으로 오물을 제거해야 하는 방식이었다. 집집마다 위생(衛生) 차를 따로 불러 유료로 분뇨를 수거해야 했는데, 우리 집은 한 달에 한 번꼴로 이용했던 기억이 어렴풋이 난다. 동네에 위생 차가 출동한 날이면 고약한 냄새가 온 사방에 퍼져 인상을 찌푸리곤 했었다.

호랑이 담배 피우던 까마득한 옛날이지만 그 시절에는 그 시절대로 불편해도 다 그렇게 살았다.

② 대청마루

안동 도산서원 전통 한옥의 대청마루.

#대청마루의 의미

나에게 대청마루는 곧 고향집을 뜻한다. 그 말을 들으면 어릴 때 부모님, 두 형과 오래 살았던 추억이 현재진행형으로 생생하게 눈앞에 그려진다. 고향집 대청마루에 대한 그리움은 헤아릴 수 없이 많다. 안방과 작은방 사이에 니스 칠 한 나무 바닥이 정사각형에 가까운 직사각형으로 넓게 깔린 대청마루는 늘 번지르르했다. 니스 칠이 햇빛에 반사돼 윤기가 나고 매끄러운 대청마루를 어머니는 하루에도 몇 번씩 정성을 다해 걸레로 닦고 훔쳤다.

#걸레질의 고단함

생각해 보면 그 시절, 걸레질은 중노동이나 다름없었다. 진공청소기와 물걸레 청소기가 가정집에 등장하기 훨씬 전이라 빗자루로 일일이 바닥을 쓸고 손걸레로 이 방 저 방 마루까지 닦는 일은 여간 힘든 일이 아니었다. 엉거주춤한 자세로 허리를 구부려야 하는 빗자루질도 고되었지만, 무릎을 꿇고 몸을 앞으로 밀면서 나아가는 걸레질에 비할 바는 아니었다.

걸레질이 중노동인 이유는 무릎과 허리, 손목, 팔, 어깨, 목으로 이어지는 신체의 중요 부위를 하나도 빠짐없이 강도 높게 압박하기 때문이다. 더구나 빗자루질에 비해 걸레질은 시간이 두세 배는 더 걸려 한계 노동 고통지수가 가파르게 올라간다. 손으로 물걸레를 움켜쥐고 방바닥을 한번 닦아 보라. 방 2~3개와 거실까지 걸레질을 마치고 나면 삭신이 쑤시고 앞이 노래질 것이다. 그 옛날 우리의 어머니들은 가사 노동의 육체적 완결판이랄 수 있는 고된 걸레질을 평생 날마다 군말 없이 당연한 일상으로 받아들였다. 새삼 그 거룩한 노고(勞苦)에 경의를 표하지 않을 수가 없다.

#청소 당번

초등학교 다닐 때, 어쩌다 휴일에 용돈벌이 삼아 어머니를 대신해 형들과 청소를 한 적이 있었다. 어린 나이였지만 청소가 힘든 걸 알았던지 3형제는 가위바위보로 순번을 정했다. 청소할 장소와 빗자루질과 걸레질 담당을 가리기 위해서였다. 1등은 청소할 장소 한 군데만 골라 빗자루질만 하면 됐고, 2등은 나머지 공간의 빗자루질을, 꼴찌는 모든 공간의 걸레질을 도맡아야 했다. 가위바위보 결과에 따라 희비가 크게 엇갈리는 사안의 중대성을 참작해 단판 승부가 아닌, 삼세판으로 공정하고 합리적으로 순위를 가리곤 했는데, 그때를 생각하면 웃음이 절로 난다.

#다목적 공간인 대청마루

대청마루는 다목적 공간이었다. 가장 먼저 떠오른 것은 우리 형제들의 맞춤형 놀이터였다는 사실이다. 안방보다도 넓은 대청마루에서는 흥미진진한 놀이와 게임이 날마다 펼쳐졌다. 대청마루에서 시간 가는 줄 모르고 신나게 놀았던 내게 제일 먼저 기억에 남는 게임은 미니 탁구 경기였다. 경기가 벌어지는 무대인 탁구대(卓球臺) 설치는 의외로 간단했다. 우리 집에서 제일 큰 행사용 상(床)을 셋이 들어 대청마루에 펼치면 됐다. 손님을 집으로 초대해 정성을 다해 음식을 대접하거나, 명절 제사 때 사용하던 상이 임시 탁구대로 쓰인 것이다.

#대청마루와 탁구 게임

탁구대를 대신한 상은 나뭇결이 그대로 드러난 두꺼운 원목에다 열에 강하고 투명한 포마이카 칠을 해 광택이 나는 고급 제품이었다. 실제 탁구대보다

셰이크핸드 라켓의 앞면(왼쪽)과 뒷면(오른쪽).

야 작지만, 움직이는 탁구공을 되받아 튀기는 반발력이 뛰어나 게임을 하는 데에 불편함이 없었다. 오히려 탁구대 공간이 실제 탁구대보다 좁아 네트 반대편에서 넘어온 공에 대한 반응 속도가 빠를 수밖에 없어 박진감이 넘쳤다. 공의 비행거리가 짧아 낙하지점까지 걸리는 시간도 그만큼 빨라 순발력이 없으면 상대 공격을 막아 내기 힘들었다.

탁구대 양쪽을 가르는 네트는 다듬잇방망이 한 쌍을 옆으로 잇대 만들었다. 탁구 라켓과 탁구공은 동네 문방구에서 샀고, 경기 규칙은 실전과 똑같이 적용했다. 장소가 대청마루고, 탁구대가 포마이카 상이라 양반다리를 하거나 무릎을 꿇은 자세로 게임에 임했다. 내가 탁구 라켓을 처음 잡아 본 게 이때였다. 형들도 마찬가지였다. 내 나이 10살 때였다. 임기응변에 능한 순발력과 함께 정식 규격보다 협소한 탁구대 안에 공을 떨어뜨리는 정확성이 필요했기에 탁구 감각을 익히는 데에는 그만이었다. 정식으로 탁구 지도를 받은 적이 없으면서도 이때의 경험이 몸에 배 동네 탁구장에서 친구들과 내기 탁구를 해도 꿇리지 않았다.

#복싱 경기

탁구 다음으로 많이 즐긴 놀이는 복싱이었다. 아버지가 사다 주신 글러브를 끼고 대청마루 전체를 링으로 삼아 1분 1회전 3라운드 경기를 한 당시 모습이 뚜렷하게 기억에 남아 있다. 놀이로 하는 경기라 행여 다칠세라 얼굴 가격은 금물이고 몸통 공격만 허용됐다. 한 번이라도 복싱 글러브를 껴 본

복싱 글러브.

사람은 알겠지만 맨 주먹일 때와는 비교가 안 되게 체력 소모가 엄청나다. 글러브의 무게감이 만만찮아 시간이 조금만 지나도 숨을 헐떡거리게 되고 양다리에 힘이 쭉 빠져 주먹을 내밀기가 쉽지 않고 방어 자세인 가드가 자꾸 내려온다. 1분 1회전 3라운드가 어찌나 긴지 게임이 끝나고 나면 형들이나 나나 기진맥진해 한참을 누워 있곤 했다.

#씨름과 팔씨름

그 시절, 남자아이들이 있는 가정에서 으레 그랬듯, 씨름과 팔씨름도 우리 형제들의 무료함을 달래는 놀이였다. 팔씨름은 두 살, 다섯 살 위의 형들을 이길 수 없었지만 씨름은 간혹 내가 이기기도 했는데, 우연의 결과이거나 막내의 기(氣)를 살려 주려 일부러 쓰러져 준 것이 아닐까 짐작할 뿐이다.

#딱지치기

딱지치기도 빼놓을 수 없다. 딱지치기는 대청마루에서도 하고 마당에서도 했다. 신문지나 빳빳한 잡지 종이를 정사각형 모양으로 풀리지 않게 안으로 꼬아 접으면 딱지가 완성됐다. 바닥에 놓인 상대 딱지를 내 딱지로 쳐서 뒤집으면 이기는 놀이였다. 문방구에서 장비와 재료를 돈을 주고 사야 하는 다른

놀이와 달리 돈이 들지 않아 당시 아이들 사이에서 인기가 많았다. 승부를 가르는 방식은 두 가지였다. 가위바위보에서 이기는 사람이 최초의 공격권을 확보하면서 놀이는 시작된다. 하나는 손에 쥔 내 딱지로 상대 딱지 밑바닥을 들어 올리듯 세게 쳐서 넘기는 거였고, 나머지 하나는 상대 딱지 옆면에 밀착시킨 한쪽 발 안쪽을 지렛대 삼아 손으로 가격해 뒤집는 거였다.

홍보용 전단지(맨 위)와 신문지(왼쪽), 노트(오른쪽)로 접은 딱지.

한쪽 발을 대는 방식은 타격을 가했을 때 상대 딱지가 내 발에 부딪히는 반동을 이용할 수 있어 손만 사용하는 방식보다 유리하다. 발 기술이 뛰어난 아이들이 선호했다. 상대 딱지를 공격한 내 딱지가 원래 상태를 유지한 상대 딱지 위에 얹히는 경우가 있는데, 이때는 상대방이 이긴 것으로 간주한다. 실제 놀이 도중 간혹 이런 장면이 나온다. 딱지치기는 딱지끼리 부딪칠 때 나는 철퍼덕 소리가 집중력과 승부 욕구를 불타게 하고, 상대 딱지를 뒤집었을 때 맛보는 통쾌함이 매력인 놀이다.

#독서 공간

대청마루는 우리 형제들에게 놀이터 말고도 여러 가지 유익하고 실용적인 공간이었다. 우선 생각나는 것이 형제가 함께 또는 홀로 책을 읽는 공간으로 그만이었다. 장소가 넓어 드러눕거나 이리저리 뒤척이며 마음대로 책을 읽을 수 있었고, 통창을 활짝 열면 마당 정원이 훤히 내다보여 독서가 지루할 때쯤 한 번씩 바깥 풍경에 눈을 돌리곤 하는 재미가 쏠쏠했다. 세계 문학 전집과 백과사전, 동화책 등이 꽂힌 책장도 대청마루에 놓여 있어 이 책 저 책 눈 가는 대로 꺼내 읽는 편의성도 우리 형제가 대청마루를 선호한 이유였다.

#음악 감상실

대청마루는 또 음악 감상실이기도 했다. 집 안에 아무도 없을 때, 작은방에 있는 라디오 겸용 녹음기를 가져와 듣고 싶은 노래가 담긴 재생용 카세트테이프를 꽂고 흘러나오는 가락에 맞춰 흥얼거리기도 하고, 라디오 음악 프로에서 DJ가 선별한 인기 가요와 팝송에

1981년에 발매된 마그마의 노래가 담긴 카세트테이프.

심취하기도 했다. 카세트테이프는 1970년대에 대중화되면서 중고생들에게 인기가 많았고, 좋아하는 노래를 직접 녹음해 친구에게 선물로 주기도 했다. 1980년대 CD 플레이어가 개발되면서 점차 설 자리를 잃었으며 스마트폰 시대인 요즘에는 완전히 자취를 감췄다.

고등학생 때 내가 가장 좋아했던 라디오 방송은 현재까지도 계속 이어지고 있는 심야 라디오 음악 방송 〈별이 빛나는 밤에〉였다. 팝송 프로는 1973년 첫 방송을 시작한 〈두 시의 데이트〉를 애청했다. 〈별이 빛나는 밤에〉와 〈두 시의 데이트〉는 각각 방송 역사 55년, 51년을 자랑하는 장수 프로다.

음반 가게 진열대에 꽂혀 있는 카세트테이프와 CD.

#대나무 돗자리

그뿐 아니라 초여름과 한여름, 초가을 가족 식사는 거의 대청마루에서 해결했으며, 과일을 나눠 먹고 도란도란 이야기를 나누는 등 거실 용도로도 요긴하게 사용됐다. 폭서기(暴暑期)에 더위를 피할 유일한 공간도 대청마루였다. 뙤약볕이 내리쬐는 한낮만 아니라면 아침과 해거름, 저녁으로 제법 서늘한 마루의 기운은 그 위에 깐 대나무 돗자리와 더불어 불볕더위의 맹위를 제법 누그러뜨렸다. 대나무 돗자리는 습기를 제어하고 끈적거림을 없애는 효과가 있어 여름철 대청마루와 방 안의 필수품이었다. 해 질 무렵 대청마루에서 청하는 낮잠은 꿀잠이었다.

대청마루가 사계절 내내 사랑을 받은 것은 아니다. 추운 겨울에는 가족의 모든 활동 무대가 방 안으로 옮겨졌다. 여느 집과 비슷하게 우리 집의 난방기구도 연탄불과 석유난로라 통창으로 칼바람이 스며들고 매서운 한기(寒氣)가 공간을 파고드는 대청마루는 겨울철의 회피 장소였다.

#가래떡과 철제 금고

겨울철이라고 대청마루가 아주 쓸모없는 공간만은 아니었다. 설 명절 전후로 동네 방앗간에서 뽑아 온 가래떡과 떡국용 채 썬 떡을 소쿠리에 담아 말리고 보관하는 장소로 이용됐기 때문이다. 이 외에 대청마루의 기억으로는 3~4살짜리 어린아이 키 높이의 철제 금고와 책장, 전축이 떠오른다. 철제 금고는 기와집으로 거처를 옮기기 전, 내가 초등학교 2학년 때까지 살았던 양옥(洋屋) 시절 당시 주택사업을 하던 아버지가 현금 보관용으로 마련한 것이었다. 사업 실패로 이사를 하고 나서도 아버지는 철제 금고를 버리지 않고 인감도장과 이런저런 서류 따위를 담아 대청마루 한쪽 구석에 놓아두었다. 내가 고등학교에 입학한 1978년에는 거금을 들여 장만한 냉장고가 대청마루에서 가장 중요한 귀중품이 됐다.

③ 안방

#안방과 아버지

고향집 안방 하면 제일 먼저 떠오르는 이미지가 아버지다. 그것은 집에 계실 때면 언제나 양반다리를 하고서 안방을 지키고 있던 아버지의 모습 때문일 것이다. 집안의 가장(家長)이자 어머니의 동반자이면서 세 아들을 건사한 아버지는 내가 철들면서부터 쉽게 다가가기 힘든 엄한 존재였다. 정이 많은 성품을 타고난 아버지는 자식들에게 늘 자상하게 대했지만, 시시비비(是是非非)를 가릴 때는 한 치의 빈틈도 없이 대쪽 같았다. 내 또래의 아버지들이 으레 그랬듯, 아버지도 매사 자식들의 사소한 일탈(逸脫)을 그냥 넘기는 법이 없었다.

#밥상머리 교육

가령, 어른이 왔는데 앉아서 인사를 한다거나, 밥상머리에서 반찬 투정을 하고, 밥을 깨작깨작 먹을라치면 즉각 꾸짖는 일을 잊지 않았다. 문지방을 밟고 지나가면 복(福) 떨어진다는 말씀이 떨어졌고, 누워 있는 사람의 머리맡을 지나다니지 못하도록 타이르곤 했다. 어쩌다 별생각 없이 한두 숟가락 밥을 남길 때도 복 나간다고 밥그릇을 깨끗이 비우라는 충고에 속으로는 툴툴대면서도 실행에 옮기지 않을 도리가 없었.

#유일한 항변 수단, 묵비권

따지고 보면 복 떨어진다, 복 나간다는 말은 구전(口傳)으로 내려온 속신(俗信)에 불과해 과학적인 근거가 있다거나 합리적인 이유가 있는 것도 아니었다. 그렇다고 엄격한 가부장 교육이 몸에 밴 우리 형제로서는 감히 아버지의 말씀에 토를 달 수가 없었다. 아버지의 말씀에 유일하게 항변할 수 있는 수단은 고개를 숙인 채 고작 묵비권을 행사하는 정도였다. 아버지도 당신의 아버지, 즉 나의 할아버지 앞에서 수없이 겪었을 그런 경험에 비추어 자식들의 묵비권 제스처가 어떤 의미인지는 익히 알고 계셨을 것이다. 입을 다물고 아무 말도 하지 않는 침묵의 시간이 어느 정도 지나면, 아버지도 이만하면 됐다, 하는 뜻을 넌지시 내비치며 자리에서 먼저 일어났다.

아버지는 또 늦잠을 자거나 이불을 개지 않는 것도 그냥 넘어가지 않았다. 카랑카랑한 몇 차례의 고함에 일어나지 않을 수 없었고, 이따금 딴청을 피우며 꾀를 부리다가도 아버지와 눈이 마주치기가 무섭게 얼른 이불을 펼쳐 가로로 한 번, 세로로 한 번을 접어 장롱 속에 집어넣곤 했다.

#조간신문과 아버지
　새벽 일찍 일어난 아버지가 가장 먼저 찾는 것은 조간(朝刊)신문이었다. 대문 앞에 배달원이 떨어뜨려 놓고 간 신문을 집어 든 아버지는 안방에서 1면부터 맨 뒤 사설(社說)까지 그날의 주요 기사를 꼼꼼하게 정독했다. 기사를 읽을 때, 아버지는 습관처럼 담배를 빼 물었다. 기사 내용이 뭔가 심상찮으면 줄담배를 태우기도 했다. 1970년대 당시 신문 기사는 한자투성이였다. 제목은 물론 기사 본문과 사진 설명에도 한자가 빼곡했다. 한자를 모르면 신문을 읽을 수도, 이해할 수도 없었다. 구시대의 유물인 세로쓰기 시대였고, 지면(紙面) 수도 지금과는 비교가 안 되게 적었다.

　중학교에 입학하면서 한문을 배우기 시작했는데, 이때부터 신문을 조금씩 읽어 나갔다. 한글이 전 세계에서 가장 아름답고 과학적인 언어라는 데에는 이견의 여지가 없다. 문제는 우리말의 70%가 한자에 뿌리를 두고 있다는 점이다. 한자를 모르면 우리말을 읽고 쓰고 이해하는 문해력이 떨어질 수밖에 없다. 우리말을 제대로 구사하고 효과적으로 소통하기 위해서라도 한자에 대한 이해는 필수적이다.

세간에 화제가 된 '심심한 사과'에서 알 수 있듯이 매우 깊고 간절하다는 뜻의 심심(深甚)을 따분하고 지루하다는 의미로 받아들이는 황당한 일도 한자를 모르는 데서 비롯된 결과다.

#자리끼의 존재 의미

안방을 떠올리게 하는 또 하나의 중요한 물건은 자리끼다. 자리끼는 밤에 자다가 목이 말라 깼을 때 마시기 위해 머리맡에 준비해 둔 물이라는 뜻의 순우리말이다. 안방 아버지의 머리맡에는 늘 자리끼를 담은 양은(洋銀) 물 주전자(酒煎子)와 물잔이 놓여 있었다. 희한하게 아버지는 세상 모르게 주무시다가도 한밤중 또는 이른 새벽에 꼭 한 번은 눈을 떠 자리끼를 찾곤 했다. 친구분들과 흥에 겨워 거나하게 한잔 걸치고 온 날이면 자리끼를 찾는 횟수도 잦았다. 그런 날 술이 덜 깨, 물 주전자를 입에 대고 자리끼를 벌컥벌컥 들이킬 때 나는 소리는 내 귀에도 다 들렸다.

#양은 주전자와 술 심부름

우리 집에는 자리끼용 물 주전자 외에 또 하나의 양은 주전자가 있었다. 술 도매상인 동네 술도가(都家)에서 막걸리를 받아 올 때 쓰는 거였는데, 나도 술심부름을 심심찮게 했다. 어떤 날은 주전자에 막걸리가 넘치게

막걸리와 양은 주전자.

찰랑찰랑대기도 했는데, 그럴 때면 술맛이 궁금한 호기심이 일어 몇 모금 마시기도 했다. 시큼텁텁한 막걸리 맛을 알 턱이 없던 때라 아무런 감흥도 없었다. 당시에는 미성년자에게도 술과 담배를 팔았던 어리숙한 시대였다.

주전자의 한자 표기가 궁금해 사전을 찾아보니 술 주(酒) 자가 들어간 酒煎子로 확인됐는데, 막걸리를 받아 올 때 쓰이는 이유로 충분하겠다 싶어 웃음이 났다. 대학 다닐 때 학교 주변 선술집에서도 막걸리는 양은 주전자에 담아져 나왔다.

#스테인리스 재떨이

자리끼용 물 주전자 외에 사시사철 안방 한구석을 차지하고 있었던 물건이 또 있었는데, 스테인리스 재떨이였다. 그때는 실내외 어디에서나 담배를 피울 수 있었다. 흡연의 유해성과 간접흡연에 대한 경각심이 전무(全無)할 때라 흡연자들의 천국인 시절이었다. 아버지는 골초는 아니었지만 애연가였다. 정확하게 기억나지는 않지만, 하루에 대략 반 갑(匣), 10개비가량을 태우셨던 것 같다. 담배 심부름도 많이 했다. 50년 가까이 된 까마득한 옛날이지만 여러 차례 심부름을 한 탓에, 지금도 아버지가 태운 담배 브랜드를 기억하고 있다. 아버지가 즐겨 피운 담배 이름은 '태양'이었다. 기록을 살펴보니, 태양은 1974년에 처음 출시돼 1989년까지 판매된 것으로 나와 있다.

재떨이.

아버지는 쉰을 갓 넘긴 1980년대 초, 30년 넘게 피우던 담배를 단 한 번에 끊었다.

중고등학교 때 아버지 심부름으로 담배를 사러 자주 동네 가게에 들렀었다. 어느 날 집에 혼자 있을 때였는데, 혹시나 하고 안방 붙박이장 문을 열어 보았는데, 짐작대로 서너 개비가 빈 태양 담배 한 갑이 눈에 들어왔다. 단순 호기심이 발동해서 한 개비를 슬쩍 빼내 입담배 시늉을 했는데 기침만 나오고 무슨 맛인지 도통 알 수가 없었다.

#개비 담배와 선물용 보루 담배

내 또래들이 으레 그랬듯, 나는 대학 입학 오리엔테이션 때 재수생 동기들한테 처음 담배를 배웠다. 내 기억을 국산 담배 출시 공식 기록과 대조해 보니, 대학 때 주로 피운 담배는 청자와 은하수, 한산도, 거북선, 솔 등이었다. 1980년대 초중반까지만 해도 돈이 궁한 애연가들을 위해 길거리 가판대에서 개비 담배도 팔았다. 아마 3개비에 100원인가 했던 것 같다. 이 시기는 고속버스와 기차, 심지어 비행기 안에도 흡연석이 있었다. 1990년 1월 말, 대만으로 첫 해외 출장을 갈 때 비행기 맨 뒷자리에 마련된 흡연 공간에서 맛있게 담배를 피웠던 기억이 난다. 당시에는 선물용으로 10갑을 묶어 포장한 보루 담배가 인기였다.

#안방 살림살이

안방은 대청마루와 함께 우리 가족의 식사 공간이기도 했다. 여름과 초가을엔 대청마루, 봄과 늦가을, 겨울철에는 안방에 둘러앉아 아침과 점심, 저녁을 먹었다.

안방 살림살이로는 금성사 제품인 흑백 TV와 신일 선풍기, 전기밥솥, 어머니가 몸단장할 때 사용한 앉은뱅이 화장대, 다리미, 전화기, 장롱, 수납장, 재봉틀 등이 있었다.

#안방과 부엌의 소통망

안방은 부엌과 맞대어 설계됐는데, 양쪽으로 통하는 작은 미닫이문이 하나 있었다. 어른 몸통이 겨우 들어갈락 말락 한 이 문은 부엌에서 안방으로 음식을 실어 나르고 설거짓거리를 내놓는 용도로 사용됐다. 안방에서 부엌, 부엌에서 안방으로의 즉각적인 소통망이자 물건을 신속하게 옮길 수 있는 유통경로라 흥미로우면서도 실용적이었다.

어머니는 부엌에서 음식을 만드시다가 수시로 이 문을 열고 안방에 있는 우리에게 이것저것 잔심부름을 시키셨다.

#장롱과 비밀 공간

장롱 속 아래쪽에 딸린 3단짜리 수납함에는 어머니가 혼례 때 입었던 비단 치마저고리와 아버지의 바지저고리가 세월의 무게를 고스란히 끌어안고 들어 있었다. 어머니는 시어머니인 할머니한테서 선물로 받은 백금 가락지와 루비, 비취, 사파이어 반지, 진주 목걸이, 시계가 담긴 보석함도 장롱 속 수납함에 보관했다.

안방에는 어머니가 현금 다발을 감춰 둔 비밀 공간도 하나 있었다. 장롱 위 맨 왼쪽 끝자락에 1만 원권 지폐 뭉치를 보관했는데, 현금만 사용하던 시대라 혹시나 들이닥칠지도 모를 양상군자(梁上君子)로부터의 피해를 방지할 나름의 궁리에서 비롯된 게 아니었을까 생각된다. 주택가에 심심찮게 도둑들이 나타나던 시절이었다.

고백건대 고등학교 때 이 공간을 알아챈 나는 어느 날 어머니 몰래 1만 원권 한 장을 슬쩍 빼내 용돈으로 사용한 적이 있었다. 지폐 뭉치가 제법 두툼해 설마 한 장 빠진 것을 눈치채실 리야 없겠지, 하고 안심하기 무섭게 다음 날 그 사실을 안 어머니의 추궁에 사실대로 털어놓고 백배사죄했다. 어머니는 지폐 액수를 꼼꼼하게 따로 적어 두는 방식으로 현금 출납의 이상 유무를 통제하고 있었다. 어머니 혼자만 알고 넘어가 집안 식구들은 몰랐다. 철이 없던 때였다.

#벽장과 다락방

당시 기와집에는 요즘 시대에는 볼 수 없는 진귀한 구조물이 있었는데, 벽장(壁欌)과 다락방이 대표적이다. 벽장은 한자어 그대로 벽 속에 있는 또 다른 장롱이다. 방바닥에서 위로 대략 30cm 떨어진 지점에서부터 벽을 뚫어 미닫이문을 내고 그 안에 물건을 집어넣고 보관할 수 있는 일종의 다용도 공간이다. 일상적으로 많이 쓰는 물건, 가령 다리미나 바늘, 실, 골무, 가위, 헝겊, 단추 따위의 바느질 도구를 보관하는 작은 대나무 함인 반짇고리, 뜨개질바늘과 뜨개질실이 담긴 바구니, 다듬잇방망이와 다듬잇돌, 망치나 드라이버, 스패너와 같은 공구(工具) 세트, 재봉틀에 치는 기름통, 심지어 심심풀이 간식용 뻥튀기와 후식으로 즐겨 먹었던 귤 등이 그 안에 있었다. 앉아서도 벽장 문을 열어 손쉽게 물건을 꺼내고 넣을 수 있어 접근성과 편의성이 뛰어난 공간이었다.

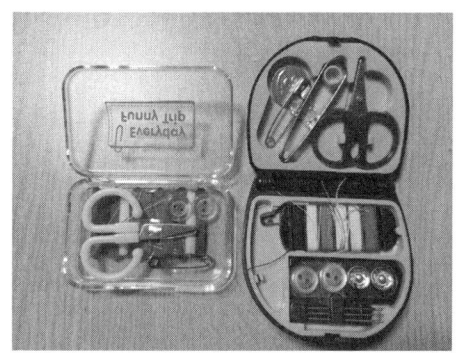

반짇고리.

벽장 옆에는 또 하나의 미닫이문이 있었다. 그 문을 열면 다락방으로 올라갈 수 있었다. 다락방으로 올라가기 위해 미닫이문을 열고 올라서면 코앞에 허리춤보다 약간 낮은 벽이 보이는데, 그 벽을 타고 올라가야 했다. 공간이 제법 널찍해 당장 필요하지는 않지만, 아끼거나 소장 가치가 있는 물건, 버리기에 아까운 잡동사니들을 쌓아 두기에는 그만이었다. 다락방에는 초중고 시절 나의 손때가 묻은 교과서와 참고서, 문제집뿐 아니라, 줄을 감아 돌리는 10여 개의 팽이와 수백 개의 구슬, 지름 3cm 크기의 동그란 딱지 수천 장, 동전처럼 생긴 쇠붙이를 헝겊으로 감싸 발로 차고 놀 때 쓰는 제기 등이 여러 개의 종이 상자에 포장된 채 오랫동안 놓여 있었다. 내가 애지중지했던 이 물건들은 안타깝게도 20여 년 전 양옥(洋屋)으로 이사하면서 흔적도 없이 사라지고 말았다. 대학 진학 때부터 서울 생활을 하던 내가 없는 사이, 낡고 오래된 물건들을 한꺼번에 정리하는 바람에 다락방의 추억은 이제 기억 속에서만 남게 됐다.

④ 부엌살림

#부뚜막 위의 쪽문

고향집 부엌은 안방과 붙어 있었다. 부엌은 음식을 만들고 설거지하는 주방(廚房)의 옛날식 이름인데, 내가 살던 지역에서는 정지라고 부르기도 했다. 정지는 부엌의 경상도 방언이다. 반세기 전인 1960~70년대 도시 서민 가구의 난방(暖房) 방식은 온돌(溫突)이었고, 연료는 연탄이었다. 부엌이 안방과 맞대고 있는 위치적 특성은 온 가족이 둘러앉아 식사하는 장소가 안방이라는 점과 관련이 깊다. 요리하는 공간과 밥 먹는 공간 사이의 거리를 좁혀 부엌과 안방의 기능적 효율을 높이고자 한 선조들의 실용적인 사고에서 비롯됐다.

부뚜막 위에 얹힌 무쇠 가마솥과 아궁이.

우리 집 부엌은 부뚜막 바로 위로 어린아이 몸이 들어갈 크기의 작은 쪽문이 나 있었는데, 미닫이식 쪽문을 열면 안방 아랫목과 바로 연결됐다. 쪽문은 부엌에서 안방으로 밥과 국, 반찬을 실어 나르는 최단 거리 통로였다. 식사 때가 되면 어머니는 수시로 쪽문을 열고 우리 형제 이름을 부르며 안방 밥상 위에 음식을 차리라고 채근하셨다.

#부뚜막과 부엌문

쪽문 아래에는 아궁이와 부뚜막이 있었다. 전통적인 부뚜막은 솥을 걸기 위해 아궁이 위에 흙과 돌을 버무려 넓고 평평하게 만든 턱인데, 우리 집 부뚜막은 돌을 쌓고 그 위에 시멘트를 바른 것이었다. 부뚜막은 지금의 싱크대 옆 식기 건조대나 수저통, 주방 보조기구 등이 놓인 자리였다고 할 수 있다.

기와집 부엌의 구조상 부뚜막은 육체노동 관점에서 사용자 친화적이지 않았다. 입식(立式)으로 설계된 요즘의 주방과 달리 부뚜막에서는 허리를 90도 각도로 굽히거나 쪼그리고 앉은 채 요리를 하고 식기(食器) 정리를 할 수밖에 없어 안 그래도 가사(家事) 노동에 지친 어머니들의 육체적 부담을 가중(加重)시키는 고약한 존재였다.

부엌문은 창이 달린 목제(木製) 미닫이식이었는데, 마당과 부엌 사이에는 시멘트 위에 타일로 마감한 두께 15cm가량의 얕은 턱이 1m가 넘는 폭으로 오른쪽의 안방, 왼쪽의 작은방 입구까지 넓게 펼쳐져 있었다. 부엌문은 이 턱에서 위로 20cm쯤 떨어진 지점에 설치돼 있어 부엌으로 들어가기 위해서는 장애물을 타 넘듯이 차례대로 발을 들고 딛도록 설계됐다. 부엌문과 턱 사이에 일정 거리를 둔 것은 마당에 쌓인 바닥 먼지가 바람에 쓸려 부엌 안으로 들어오지 못하도록 한 나름의 방어막이었다. 밥 짓고 음식 만드는 부엌 출입문이 마당이라는 외부 환경에 직접적으로 노출된 구조적 한계를 극복하고자 한 궁여지책이 아니었나 싶다.

#아궁이와 찬장

부엌 아궁이는 두 개였다. 하나는 안방 난방용이고 다른 하나는 음식을 장만하는 취사(炊事)용이었다. 식사를 준비할 때 어머니는 아궁이 두 개로는 모자라 석유풍로(風爐)에도 늘 성냥불을 붙여 사용했다. 네 식구가 먹을 밥 안치고 국 끓이고 감자 볶고 달걀 부치고 생선 굽고 하는 일에는 모두 화력(火力)이 필요했다. 난방용 아궁이가 24시간 가동되는 한겨울에는 화력 지원 도구가 총동원됐지만, 난방이 불필요한 여름이면 아궁이 하나와 석유풍로 두 개로 모든 음식을 해결하느라 어머니의 몸과 마음이 늘 바빴다. 그럴 때면 식사 준비를 서두를 수밖에 없었는데, 부엌에 머무는 어머니의 시간도 그만큼 늘어났다. 재래식 부엌이라 냉방 시설이 있을 리 만무한 한여름에 더위와 씨름하랴, 쫓기듯 숨 가쁘게 음식 만들랴, 이중고(二重苦)에 시달린 어머니의 여름은 그야말로 수난의 계절이었다.

우리 집 부엌에는 작은 찬장(饌欌)이 여러 개 있었다. 찬장은 밥그릇과 국그릇, 종지, 작은 접시, 큰 접시, 양푼, 소쿠리, 양념통, 밥주걱, 국자, 가위, 식칼, 과도(果刀), 채칼, 감자 칼, 도마, 냄비 받침대, 도시락, 수저통 등 부엌 용품을 보관하는 목제 수납장이다. 우리 집에는 3단 또는 4단 칸막이 구조의 소규모 찬장이 네댓 개는 있었던 걸로 기억된다. 찬장은 부뚜막 반대편 벽에 줄지어 서 있었고, 식사 때가 임박하면 어머니의 손길과 발길은 아궁이와 찬장 사이를 부지런히 오갔다.

찬장에는 식기와 주방 도구들만 들어 있었던 게 아니다. 냉장고를 장만하기 전까지, 우리 집 찬장은 먹다 남은 국이나 찌개, 밑반찬 등 온갖 음식들의 저장고로도 사용됐다. 어머니가 찬장 관리에 신경을 곤두세웠던 것도 그런 이유 때문이었다. 집 안 살림살이 중에서도 찬장은 단연코 어머니의 손때가 가장 많이, 가장 오래 묻은 물건이 아닐 수 없다.

행주와 마른 수건은 찬장 옆 나무로 만든 선반에 늘 올려져 있었고, 부엌에서만 사용하는 빗자루와 쓰레받기, 음식물 찌꺼기 통, 쓰레기통은 부엌 안쪽으로 따로 난 미닫이문 뒤 작은 창고에 놓여 있었다.

#쌀 이기와 쌀 조리개

날마다 어김없이 돌아오는 삼시 세끼를 위해 어머니가 가장 먼저 하는 일은 쌀을 이는 것이었다. 1960~70년대 곡식을 찧어 껍질을 벗겨 내는 도정(搗精) 기술은 지금과 비교할 수 없이 열악했다. 쌀밥을 씹을 때 걸핏하면 이물질(異物質)이 '딱' 소리를 내며 치아를 강타하는데, 이물질은 자그마한 돌이었다. 추수한 벼를 탈곡(脫穀)할 때 딸려 온 돌 부스러기가 쌀을 이는 과정에서 걸러지지 못하고 밥상에 그대로 올려져 벌어진 일이다. 돌뿐 아니라 껍질이 벗겨지지 않은 채 쌀 속에 섞여 있는 벼 알갱이인 뉘도 심심찮게 입안을 침범했다.

그때 쌀을 밥솥에 안치기 전 돌과 뉘를 걸러 내는 일은 어머니들의 일상이었다. 우리 집 부엌에도 쌀을 이는 도구인 조리(笊籬)가 두 개 있었다. 조리는 대나무를 가늘게 쪼갠 대오리나 싸리로 엮은 삼태기 모양의 도구인데, 손잡이가 달려 있었다.

어머니는 물에 잠긴 채반에 받친 쌀을 수북이 얹은 조리를 물속에서 물 위로, 물 위에서 다시 물속으로 원을 그리는 방식으로 돌리면서 이물질을 제거해 냈다. 아주 작은 돌 부스러기와 뉘는 어머니의 손목 움직임에 따라 조리 구멍 밑으로 빠져나가기도 했지만, 쌀들의 틈바구니에 빌붙어 밥상에 오르기를 호시탐탐 노리는 이물질을 눈으로 찾아내 손으로 집어내는 일이 더 많았다. 어머니의 정성 어린 조리질에도 운 좋게 살아남은 돌 부스러기나 뉘도 물론 있었다. 밥을 먹을 때, 혀끝으로 이물질을 수색(搜索)하는 일도 만만찮았다.

늘 그랬던 것은 아니지만 어머니는 쌀을 이기 전, 대략 20분 정도 쌀을 물에 불려 놓았다. 이렇게 하면 웬만한 뉘는 물 위로 떠 쌀 이기의 부담을 덜 수도 있고, 막 지은 밥알의 식감이 향상되는 효과도 있다는 것이 어머니의 설명이었다.

#무쇠 밥솥과 밥 짓기

　전기밥솥이 일반화되기 전, 밥 짓는 일은 상당히 까다로웠다. 네 식구가 먹기 충분한 양의 쌀을 인 다음, 솥에 안쳐야 되는데 이때 물의 양을 가늠하는 게 관건(關鍵)이었다. 물이 넘치면 밥이 질고, 물이 모자라면 밥이 꼬들꼬들해지는데, 어머니는 물에 잠긴 쌀 위에 오른손을 곧게 펼쳐 얹어 손등 위로 물이 오를락 말락 하는 정도를 기준선으로 잡았다. 요즘 대세(大勢)인 압력밥솥 안을 보면 인분 수(人分 數)에 해당하는 적정한 물의 양을 표시한 눈금이 보이는데, 이 눈금이 손등 윗부분과 거의 일치한다는 것을 알 수 있다. 손등을 이용한 눈대중으로 물의 양을 짐작한 옛날 어머니들의 방식이 삶의 지혜에서 비롯된 과학적이고 정확한 결과로 나타났다는 점에서 놀라지 않을 수 없다.

　우리 집 밥솥은 무쇠로 만든 무쇠 밥솥이었다. 겉보기에도 튼튼하게 생긴 무쇠 밥솥은 내구성이 뛰어나고 밥맛이 좋아 당시 주부들에게 인기가 많았다. 무쇠 밥솥은 내가 중학교에 입학할 무렵, 전기밥솥을 장만할 때까지 우리 식구들의 끼니를 책임진 믿음직하고 고마운 존재였다. 무쇠 밥솥에서 끓는 소리가 나면 어머니는 활짝 열어 놓은 아궁이 구멍을 5분의 4쯤 막아 센불을 약한 불로 낮췄다. 솥에 담긴 쌀 양에 따라 차이가 났지만, 평균적으로 4~5인분의 밥을 지은 어머니는 약한 불 상태에서 15분 정도 기다렸다가 솥뚜껑 한쪽 끝을 살짝 걸치듯 들어 올려 5분간 뜸을 들였다. 뜸을 들이지 않거나 뜸을 잘못 들이면 설익은 밥이 되기에 뜸 들이는 일은 물의 양 조절과 함께 어머니가 가장 신경 쓴 대목이었다.

⑤ 다목적 공간, 가정집 마당 수돗가

#마당 수돗가와 섬돌

고향집 마당 한구석에는 제법 널찍한 수돗가가 있었다. 1970년대에 흔했던 개량 한옥이나 기와집에는 변변한 실내 화장실이나 목욕 시설이 따로 없었다. 세수도 수돗가에서 하고, 머리도 수돗가에서 감고, 빨래도 수돗가에서 했다. 안방과 쪽문으로 통하는 부엌에도 수도 시설이 있었으나 밥 안치고 조리하고 설거지하는 용도로만 사용돼 물과 관련된 나머지 일상은 모두 수돗가에서 이뤄졌다.

전통 한옥의 마당에 설치된 작은 연못.

마당 수돗가는 대문 가까운 곳에 있었다. 어린아이 키 높이 정도의 수도 주변으로 편평한 섬돌이 몇 개 놓여 있었다. 섬돌은 발을 씻을 때 편리하도록 발을 올려놓는 용도로도 쓰였고, 빨랫감을 치댈 때도 쓰였다.

#공동 세면장이자 빨래터, 마당 수돗가

마당 수돗가는 공동 세면장이자 빨래터였다. 우리 가족과 곁방 식구까지 일곱 명은 아침저녁으로 수돗가를 들락거렸다. 수도 아래에는 지름 1m 남짓한 커다란 고무 대야가 보초 서듯 24시간 입을 벌리고 있었다. 고무 대야에는 늘 수돗물이 찰랑찰랑 넘쳤고 그 물은 세면(洗面)용으로, 양치용으로, 세발

(洗髮)용으로, 세족(洗足)용으로, 빨랫감 세탁용으로 소비됐다.

#식수로 사용했던 수돗물

그때는 수돗물을 식수(食水)로 사용했는데, 주전자나 물병에 수돗물을 받아 마시거나 보리차를 끓여 마셨다. 우리 3형제는 목이 타면 수도꼭지에 입을 대고 물을 벌컥벌컥 들이켰다.

양치질할 때는 고무 대야 물 대신 수도꼭지를 열어 물컵에 물을 받아 사용했다.

#공동생활의 지혜, 고무 대야의 실용적 가치

고무 대야에 받아 놓은 물을 쓰는 동안에는 항상 수도를 틀어 물을 보충했는데 다음에 사용할 사람을 위한 배려였다. 고무 대야를 수돗가에 비치한 데에는 나름의 이유가 있었고 그 이유는 실용적이라는 점에서 공동생활의 지혜를 엿볼 수 있다. 실용성은 여러 명이 기다릴 필요 없이 동시에 수돗물을 사용하는 데에 고무 대야가 꼭 필요한 존재라는 점이었고, 고무 대야 물 위에 둥둥 떠 있는 플라스틱 바가지는 실용성을 구현하는 지혜의 도구였다. 플라스틱 바가지는 한 개일 때도 있었고, 두 개일 때도 있었다.

식구들이 내놓은 빨랫감도 수돗가에서 빨았는데 야무지게 치대야 땟국이 없어지는 와이셔츠나 흰옷은 빨래판 위에 놓고 빨랫비누로 세탁했다. 한여름에 더위를 이기는 의식처럼 날마다 치른 약식 웃통 샤워인

대로변 인도에 설치된 식수대. 옛날 수도꼭지의 손잡이 날개는 두 개였다.

등목 장소도 마당 수돗가였다.

#한겨울 비상경보, 수돗물 동결과 수도관 동파

마당 수도는 한 지붕 두 가족의 공동생활을 지탱하는 집 안의 우물과 같은 존재였는데, 강추위가 닥치는 한겨울이 되면 가족 모두에게 비상이 걸리곤 했다. 비상경보(警報)의 원인은 두 가지인데 수돗물 동결(凍結)과 수도관 동파(凍破)였다.

식수와 생활용수로 사용되는 수돗물이 나오지 않는다면 대형 사고나 다름없다. 일상(日常)이 불편한 것은 말할 것도 없고, 사고 수습을 하느라 온 식구가 끙끙대야 했다. 꽁꽁 얼어붙은 수도는 녹여야 하는데, 뜨거운 물을 갑자기 부으면 아예 수도관이 터질 염려가 있어 살살 달래 가며 해동(解凍)시켜야 했다.

#수돗물 해동 방법

해동 방법은 미지근한 물을 수도관과 수도꼭지 부위에 조금씩 뿌린 다음 미지근하게 적신 수건을 두르고 10분가량 기다린 뒤 조심스럽게 수도꼭지를 틀어 물이 나오는지 확인하는 식이다. 10분이 지났는데도 언 수도관이 녹지 않았을 때는 처음부터 같은 요령을 한 번 더 반복해야 했다. 대개는 두 번이면 막힌 수도관이 열리고 물이 나왔는데 네다섯 번씩 용써야 해결된 적도 있었다.

#수도관 동파의 후유증

수도관이 터지는 경우는 대형 사고를 넘어 참사(慘事)인데, 수리 기사를 부를 수밖에 없었다. 그 당시 한겨울에 추위의 사각지대에 놓인 수도관 동파 사고는 흔한 일이라 수리 기사의 몸이 열 개라도 손이 턱없이 부족했다. 수리

기사가 오기까지는 한나절로도 모자랐고 다음 날이 돼서야 겨우 사태가 진정됐다. 그때까지 먹는 물은 이웃집에서 빌린다 쳐도 씻는 물은 어찌할 도리가 없었고 빨래와 설거지도 뒤로 미뤄야만 했다. 수도관을 교체하는 데에 든 비용도 만만찮았다.

#예방 조치

집집마다 수돗물 동결과 수도관 동파를 예방하기 위해 나름의 대책을 세웠는데 헝겊이나 수건 따위로 수도관을 꽁꽁 싸매고 노끈으로 풀리지 않게 단단하게 동여맸다. 마당 바닥 아래에 설치된 수도계량기도 보호 대상이었다. 잠들기 전에 수도꼭지를 아주 조금만 틀어 물이 졸졸거리도록 조치도 취했지만, 기온이 급강하한 날에는 소용이 없었다.

만반의 조치에도 불구하고 영하 15도를 넘나드는 극심한 한파(寒波)가 몰아치면 어쩔 수 없이 대형 사고와 힘겹게 씨름해야 했다. 영하의 날씨 속 마당 수돗가는 추웠다.

⑥ 설거지와 손빨래

#식기세척기

2023년 봄, 식기세척기를 들여놓았다. 몇 년 전에도 식기세척기를 사용한 적이 있었는데, 싱크대 주변 공간의 효율적인 사용에 걸림돌이 돼 집사람이 내다 버렸다. 사고 보니 공간 친화적 제품이 아니어서 사용하기도 불편했고, 식기(食器)와 주방 도구를 정리, 정돈하기에도 소모적인 품을 팔아야 했던 이유가 컸다.

새로 구매한 식기세척기는 싱크대 바로 옆 수납장 아래 공간에 꼭 맞게 설치했는데, 앞에서 문을 여는 제품이라 공간 친화성이 뛰어난 게 큰 장점이다. 지난번 제품은 위에서 문을 여는 방식이라 식기세척기 위 공간을 다른 용도로 사용할 수 없었고, 문을 열면 상부 수납장 바닥에 끝부분이 부딪혀 조심스레 다뤄야 했다.

우리 집 식기세척기는 가정에서 쓰는 6인용인데, 지난번 제품보다 세척 기능이 우수하고 세척 시간도 빨라 설거지라는 힘든 가사(家事) 노동에서 벗어나게 해 준 고마운 존재다. 큰 냄비나 프라이팬 등 덩치가 큰 주방 도구만 손 설거지로 해결하고 그릇이나 접시, 수저, 국자, 식칼, 과도(果刀), 부침개 뒤집개 등은 모두 식기세척기의 힘을 빌린다.

공간 친화성이 뛰어난 우리 집 식기세척기.

우리 집에서는 건조는 생략하고

세척 기능만 사용하는데, 세척이 끝나면 자동으로 문이 열려 자연 건조로 그릇을 말린다. 건조 기능을 건너뛰는 이유는 전기세도 절감하고 설거지 시간도 단축하기 위해서다.

집사람 말로는 우리 집 가전제품 중 만족도가 가장 높은 게 둘 있는데, 하나는 식기세척기고 다른 하나는 건조기라고 한다. 나도 그렇게 생각한다. 설거지는 식기세척기로, 빨래는 세탁기로, 세탁한 빨래 건조는 건조기로 할 수 있는 참 편리한 세상이다.

#설거지의 고단함

식기세척기와 세탁기, 건조기가 없던 시절에 설거지와 빨래, 빨래 말리기는 어머니들이 종일(終日) 되풀이해야 했던 고단한 일상이었다.

내가 초등학교에 다니던 1960년대 말과 1970년대 초중반, 어머니의 일상은 도돌이표였다. 어머니는 다른 어머니들처럼 날마다 삼시 세끼 밥하고 반찬 만들고 밥상 차리고 설거지하고 빨래하고 빨래를 널었다.

요즘에야 가사 분담에 대한 사회적 인식이 자연스럽고 보편화된 시대이지만, 그때는 집 안의 모든 살림을 어머니 혼자 짊어져야 했다. 그 시절, 이 땅의 어머니들은 일당백(一當百)의 슈퍼우먼이자 불굴(不屈)의 전사(戰士)였다. 가사 노동의 완결판이랄 수 있는 고된 걸레질과 함께 설거지와 빨래는 어머니에게 숙명(宿命)이었다.

네 식구가 하루 세 끼 밥을 먹고 난 설거짓거리는 만만찮았다. 입식(立式) 주방이 아닌, 재래식 부엌에서 감당해야 하는 설거지는 고달픈 육체노동이었다. 어머니는 부엌문 바로 앞에 설치된 수돗가에 쪼그리고 앉아 설거지했다.

4인 가족 한 끼 설거짓거리를 치우는 데에는 빨라야 1시간에서 평균 1시간 10분 남짓 걸린다. 3년 전부터 주말마다 집안일을 도맡아 하고 있는 내가 설거지를 끝내는 시간이 그 정도다. 어머니도 한 끼 설거지에 1시간 이상 공을 들였을 것이라, 하루로 치면 최소 3시간은 다리가 저리고 허리가 쑤시는 고통을 참아 내는 묵언수행(默言修行)을 했음을 미루어 짐작할 수 있다.

#설거지보다 힘들었던 손빨래

빨래는 노동량(勞動量)과 노동 강도 측면에서 설거지보다 고된 일이었다. 네 식구의 빨랫감은 설거짓거리에 비할 바가 아니었다. 겉옷과 속옷, 아버지의 와이셔츠와 넥타이, 잠바, 3형제의 교복(校服)과 체육복, 교련복, 운동화, 슬리퍼, 양말, 수건, 손수건, 행주에다 걸레까지 어머니 혼자 감당해야 할 빨랫감은 산더미처럼 나왔다. 빨래 장소는 마당 한구석 수돗가였는데, 설거지와 마찬가지로 쪼그리고 앉아 손과 팔, 상체를 동시에 움직여야 하는 중노동(重勞動)이었다.

설상가상(雪上加霜) 이불 겉에 씌우는 홑겹 껍데기인 이불 홑창과 베개 겉을 덧싸는 베갯잇이 빨랫감으로 나오는 날이면 그야말로 전쟁이 따로 없었다. 이불 홑창과 베갯잇의 세탁 과정은 복잡했다. 먼저 가루로 된 세탁 세제를 푼 물에 빨랫감을 담근 뒤 애벌빨래를 하고 다시 삶아야 했다. 찌든 때를 솎아 내는 삶는 작업이 끝나면 빨랫방망이로 한참 두들긴 다음에서야 손으로 주물러 세탁했다.

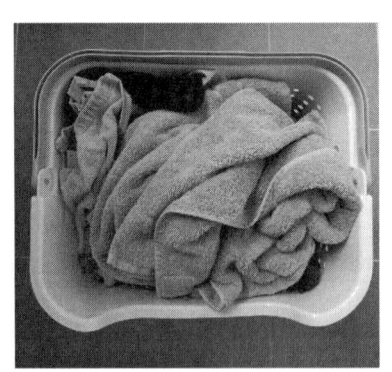

세탁기를 들여놓기 전 어머니는 일일이 손으로 빨래했다.

삶는 빨랫감은 또 있었는데, 속옷과 행주, 걸레가 그랬다.

#흥미로웠던 이불 빨래

그때는 이불도 집에서 직접 세탁했는데 힘들면서도 흥미로운 구석이 있었다. 3분의 1쯤 물을 부은 고무 다라이에 세제를 풀고 이불을 넣은 다음 두 발로 딛고 올라서 번갈아 밟는 행동을 반복하는 것이었다. 애벌 이불 빨래라고 할 수 있는 이 작업은 어머니 혼자 할 때도 있었지만, 우리 형제들이 도울 때가 많았다. 물을 잔뜩 먹은 이불을 발로 밟을 때마다 풍선 바람이 빠지는 듯 희한한 소리가 났는데, 그 소리가 재미있어 장난삼아 열심히 밟았던 기억이 생생하다. 어머니가 빨래 부담에서 유일하게, 조금이나마 벗어날 수 있었던 것이 바로 이불 빨래였다.

#한겨울 설거지

기와집에 살 땐 온수(溫水) 시설이 없어 온수도 없었다. 추운 겨울만 되면 불편한 게 여럿 있었는데, 온수의 부재도 그중 하나였다. 그때 부엌 아궁이 두 곳 중 하나에는 늘 커다란 양은솥이 걸려 있었다. 물을 데우기 위해서였다. 수작업(手作業)으로 충당한 온수의 공급이 수요를 따라가지 못해 생긴 수급불균형은 겨울마다 되풀이되는 골칫거리였다. 세수하고 머리 감는 온수도 아껴 써야 할 판에, 설거지는 말할 것도 없었다.

하루 세 번 어김없이 다가오는 설거짓거리는 겨울 가사 노동의 체감 고통 수치를 막다른 골목으로 내몬 얄미운 존재였다. 온수가 모자란다고 아예 찬물만 사용할 수도 없는 노릇이었다. 찬물로는 기름때를 말끔히 제거할 수 없고, 1시간 이상 살을 에는 찬물 속에서 설거지를 끝낸다는 것도 미련한 짓이었다.

어릴 때 네 식구의 설거짓거리는 날마다 수북이 쌓여 지금에 비할 바가 아니었다.

그래서 어머니가 생각해 낸 방법이 기름때와 그릇에 묻은 양념 제압용 애벌 설거지와 마지막 헹굴 때만 온수를 사용하고, 중간 단계에서는 찬물로 설거지하는 것이었다. 설거지 범위가 넓고 양념 찌꺼기가 많이 남아 손이 많이 가는 냄비나 기름때 범벅인 프라이팬은 예외였는데, 처음부터 끝까지 온수로 씻어 내야 본래 모습으로 돌아갔기 때문이다.

#한겨울 손빨래

겨울 손빨래는 시간이 지날수록 손이 점점 시려지는 한계 인내 체감(遞減)의 법칙을 피부로 느끼게 한 고약한 가사 노동이었다. 온수가 부족하기는 설거지 때보다 더했다. 설거짓거리보다 빨랫감이 많아 시간이 더 걸렸기 때문이다.

어머니는 빨래할 때 뜨거운 물에다 찬물을 섞은 미적지근한 물을 사용했다. 빨래하는 시간은 만만찮았는데, 칼바람이 부는 바깥이라 미지근한 물이 이내 온기(溫氣)를 잃어버려 사실상 찬물이나 매한가지였다.

어머니는 또 설거지 맨 마지막 순서로 그릇을 헹군 따뜻한 물을 버리지 않고 곧바로 운동화와 걸레를 애벌빨래할 때 사용했다. 날이 추워 금방 식어 버리기 일쑤였지만 그래도 찬물보다는 낫다며 매번 그렇게 했다. 내가 보기에는 찬물이나 다름없었다.

#어머니의 손마디

설거지와 함께 빨래는 한겨울 어머니가 가장 힘들어한 가사 노동이었다. 가족 사랑이라는 일편단심(一片丹心)으로 평생을 희생한 가사 노동의 흔적은 거칠고 투박한 어머니의 손마디에 화석처럼 남아 있었다. 노년(老年)에 홀로 계실 때, 나는 두 달에 한 번꼴로 고향집을 찾았다. 갈수록 기력(氣力)이 떨어지는 어머니의 손마디를 물끄러미 쳐다볼 때마다 옛날 생각이 났다. 어머니가 돌아가신 이튿날 염습(殮襲)이 끝난 뒤, 다시 못 올 자리에서 나는 어머니의 손마디를 마지막으로 쳐다봤다.

어머니의 손마디는 세상에서 가장 고귀하고 따뜻했다.

⑦ 연탄가스 중독

연탄 구이 식당 내부.

#연탄 구이 식당

연탄 구경하기가 힘든 시대다. 도시는 물론이고 웬만한 시골 가구에서도 난방 에너지원이 도시가스라 어쩌다 연탄을 마주하면 그렇게 반가울 수가 없다. '어쩌다'의 대상은 지난 시절의 향수에 목말라하는 세대를 겨냥한 복고풍 연탄 구이 고깃집이고, 그렇게 반가운 이유는 나 또한 연탄에 익숙한 성장기를 보낸 터라 정서적 동질감을 느끼기 때문이다.

아주 가끔 마음먹고 들르는 연탄 구이 식당에서 한 번씩 놀라는 일이 있다. 연탄의 존재를 알 턱이 없는 젊은 남녀가 의외로 제법 많이 눈에 띈다는 사실이다. 복고풍의 감성을 좋아하는 젊은이들일 텐데, 십중팔구 호기심에서 비롯된 게 아닐까, 한다. 연탄불에 석쇠로 고기를 굽는다는 신기함에 더해 그 장면을 소셜 네트워크 서비스(SNS)를 통해 공유하고자 하는 그들만의 욕구가 반영된 결과일 것이다.

들리는 바로는 화초를 가꾸어 판매하는 화훼 농가(農家)나 과일, 채소, 정원수, 화초 따위의 원예작물을 재배하는 비닐하우스 난방용으로는 아직 연탄이 사용돼 명맥을 이어 간다고 한다.

#옛날, 국민 에너지원이었던 연탄

어쨌거나 이제는 사라지다시피 한 옛날 연료인 연탄이 1980년대까지만 해도 일상생활의 주력 에너지원이었다. 가정에서는 난방과 취사를 책임졌고, 음식점과 다방(茶房), 점포(店鋪), 부동산 중개사무소의 옛날 버전인 복덕방(福德房), 길거리 노점상, 재래시장 가게, 규모가 작고 군색한 영세 사무실, 한 편 값으로 두 편의 영화를 볼 수 있는 동시상영 극장 등 전방위적인 난방 전선의 수호천사였다.

수북이 쌓여 있는 연탄. 구멍이 22개인 22공탄이다.

연탄은 1950년대 이후부터 우리나라에 본격적으로 보급됐다. 처음에는 연탄구멍이 아홉 개였다가 국민 에너지원으로 대량 생산되면서 구멍이 열아홉 개인 19공탄(十九孔炭) 시대를 거쳐 나중에는 22공탄도 개발됐다.

연탄불. 연탄이 실외에서 완전연소되려면 8시간이 걸린다. 완전연소 전까지는 일정량의 일산화탄소를 함유한 연탄가스를 배출한다.

#연탄구멍의 의미

무연탄(無煙炭)을 가루로 만들어 점토와 섞어 가공한 원통형 연료인 연탄에서 구멍의 의미는 각별하다. 위아래가 통하도록 뚫어 놓은 연탄구멍의 존재 이유는 공기 중의 산소와 접촉범위를 확장해 완전연소(完全燃燒)를 꾀하기 위해서다. 완전연소의 비율이 낮을수록 인체에 치명적인 일산화탄소가 많이 배출되기 때문이다. 연탄가스는 연탄이 탈 때 생기는 유독성 가스로 일산화탄소를 함유하고 있다. 연탄이 외부에 노출됐을 때 완전연소까지는 대략 8시간이 걸린다.

연탄구멍이 많으면 연소가 잘되고 화력이 세지는 대신, 타는 시간이 짧아 연탄 수명도 그만큼 짧아진다. 구멍이 적으면 화력이 약한 대신 타는 시간이 길어져 연탄 수명도 늘어나지만, 불완전연소에서 발생하는 일산화탄소의 위험성에 노출된다. 이번 주제인 연탄가스 중독 주변에서 빙빙 돌며 뜸을 들인 까닭도 이런 배경에서다.

연탄 구잇집에서 피운 연탄불 위에 놓인 석쇠.

#새벽의 침입자 연탄가스

나는 초등학교 5학년인 1973년 늦가을에서 초겨울 무렵 연탄가스에 중독돼 죽을 뻔하다 살아난 일이 있다. 날씨가 쌀쌀한 시기라 연탄을 땔 때였다. 새벽녘에 나는 연탄가스를 들이마시고 정신을 잃었다. 구들장 틈새를 뚫고 방 안으로 침입한 연탄가스는 깊은 잠에 빠진 나의 호흡을 옥죄어 의식을 앗아 갔다.

연탄불로 구운 돼지 생고기 소금구이.

머리가 자꾸 지끈거려 몇 번 뒤척거리던 아버지가 순간적으로 앗! 연탄가스, 하는 생각이 번개처럼 스쳐 잠자리를 박차고 일어났다. 아버지는 옆자리의 어머니와 나를 흔들어 깨웠는데, 나만 반응이 없어 비상이 걸렸다. 형들은 아무 일 없다는 듯 작은방에서 곤히 자고 있어 새벽의 소동을 알 리 없었다.

다급해진 어머니는 황급히 동치미 국물 몇 숟가락을 내 입속에 억지로 떠밀어 넣었다. 동의보감에 숯 연기를 흡입해서 머리가 아플 때 생무즙을 마시라는 처방이 나온다. 어머니는 이 처방을 무리하게 확대해석한 민간요법에 기댔는데 의학적인 근거가 없다.

#죽음의 가스, 일산화탄소와의 사투(死鬪)

아버지는 의식을 잃고 축 늘어진 나를 둘러업고 달리기 시작했다. 통행금지가 풀린 시간이지만 지나가는 택시가 보이지 않아서였을 것이다. 어머니는 반쯤 넋이 나가 아버지를 뒤쫓아 따라갔다는데, 막내아들을 영영 잃어버리는 줄 알고 울먹이기를 그치지 않았다고 들었다.

하늘이 도왔는지, 천만다행한 일이 뒤따랐다. 새벽 야외 찬 공기가 내가 들숨을 쉴 때마다 구원병처럼 딸려 들어와 내 몸 깊숙한 곳에서 죽음의 길을 재촉하는 일산화탄소를 멀리 내쫓았다. 나의 날숨을 탈출구 삼아 혼비백산한 일산화탄소는 내 몸 밖으로 내빼기에 바빴다.

#기적적인 의식 회복의 순간

열한 살 어린 나를 보이지 않는 아득한 곳으로 끌고 가려던 침묵의 살인자, 일산화탄소가 기세등등한 산소 대원들의 파상 공세에 기진맥진했는지 연신 내 이름과 '정신 차려'를 한 단어처럼 붙여 애타게 부르는 아버지와 어머니의 목소리가 들릴 듯 말 듯 희미하게 느껴졌다.

내가 아버지 등에 업혀 있다는 것을 어슴푸레하게 감지하는 순간, 저 앞에 빨간 불빛이 보이는 것 같았는데, 그때 나는 정신이 어느 정도 돌아왔고 도착한 곳이 병원이라는 사실을 알았다. 당직 의사와 간호사가 병원 응급실 침상에 나를 눕혔을 때 나는 의식을 거의 되찾은 상태였다.

내가 가늘게 눈을 뜬 것을 본 의사가 무어라고 물었고, 나는 무어라고 작게 말했다. 간호사 누나가 내 팔에 주사를 한 대 놓았고, 링거도 맞았다. 한 시간쯤 지나 아버지 어머니와 함께 집으로 돌아왔다.

#'하늘이 살렸다'의 의미
집에서 아버지도, 어머니도 똑같은 말을 했다. '하늘이 살렸다.'
그때 나는 그 말의 뜻을 정확하게 알지는 못했다. 아버지가 연탄가스에 중독된 나를 조금만 늦게 발견했더라면, 나는 지금 여기 없을 것이다. 의사는 내가 3분만 늦게 눈에 띄었어도 큰일 났을 거라고 안도의 한숨을 쉬었다.

아버지가 나를 일찍 발견한 것은 천운(天運)이고 확 트인 실외에서 일산화탄소의 독성을 무력화시킨 새벽 찬 공기의 지원은 천운의 현실적 결실이라고 생각한다. 나처럼 연탄가스에 중독됐다가 깨어나지 못한 사람들이 많았던 시절이었다.

#보이지 않는 살인자, 일산화탄소
밀폐된 공간은 일산화탄소가 맹독성을 발휘하기 가장 좋은 곳이라 연탄가스에 중독되면 일단 방에서 나와 바깥 공기를 쐬는 것이 중요하다. 일산화탄소는 실외에서 산소를 만나면 바로 꼬리를 내리고 전투력을 상실한다.

일산화탄소는 무색(無色), 무취(無臭), 무미(無味)해 알아채기가 힘들다. 연탄가스를 마시면 머리가 깨질 듯이 아픈데 깊이 잠든 상태에서 중독되면 스스로 헤어나기 어렵다. 아버지가 연탄가스에 취한 초기에 나를 발견한 데 이어 내가 곧장 새벽 공기의 도움을 받아 일산화탄소의 공격에서 벗어나기 시작한 점은 인생의 갈림길에서 꺼질 뻔한 한 생명을 되살린 절묘한 분기점이었다.

나는 운이 좋았다. 하늘이 살렸다는 아버지와 어머니의 말은 그런 뜻이었다. 하늘에 감사한다.

⑧ 연탄불 갈기와 연탄재

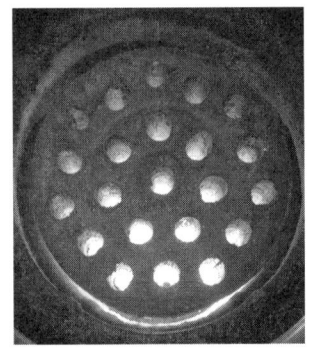

활활 타고 있는 연탄불.

#겨울나기의 필수 자원 식량, 연탄

연탄이 취사와 난방의 주력 에너지원이었던 1970~80년대, 연탄불 갈기는 겨울철 각 가정에서 온 식구들이 매달린 집안의 당면 과업(課業)이었다.

연탄불 갈기와 함께 연탄불 꺼뜨리지 않기, 연탄구멍 정확히 맞추기, 비 오는 날 연탄이 비 맞지 않도록 연탄 창고 잘 관리하기도 가족 모두가 촉각을 곤두세운 확인 사항이었다.

연탄이 겨울나기에 꼭 필요한 가정의 필수 자원 식량이었던 그때, 충분한 연탄 비축은 김장과 함께 월동 준비의 양대 축이었다. 우리 집도 겨울 문턱에 접어들기 전 연탄을 수레 떼기로 주문했는데, 그 양이 250~300장 정도였던 것으로 기억한다. 겨울나기용 연탄을 들여놓은 날 저녁이면 늘 고기반찬이나 생선 반찬이 밥상에 올라왔다. 연탄은 그만큼 중요한 살림살이였고 연탄이 창고에 가득 채워진 날, 어머니의 얼굴에는 웃음이 가시지 않았다.

#연탄 인심과 하루 두 번 연탄 갈기

그때는 옆집이나 이웃집에서 연탄을 꾸러 오는 일도 종종 있었다. 서로 숟가락 숫자까지 다 아는 가까운 사이라 연탄 인심도 살가웠다.

연탄불은 평균적으로 아침저녁 두 번씩 갈았다. 연탄을 갈 때는 아래위 연탄구멍을 잘 맞춰야 하고 연탄이 다 타기 전에 새 연탄으로 교체해야 했다. 연탄불이 꺼지면 불을 새로 피워야 하는데, 불을 피우고 살리는 과정이 여간 성가신 게 아니었다.

새 연탄에 불을 피운 뒤에는 아궁이 문을 활짝 열어 공기 순환이 잘되도록 했다. 그래야 막 타기 시작한 새 연탄불이 탄력을 받아 꺼지지 않고 활활 타오를 수 있기 때문이다.

다른 집과 마찬가지로 우리 집 연탄아궁이도 두 개의 연탄이 들어가도록 설계됐다. 하나의 연탄을 들여놓고 그 위에 또 다른 연탄을 올려놓는 식이다.

#두 개의 연탄불이 다 꺼졌을 때

연탄불 관리의 관건은 두 개의 연탄 중 한 개는 무조건 불이 꺼지지 않도록 잘 보살펴야 한다는 것이다. 한 개가 꺼지더라도 한 개의 불이 살아 있어야 새 연탄에 불씨를 옮겨 구들장을 차질 없이 덥힐 수 있기 때문이다. 다 타버린 연탄은 꺼내서 버리고 새 연탄을 불타고 있는 연탄 위에 올려 구멍을 잘 맞춰야 불이 쉽게 옮겨붙는데, 연탄불 갈기의 모범적인 유형이다.

연탄불 갈기와 관련해 최악의 상황은 한겨울 밤에 두 개의 연탄불이 모두 꺼지는 경우다. 번개탄을 이용해 새 연탄에 불을 새로 붙여 불씨를 살려야 하는데 이 작업이 여간 번거롭지 않은 데다 시간도 꽤 걸려 고생이 이만저만이 아니다. 두 연탄불의 수명이 다해 갈 때부터 이미 기운이

연탄재.

빠지기 시작한 구들장의 온기(溫氣)는 추운 날씨 탓에 금방 식어 버리기 일쑤라 밑불 없이 새 연탄불로 방바닥을 덥히기까지는 하세월이었다.

가뜩이나 웃풍이 센 온돌 난방의 특성상 이런 날 식구들은 오들오들 떨면서 새우잠을 청할 수밖에 없고, 그 원망은 고스란히 집안 살림의 파수꾼, 어머니에게 돌아갔다.

우리 집에서도 겨울에 어쩌다 한 번씩 연탄불 두 개가 다 꺼진 날이 있었다. 불행 중 다행히도 늦은 밤이나 새벽이 아니라 대낮이나 초저녁에 그런 일이 벌어져 별다른 소동 없이 수습할 수 있었다.

#대형 참사

연탄불을 갈 때가 됐는데 위아래 연탄이 붙어 있으면 어머니는 다른 사람에게 맡기지 않고 늘 당신이 손수 처리했다. 괜히 나나 형들에게 시켰다가 연탄재는 물론 연탄재 위의 연소(燃燒) 중인 연탄까지 깨뜨리는 대형 참사가 벌어질 우려가 있기 때문이다. 실제로 우리 형제들은 그런 사고를 한두 번씩은 다 쳤었다.

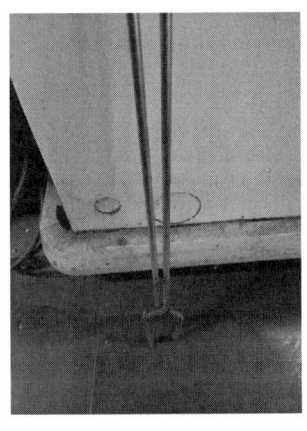

연탄집게.

나와 형들은 수시로 연탄불을 갈았는데 당연히 위아래 연탄이 붙어 있지 않을 때였다. 연탄을 가는 방법은 이랬다.

#연탄불 가는 방법

1) 연탄집게를 불타고 있는 연탄구멍에 정조준해 집어넣어 너무 세지도, 너무 약하지도 않게 힘 조절을 해 들어 올려서 아궁

이 밖으로 꺼낸 뒤 연탄 통에 넣는다. 연탄 통은 새 연탄이나 연소 중인 연탄, 연탄재를 넣을 수 있도록 철판으로 된 통인데, 손잡이가 달려 있어 들고 옮길 수 있다.

2) 아궁이 아래쪽의 연탄재도 요령은 같지만 아까보다 더 조심스럽게 꺼낸다.
3) 불타고 있는 연탄을 아궁이 속에 넣고 그 위에 새 연탄을 얹는다.
4) 아궁이 구멍을 활짝 연다.
5) 연탄재가 담긴 연탄 통을 마당 한구석 외진 곳으로 옮긴다.

#연탄불 갈 때의 주의 사항
주의할 점은 연탄재를 집게로 들어 올리거나 옮길 때 부러뜨리지 않도록 신경을 써야 한다. 연탄집게를 쥔 손아귀에 순간적으로 너무 세게 힘을 주면 연탄재가 깨질 수도 있다. 수명이 다한 연탄재는 새 연탄이나 연소 중인 연탄보다 외부 압력에 약하다.

드물지만 새 연탄을 얹다가 낭패를 보기도 한다. 연탄집게로 새 연탄을 집어 불타고 있는 연탄 위에 올리는 순간 연탄집게가 물고 있는 새 연탄 부위가 빠지직하고 갈라지는 경우다. 연탄 가는 사람의 부주의보다는 십중팔구 불량 연탄이 원인이다.

불기운이 다 사라진 연탄재를 담은 연탄 통. 철제 연탄 통 몸체를 비닐봉지로 덮어씌워 봉지째 버리기 편하게 한 모습이다.

#엉겨 붙은 두 연탄 떼어 내기
어머니가 서로 엉겨 붙은 두 연탄을 떼어 내어 갈아야 할 때 처리하는 방식은 좀 복잡하고 까다로웠다.

- 연탄집게로 두 개가 한 몸이 된 연탄 한 쌍을 아궁이 바깥으로 빼낸다. 연탄 두 개를 한꺼번에 빼내야 해 상당한 무게를 감당하는 각별한 주의가 필요하다.
- 재를 담아 옮기는 도구인 부삽을 연탄 사이 엉긴 부분에 집어넣고 달라붙은 곳을 조심스럽게 떼 낸다. 정확한 목표물 공략과 정교한 손재주가 성패의 열쇠다.
- 이때 부삽을 잘못 다루면 다 타서 강도(強度)가 약해진 연탄재가 부스러진다. 두 연탄을 떼 내는 과정에서 연소 중인 위의 연탄까지 깨뜨리는 일도 더러 있었다.
- 이런 이유 때문인지 어머니는 부삽 대신 식칼을 이용해 두 연탄을 떼 내는 경우가 더 많았다. 식칼의 날카로운 단면이 부삽보다 엉긴 연탄 분리에 우월했기 때문일 것이다.

#연탄구멍 맞추기와 연탄 관리

아래위 연탄의 구멍도 최대한 잘 맞춰야 했다. 연탄구멍이 약간이라도 어긋나면 공기 중의 산소와 부딪히는 면적이 작아지고 불완전연소의 가능성이 커져 새 연탄에 불이 잘 옮겨붙지 않았고, 연탄가스도 많이 발생했다. 조감도(鳥瞰圖) 시점으로 연탄을 내려다보는 것이 중요했다.

연탄에 습기가 차 축축해도 연소에 방해가 됐다. 불이 잘 붙지 않아 애꿎은 연탄가스만 잔뜩 뿜어 댈 뿐이라 연탄은 항상 바싹 마른 상태로 관리해야 했다.
 연탄구멍을 잘못 맞추거나 젖은 연탄을 때는 일은 연탄가스 중독 사고와 직결될 수 있어 어머니가 늘 신중을 다해 살폈다.

#연탄재의 존재 가치

아무짝에도 쓸모없어 보이는 연탄재도 쓰임새가 있었다. 연탄재가 존재감을 발휘할 때는 겨울철 골목길이 얼어붙었을 때다. 빙판이 심하게 진 길 위에 연탄재를 던져 놓고 부삽으로 부순 뒤 이쪽저쪽으로 골고루 흩뿌리면 거짓말처럼 걸어 다니는 데에 전혀 불편함이 없었다.

연탄이 겨울철 주요 난방원(暖房源)이었던 시절, 연탄재는 쓸모가 많았다.

연탄재는 아이들에게도 쓸모가 있었다. 내가 초등학교 때는 좁은 골목에서도 축구공을 차고 놀았는데 연탄재 두 개를 멀찌감치 떨어뜨려 골대로 삼곤 했다. 축구공에 강타당한 연탄재 골대는 아주 당연히 장렬하게 산화하는데, 최후의 순간에 토해 내는 먼지가 골목길을 뿌옇게 만들어 지나가던 동네 어른들에게 혼도 많이 났었다. 연탄재 먼지가 옷을 더럽히면 세탁할 수밖에 없어 어머니도 달가워하지 않았다.

이제는 구경조차 하기 힘들어진 연탄이다. 연탄은 사라져도 연탄과 함께 살았던 시절의 추억은 기억 속에 고스란히 남아 있다.

2.
아버지에 대한 기억

① 처음이자 마지막인 아버지의 손찌검

대학교 졸업식 때 아버지와 찍은 사진.

#아버지와의 원픽 장면

고향집 아버지를 떠올리면 제일 먼저 생각나는 일이 있다. 부모님에 대한 추억이 어디 한둘일까마는 내 마음속 아버지와의 원픽(One Pick) 장면은 다소 생뚱맞다. 부모님에 대한 추억은 고이 간직하고픈 그리움의 보물 상자라지만, 아버지만 생각하면 칼날처럼 예리한 종이에 손가락 끝마디가 베일 때의 쓰라린 아픔처럼 까맣게 잊고 있었던 그 옛날의 회한(悔恨)이 되살아나 나를 괴롭힌다. 그 일은 내가 아버지에게 진 불효막심한 빚이자 갚을 수 없는 빚이었기에 아주 가끔 그날로 소환될 때마다 나는 몹시 괴로워하곤 했다. 그것은 내가 철들고 나서 처음이자 마지막인 아버지로부터의 손찌검에서 비롯됐다.

#손찌검의 발단

손찌검의 발단(發端)은 이랬다. 나라가 혼란스럽던 1980년 5월, 꽃 피고 새 우는 화창한 봄날의 기운은 남쪽 지방에도 없었고 우리 집에도 없었다. 그해 나는 고등학교 3학년이었다. 석 달 전부터 찬물을 끼얹은 듯, 말이 없었던 집안 분위기는 갈수록 가라앉고 있었다. 이유는 단 하나, 고3 막내아들의 때 아닌 사춘기 바람 때문이었다.

#초등학교 동창과의 우연한 만남

그해 2월 중순 사춘기 바람은 뜻하지 않게, 갑자기 불어닥쳤다. 바람의 진원지(震源地)는 초등학교 6학년 때 같은 반 여자 친구였다. 그 아이와는 한 해 전 초여름 학원 영어 단과반 강의실에서 우연히 만났다. 강의 종료를 알리는 벨이 울리고 가방을 챙겨 나가려는 순간, 저만치 떨어진 곳에 낯익은 얼굴이 보였다.

긴가민가하고 그 아이를 따라서 학원 앞 인도로 접어들 때쯤 잠깐만요, 하고 불러 세웠다. 짐작대로 초등학교 동창이 맞았다. 그 아이도 나를 금방 알아보고 놀라는 눈치였다. 우리는 근처 제과점으로 들어갔다. 5년의 세월을 거슬러 학창 시절 이야기와 서로의 근황을 묻고 헤어졌다. 헤어질 때 쪽지 하나를 그 아이에게 건넸다.

#쪽지로 시작된 인연

다행히 쪽지에 적힌 내용을 그 아이는 무시하지 않았다. 며칠 후 그 제과점에서 우리는 다시 만났다. 그 아이와의 인연은 그렇게 시작됐고, 우리는 한 달에 두세 번 제과점이나 분식집, 또는 시내 서점에서 잠깐씩 만났다. 남녀공학이 흔치 않을 때라 사립 여고에 다니던 그 아이는 세칭 품행이 방정(方正)하고 학업 성적이 뛰어난 모범생이었다. 나는 그 아이처럼 반듯한 모범생은 아니었지만, 놀 때는 놀고 공부할 때는 공부하는 나름 낭만적 학구파였다.

우리 때는 고등학교 입학 후 첫 월례고사에서 친구들 사이의 존재감이 판가름 났는데, 시험 성적 결과에 따라 등위를 매긴 최상위 순위를 담임선생이 학생들 앞에서 공개했다. 담임선생은 나를 호명(呼名)했다. 성적을 공개하는 방식도 그나마 중학교 때보다는 인간적이었다. 내가 다닌 중학교에서는 전교생 석차를 매긴 순위표를 아예 교실 밖 복도 벽에 게시했었다.

#만남의 불가역적 조건

두 번째 만났을 때, 그 아이는 내게 언질(言質)을 하나 받아 냈다. 그것은 우리가 만남을 계속 이어 가기 위한 불가역적(不可逆的) 조건이기도 했다. 내용은 두 가지로 간단명료했다. '만나는 시간은 2시간 이내, 한 달에 세 번을 넘지 않는다. 둘 중 어느 하나라도 공부에 지장을 느끼거나 그럴 기미(幾微)가 있다고 판단하면 그 즉시 만남의 효력은 자동 종료된다.'

그 조건은 나도 바라는 것이었다. 불가역적 조건의 이행(履行)이 순조롭지 않을 까닭이 없었다. 그러던 어느 날, 외부의 힘에 의한 돌연 변수가 등장했다. 처음에는 몰랐다. 그 변수가 위력적이다 못해 파괴적인 힘을 감추고 있었는지를. 돌연 변수가 내 앞에 나타난 시기는 고2 겨울방학이 끝나고 막 봄방학이 시작될 무렵이었다. 그날따라 그 아이의 표정이 이상했다. 다짜고짜 언니가 나에게 꼭 할 말이 있다며 나를 집으로 데려오라는 말을 했다는 것이다. 어쨌거나 속으로 별 희한한 일도 다 있다, 생각하면서 우리가 다닌 초등학교 근처 그 아이의 집에 도착했다.

#언니의 폭탄선언

"이제 둘 다 고3 올라가니 오늘 자로 둘의 만남을 중단한다. 만남은 대학 입학 후에 다시 이어 가기로 한다."

나보다 2살 위 초등학교 선배인 언니의 통보는 일방적인 폭탄선언이었다. 이유를 따져 물으니, 사정이야 어찌 되었든 이성 교제는 공부에 전념해야 할 고3 신분에 예기치 않은 방해 요소가 될 수 있어 원천적으로 용납할 수 없다는 답변이 메아리쳐 돌아왔다. 예기치 않은 방해 요소라는 말을 도저히 이해할 수 없어 나도 용납할 수 없다고 버텼는데, 버팀은 그 아이가 거드는 한마디에 무너지고 말았다.

말인즉슨, 평소 언니의 말을 거역해 본 적이 없어 언니의 충고를 자기로서는 따르지 않을 도리가 없고 곰곰 생각해 본 결과 충고가 지향하는 바가 충분히 현실적이라고 주장한 것이다. 그것은 결국 우리 둘 사이에 오고 간 불가역적 조건의 하나인 둘 중 어느 하나라도 공부에 지장을 느끼거나 그럴 기미(幾微)가 있다고 판단하면 그 즉시 만남의 효력은 자동 종료된다는 내용에 부합돼 내 발목을 잡는 꼴이 됐다. 그 아이도 언니만큼이나 단호했고 흔들림이 없었다. 그것으로 그 아이와의 만남은 끝이었다.

#현실주의적인 안정론 대(對) 반(反)지성적 폭력
만에 하나, 일어날지도 모를 반(反)학업적 위험 요소를 선제 봉쇄하겠다는 언니의 심중(心中)은 분명 현실주의적인 안정론에 입각한 것이지만 나에게는 반(反)지성적 폭력으로 가슴을 후벼 팠다. 예고 없이 불어온 바람은 곧장 광풍(狂風)으로 돌변해 인정사정없이 나를 깜깜한 어둠 속으로 밀어 넣었다. 그날 이후로 나는 아무것도 할 수 없었다.

느닷없이 하루아침에 이상하게 변해 버린 나를 두고 부모님은 말없이 가슴앓이만 했다. 일주일이 가고 한 달이 가고 두 달이 가도 아무 말씀이 없었다. 그러나 내색까지는 감출 수 없었던지, 부모님의 초조하고 불안한 기색은 내 눈에 또렷하게 읽혔다. 형들도 말을 아꼈다. 아마 부모님의 언질이 있었기 때문이라, 속으로 짐작했다.

#광풍으로 돌변한 사춘기 바람
나의 사춘기 늦바람 광풍은 그칠 줄을 몰랐다. 학교에 가기가 죽기보다 싫었고, 수업이 끝나면 곧바로 집에 와 방 안에서 멍만 때렸다. 나를 대하는 태도가 돌변한 담임선생과의 불편한 관계는 가뜩이나 넋이 나간 나를 더욱 혼

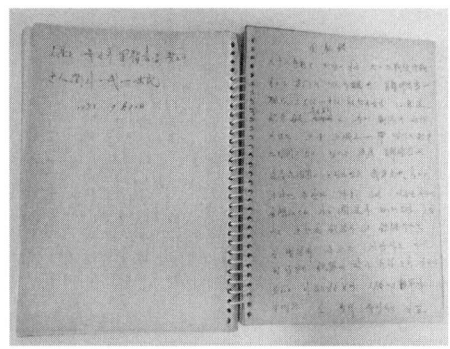

아버지가 노트에 기록한 6·25 전쟁 회고록 일부. 아버지는 전쟁 중인 1952년에 입대해 1956년 육군 병장으로 제대했다.

란스럽게 했다. 집 안에는 무거운 침묵만 맴돌았다. 10년도 더 지난 아버지의 주택사업 부도(不渡) 이후 이런 분위기는 처음이었다.

벌기는 어려워도 까먹는 것은 금세라는 말은 공부에서도 그대로 적용됐다. 예나 지금이나 대학입시의 최전선은 고3생들이 지킨다. 후방(1학년)과 중간 지대(2학년)를 별 탈 없이 건너왔어도 최전선 고지를 넘지 못하면 말짱 도루묵이다.

#고3 병사의 자발적 무장해제

나는 스스로 무장해제를 한 입시 최전선의 고3 병사였다. 싸울 무기(학습량)도, 전의(戰意, 학습 의지)도, 병참 지원(가정 및 학교생활)도 모두 다 꽝이었다. 3학년 1학기가 시작되고 맞은 최전선의 첫 번째 전투에서 처참하게 털렸다. 정글의 세계인 입시 전쟁에서 적(입시 경쟁자)들은 나의 뻥 뚫린 경계태세와 지리멸렬한 전투 의지, 고갈(枯渴)된 화력(火力)을 눈치채고 파상공격을 퍼부었다. 첫 시험과 두 번째 시험에서 연거푸 일격을 당해 기력을 상실한 나는 자포자기에 빠졌다. 나는 그저 멍때리기만 할 뿐, 아무것도 할 수 없었다. 성적은 쭉쭉 미끄럼을 타고 내려갔다. 존재감도 사라졌다.

#사달이 난 그날 밤

사달이 난 그날도 어머니 곁에 누워 잠을 청하고 있었다. 어머니가 뭔가 말을 걸어왔는데, 내가 학교 다니기도 싫고, 그만두고 싶다고 들릴락 말락 중얼거렸다. 아직 잠이 들지 않았던 아버지가 갑자기 내 목덜미를 잡고 일으켜 세우더니 오른손으로 뺨을 후려갈겼다.

#부자(父子)의 눈물
　손찌검을 한 다음 날, 술을 한잔 걸치고 느지막이 집에 돌아온 아버지는 너를 보면 마음이 아프다고 하셨다. 그 말을 들은 나도 마음이 아팠다. 아버지도 울었고, 나도 울었다.
　늦더위가 마지막 심술을 부리던 9월 초, 긴 인내의 무게를 감당할 수 없었던지 큰형이 처음으로 한마디 했다. 나도 힘들고 지칠 대로 지칠 때였다. 대학 안 갈래?
　정신이 번쩍 들었다. 두 달여가 지나고 예비고사를 치렀다.

　세월이 많이 흘렀다. 한 번씩 이런 상상을 한다. 44년 전 그날이 없었더라면······.
　지나간 일을 지금 기준으로 판단하는 것은 반(反)사실적 역사 추론이라 현실성이 없다. 다 부질없는 일이고 그것도 내 인생이다. 원래 사춘기 바람이 다 그렇고, 삶은 예측 불허지 않은가.

　이제는 가슴속에 묻은 이 슬픈 이야기는 당시 친한 고등학교 친구들도 까맣게 몰랐기에, 이 자리를 빌려 처음 공개한다.

#유효기간이 끝난 백기 투항
　대학 4학년 마지막 학기가 끝나 갈 무렵, 그 아이를 만난 적이 있었다. 수소문 끝에 주소를 알아냈는지, 얼굴이나 한번 보자는 손 편지를 보내왔다. 대구의 한 경양식집에 나타난 그 아이는 많이 달라져 있었다. 주량이 약한지, 맥주 몇 잔에 불과해져 취기(醉氣)가 임계점을 넘어선 듯 보였다. 혀가 반은 꼬부라져 있었다. 술에 취한 그 아이는 자꾸 내 눈치를 살폈다. 그 아이의 눈빛에는 자신의 전부를 걸고 백기(白旗) 투항(投降)할 때의 슬픈 그림자가 어른거렸다.

② 부도(不渡)난 사업

#초등학교 입학식과 2부제 수업

1969년은 내가 초등학교에 입학한 해였다. 당시 우리 집은 대구시 서구 내당동에 있었는데, 학교 이름이 동네 이름과 같았다. 왼쪽 가슴 호주머니에 손수건을 꽂고 모자와 아동용 정장(正裝)에다 왕자표 운동화로 한껏 멋을 내고 어머니 손에 이끌려 운동장에서 입학식을 치렀던 기억이 어렴풋이 난다. 어린 꼬마가 웬 손수건? 인가 싶겠지만 그 시절 그것은 코 닦이용이라는 사실을 나중에 알았다. 그때, 내가 다니던 학교는 한 학년 학생 수가 700명을 넘나드는 콩나물시루나 다름없었다. 다른 학교도 사정은 비슷했다. 베이비붐 세대의 끝에서 두 번째 기수인 우리 동기들도 선배들과 마찬가지로 오전반, 오후반으로 나눠 2부제 수업을 하고 있을 때였다. 오전반과 오후반은 한 학년 내내 이어지는 것이 아니라, 학교에서 정한 내규에 따라 일정한 기간마다 바꿔서 오고 가기를 되풀이했다. 어머니한테 들은 얘기다. 전교생을 수용할 교실 수가 모자라 벌어진 일이었을 것이다.

#콩나물시루 교실

생각해 보라. 학년별 전교생이 700명이면, 10개 반의 학급당 인원이 70명이다. 12개 반으로 반 편성을 늘려도 한 학급당 학생 수는 60명에 육박한다. 주먹 하나 들어갈 틈 없이 앞뒤로 빽빽하게 배치된 책걸상 때문에 옴짝달싹하기 힘들었다. 쉬는 시간에 화장실이라도 갈라치면 걸상을 뒤로 밀고 책상을 옆으로 밀쳐야 겨우 빠져나갈 정도였다. 걸상과 달리 책상은 두 명이 나란히 앉는 2인용이었는데, 말이 2인용이지 크기가 좁아터져 영역 다툼이 치열했다. 서로 조금이라도 넓은 공간을 차지하려고 몸싸움도 불사했고, 자꾸만 부딪히는 팔 때문에 말다툼을 벌이다 멱살잡이도 모자라 급기야 주먹다짐까지도 서슴지 않았다.

#책상 위 자리다툼

싫건 좋건 날마다 보는 짝꿍끼리 그때마다 드잡이를 벌일 수는 없어, 나름 지혜를 짜낸다고 짜낸 묘책이 나무 책상 위에 연필이나 분필로 공평하게 경계선을 긋는 것이었다. 가끔 경계선이 지워질 염려가 없게끔 문구용 칼로 금을 긋는 아이들도 있었는데, 선생님에게 발각되는 날엔 혼쭐이 나곤 했었다. 책상 위 자리다툼이 예외인 경우도 있었다. 대개 서로 마음이 맞는 남녀 짝꿍 아이들이 그랬다. 그러다 보니 수시로 짝꿍을 바꿔 달라고 투정을 부리는 아이도 적지 않았고, 마음에 둔 아이와 짝꿍을 하고 싶은 나머지 선생님에게 애교 어린 간청을 하는 아이들도 더러 있었다. 어머니를 방패막이 삼는 아이들도 물론 있었다. 나도 짝꿍과 제법 다툰 편인데, 서로의 필통 두 개를 세로로 줄지어 경계선을 삼았던 기억이 난다.

학교까지는 집에서 어린아이 걸음으로 15분가량 걸린 것 같다. 어머니가 일러 주신 대로 등교 시간 20분 전에는 꼭 책가방과 신발주머니를 챙겨 집을 나섰다. 지각생들은 1교시 시작 전, 교단(敎壇) 앞 교탁(敎卓) 양옆으로 두 손을 들고 무릎을 꿇는 벌을 서야 했는데, 어린 나도 그게 싫었다.

#갑작스러운 조퇴

그렇게 다람쥐 쳇바퀴 돌듯, 초등학교 신입생 생활에 어느 정도 적응하던 1학기가 끝나 갈 무렵, 깜짝 놀랄 일이 벌어졌다. 당시 우리 집은 젊은 나이에 자수성가(自手成家)한 아버지 덕분에 꽤 널찍한 2층 양옥(洋屋)이었는데,

가사(家事)를 돕는 누나가 같이 살고 있었다. 수업 중에 그 누나가 찾아온 것이었다. 조퇴(早退)하고 집으로 가는 내내 누나는 나에게 아무 말도 하지 않았다. 영문을 모르는 내가 조르듯, 말을 걸어도 누나는 억지웃음만 지으며 역시 묵묵부답이었다.

#태어나서 처음 들은 말, 부도(不渡)

집에 도착하니 어머니가 여행용 짐을 싸고 있었고, 아버지는 어디론가 부리나케 전화를 걸고 또 걸었다. 어머니는 나에게 아버지와 셋이 지금 서울에 가야 한다며 입고 있던 옷을 다른 옷으로 갈아입히셨다. 기차 타고 난생처음 서울 간다는 말에 아무것도 모르는 나는 마냥 들떠 신이 났다. 초등학교 졸업반과 3학년이던 큰형, 둘째 형은 집에 남았다. 대구에 사는 셋째 고모가 부모님 대신 두 형들을 보살피기로 했다. 떠날 채비를 끝낸 나에게 큰형이 이런 말을 했다.

"우리 집, 부도났다."

초등학교 1학년에게 부도라는 말은 너무 어려웠다. 형이라고 부도의 뜻을 알았을까. 어디서 어떻게 들었는지, 형은 우리 집 다 망하게 생겼다고 내가 알아듣도록 한마디 더 거들었다. 망한다는 것이 무엇인지 1차원적인 뜻풀이는 알아도 그것이 우리 식구들의 앞날을 가로막는 장애가 될 것이라는 현실 감각이 나에게 있을 리 없었다.

#관광호 열차
부모님과 동대구역으로 갔다. 우리는 이해 2월 10일에 운행을 시작한 관광호에 올랐다. 관광호는 일본의 신칸센을 모델로 도입한 국내 최고급 열차

동대구역 신청사. 나는 1969년 동대구역 구청사가 준공된 직후 처음으로 서울행 관광 열차를 탔었다.

였다. 특1등칸과 1등칸, 두 종류의 객실이 있었고 특1등칸에는 푸른 카펫이 깔려 있었다. 양 객실 모두 냉난방 시설이 갖춰져 있었고, 좌석마다 승무원을 부를 수 있는 호출 버튼이 달려 있었다. 관광호라는 열차 이름만 기억나 기록을 찾아보니, 대구에서 서울까지 소요 시간이 4시간 50분, 시속은 90km였다. 1974년 현재의 새마을호로 개칭돼 오늘에 이르고 있다.

#빚쟁이로 몰린 아버지

한참 후에야 알았지만, 느닷없는 서울행은 수소문 끝에 부도를 낸 사업자가 서울 모처에 숨어 있다는 정보를 입수했기 때문이었다. 아버지는 당시 내당동 일대 대규모 상가 개발사업의 투자자였다. 부도를 낸 사람은 개발사업 시행사 대표로 아버지의 둘도 없는 절친이었다. 아버지는 이 사업에 제1 투자자로 참여하면서 다른 투자자를 끌어들인 투자 책임자였는데, 부도가 나면서 졸지에 빚쟁이로 몰리게 됐다. 투자 계약서상의 보증인 명의가 아버지 이름이라, 모든 법적 책임을 떠안게 됐기 때문이었다. 2박 3일간 행방을 쫓았으나 아버지의 절친은 나타나지 않았고, 이후로도 오리무중(五里霧中)이었다.

그날 이후로 우리 집은 많은 변화가 있었다. 살던 집은 물론 우리 3형제 몫으로 미리 마련한 주택 3채와 땅, 은행 예금, 채권 등 사실상 전 재산이 다 날아갔다. 그 일이 있고 얼마 지나지 않아 다른 곳으로 집을 옮겼다.

30대 후반 하루아침에 날벼락을 맞은 아버지는 전국의 산을 찾아 나섰다. 몇 주간 집을 비우고 돌아와 며칠 후 다시 산으로 떠나기를 몇 차례 반복한 끝에 겨우 마음을 추스르고 가장(家長) 자리로 돌아왔다.

#회복되지 않은 가세(家勢)

내가 아무것도 모를 때, 이런 일이 벌어졌다. 한번 기울어진 가세(家勢)는 좀처럼 나아질 기미가 보이지 않았다. 수년 후 아버지의 절친은 스스로 자수를 하며 모습을 드러냈지만, 인신 구속 외에 달리 사업 실패에 대한 책임을 물을 도리가 없었다. 본인 명의 재산이 있을 리 없어서였다. 아버지는 이 일로 어머니에게 특히 미안해했다. 중학교 진학을 앞둔 큰형은 나, 둘째 형에 앞서 감수성에 눈뜰 때였는데, 결국 그것이 화근(禍根)이 되어 순탄치 않은 학창 시절을 보내야만 했다. 아득한 옛날 일이다.

③ 아버지 손잡고 간 전학(轉學) 첫날과 짧았던 번화가 생활

#전학(轉學)

초등학교 3학년 1학기가 끝나고 여름방학이 막 시작됐을 무렵, 아버지는 나에게 전학(轉學) 이야기를 꺼냈다. 우리 집이 곧 이사하는데 2학기부터 그 동네 학교에서 공부해야겠다고 말씀하셨다. 내게 두 번째가 될 초등학교는 전학한 1971년 기준 개교 71년의 오랜 역사를 지닌 학교였다. 내가 67회, 2024년 2월 졸업

내가 졸업한 초등학교의 1970년대 초 모습. 1900년에 개교한 학교로 내가 67회 졸업생이다. ⓒ종로초등학교 67회 졸업 앨범

식을 치른 학생들이 117회 졸업생들이다. 대구에서 역사가 가장 오래됐으며 동요 '오빠 생각'을 작곡한 박태준 선생과 '고향 생각'의 작곡가 현제명 선생이 모교 선배로 전직 대통령 한 명도 우리 학교 출신이다.

이사 날짜가 바뀌는 등 사정상 나는 2학기가 시작되고 며칠 지나서 새 학교로 등교했다. 무슨 일 때문인지는 기억에 없지만, 전학 첫날 나는 어머니를 대신한 아버지와 함께 학교에 갔다. 학교가 낯설고 친구도 새로 사귀어야 해 당분간은 서먹서먹하겠지만, 금방 정이 들 테니 너무 걱정할 필요는 없다고 아버지가 다독거려 주셨다.

#내 편이 되어 준 짝꿍

반 아이들에게 새로 전학을 온 아무개라고 나를 소개한 미혼의 여자 담임선생은 내가 앉을 자리를 지정했는데, 짝꿍이 여자아이였다. 내 짝꿍은 키가 크고 날씬한 몸매에 피부가 뽀얗고 얼굴이 예뻐 남자아이들에게 인기가 많았다. 공부도 잘했다. 이성에 눈뜰 나이가 아니라 풋사랑이라고 할 것까지도 없지만, 옆자리의 짝꿍은 본능적으로 내 마음을 두근거리게 했다. 속마음은 어땠는지 알 도리가 없으나, 그 아이는 늘 나를 상냥하게 대했다. 안 그래도 쿵쾅쿵쾅 뛰는 내 심장 박동수(搏動數)는 그 아이의 친절한 마음 씀씀이가 재촉하는 바람에 가파르게 증가했다. 어쩌다 그 아이와 살짝 몸이라도 닿으면, 정말이지 감전(感電)이라도 된 듯 머릿속이 하얘졌다. 다른 아이들이 봤을 때, 우리 둘 사이가 시샘을 살 만했던지 괜히 딴지를 거는 남자아이들도 있었다. 그럴 때마다 그 아이는 별 참견도 다한다고 눈을 흘기며, 든든한 내 편이 되어 주었다.

그 아이는 내가 새 학교에서 부딪쳐야 할 새로운 생활에 빨리 적응할 수 있도록 알게 모르게 많은 도움을 주었다. 덕분에 나는 학교에서 보내는 시간이 즐거웠고, 다른 아이들과도 잘 지냈다.

#짝꿍의 빈자리

늦가을이 되자 내 옆자리가 비는 날이 잦아졌다. 반 아이들의 궁금증을 풀어 주고자 병치레가 심해 당분간 학교에 나오지 못할 거라고 담임선생이 설명했지만, 그 설명을 듣는 나는 슬펐다. 2학기가 끝날 때까지 그 아이를 볼 수 없었다. 오랜 세월이 흘렀지만, 그때의 기억이 너무나 강렬해 그 아이의 이름 세 글자는 아직도 내 가슴에 살아 있는 화석처럼 새겨져 있다. 우리나라에서 가장 많은 성(姓)씨에 대구 앞산 자락의 44년 전통을 자랑하는 전국구급 해장국집으로 유명한 그 집의 국밥 명칭이 그 아이의 이름이다.

#가시에 찔린 발바닥 상처

전학 간 첫 학기 때 또 하나 기억나는 것은 방과(放課) 후 교실 마룻바닥 청소를 하던 중 튀어나온 가시에 발바닥을 찔려 꽤 고생했던 일이다. 당시에는 실내화도 신지 않은 채 신발을 벗고 교실에서 수업하던 시절이었는데, 나무 가시가 발가락이나 발바닥에 박히는 경우가 많았다. 내 경우에는 뾰족한 가시가 발바닥의 오목하게 팬 곳 중심부를 깊게 뚫고 들어가 몇 날 며칠 병원을 들락날락했었다. 다친 그날 절뚝거리며 집까지 걸어가는 내내 통증이 너무 심해 걷다 멈추기를 반복하며 힘들어했었다. 그 상처의 흔적은 지금도 내 발바닥에 남아 있다.

#이전 동네와 분위기가 달랐던 향촌동

새로 이사 간 집은 대구 시내 중심부 번화가에 있었다. 이전에 살았던 내당동과는 분위기가 전혀 달랐다. 근처에 대구역이 있고, 학교까지는 걸어서 10분 거리였다. 등굣길은 집에서 나와 횡단보도(橫斷步道)를 건너면 바로 나오는 이면도로(裏面道路)를 따라 한참을 올라가는 코스였다. 이 일대는 일제강점기 때 유흥 시설과 숙박업소가 대거 들어서면서 대구의 중심지가 된 향기로운 동네, 향촌(香村)동으로 지금은 수제화 골목으로 소문난 곳이다. 50여 년이 지난 지금 이곳은 여느 대도시와 마찬가지로 신도심(新都心)에 밀려난 원도심(原都心)으로 위상이 한풀 꺾인 대신, 문화공간과 전통 맛집 등 떠오르는 관광지로 거듭나고 있다.

1905년 영업을 개시한 대구역의 현재 모습. ⓒwikipedia commons, public domain

#낯설면서 중독성 있었던 풍경

근데 이 길이 문젯거리였다. 가게들이 문을 열기 전인 등굣길과 달리 하굣길에 이 길은 어린 나를 움찔하게 하면서도 한편으로는 호기심 어린 곳이었다. 자동차가 오갈 정도로 제법 넓은 이 길은 직선으로 200m 이상 쭉 뻗어 있는데, 양쪽에 온갖 유흥 주점들이 빽빽이 진을 치고 있었다. 그러다 보니 대낮부터 술에 취한 동네 건달들끼리 싸움박질을 한다거나 해거름이면 담배를 꼬나물고 원색적인 옷차림과 짙은 화장을 한 채 호객 행위를 하는 유흥 주점 접대부들의 노골적인 모습은 날마다 보는 일상이었다. 9살 어린아이에게 하굣길의 이 풍경은 낯설면서도 중독성이 있었다.

더욱 놀라웠던 것은 고등학교 때 우연히 이 길을 지나다가 바깥에서 안이 다 보이는 한 유흥 주점 홀에 앉아 있는 한복 차림의 여자가 눈에 들어왔는데, 대뜸 초등학교 동창생임을 알아보고는 쓸쓸하고 우울한 기분을 지울 수 없었다.

#1년 만에 이사

부모님은 학교생활에 만족해하는 나와 달리 교육 친화적이지 못한 주변 환경을 염려했다. 아버지의 사업도 사업이지만 자식 걱정이 당연한 어머니의 성화가 이어졌고 아버지도 동의했다. 1년 만에 우리 집은 주택가인 대명5동 기와집으로 이사했다. 학교는 옮기지 않기로 했다. 그곳에서 나는 대학 진학 때까지 살았고, 부모님은 거의 30년을 살았다.

전학 간 이야기가 길어져 옆길로 샜다. 모두 다 아버지를 떠올리면서 파생된 또 다른 어릴 때의 추억이라 그때의 기억이 자연스레 되살아났다.

④ 아버지의 잠버릇과 종합 선물 세트

#밥 먹을 때 말하면 복(福)이 나가는 이유

어릴 때, 아버지의 귀가 시간은 빨랐다. 저녁 7시 30분~8시면 아버지는 대문을 열고 집에 오셨다. 술을 한잔 걸치고 오시는 날에도 밤 9시를 넘긴 적이 거의 없었던 걸로 기억한다. 술 약속이 없는 날, 아버지는 늘 식구들과 함께 저녁을 했다. 밥상머리에서 우리 형제는 별말이 없이 그저 먹기만 했다. 밥 먹을 때는 밥만 먹어야 한다고 어릴 때부터 귀가 따갑도록 들었기 때문이다. 밥 먹을 때 말하면 복(福)이 나간다는 것이 이유였다. 왜 복이 나가는지는 말씀이 없었고, 우리도 따지지 않았다. 아버지도 당신의 아버지, 나의 할아버지에게 그렇게 밥상머리 교육을 받았고 우리와 마찬가지로 수긍이 갈 만한 이유에 대해서는 궁금해할 뿐, 캐묻지 못했을 것이다.

내가 어렸을 때 바나나는 귀한 과일이었다.

#귀가도 빠르고 잠자리에도 일찍 든 아버지

아버지는 빠른 귀가 시간만큼이나 일찍 잠자리에 드셨다. 밤 9시, 늦어도 밤 9시 30분쯤에는 이불을 깔고 누우셨다. 주무실 때 아버지는 두 가지 습관이 있었다. 하나는 눕자마자 거짓말처럼 잠에 빠져드는 것이고, 다른 하나는 코를 고는 것이다. 첫 번째 습관은 아무에게나 주어지지 않는, 잠복을 타고난 사람만이 누릴 수 있는 남부러운 행운(幸運)이라 할 만하다. 두 번째 습관은 그 반대다. 코 고는 당사자는 알 리가 없지만, 곁에 있는 사람은 괴롭 다. 비교적 잠투정이 없었던 나도 아 버지의 코 고는 소리에는 신경이 거 슬렸다. 그럴 때는 어머니가 가르쳐 준 대로 엄지와 검지 두 손가락으로 아버지의 코를 살짝 쥐었다 놓거나 몸 일부 아무 데나 툭 건드리면 즉각

요즘에도 과자 전문점에 가면 센베이를 볼 수 있다.

적인 효과가 있었다. 반응이 빠른 대신 약효의 지속성은 떨어졌다. 곧 코 고 는 소리가 다시 이어지고 그럴 때마다 똑같은 처방을 몇 번이고 실행하다 그 만 제풀에 지쳐 에라, 모르겠다며 이불을 뒤집어쓰고 억지로 잠을 청했다.

#부전자전

우연의 일치인지, 부전자전(父傳子傳)인지 나도 코 고는 버릇이 있다. 젊었 을 때는 그런 말을 못 들었지만, 나이가 들면서부터 부르지도 않은 고약한 그 버릇이 한 번씩 출현해 집사람의 잔소리도 부쩍 늘었다. 평상시에는 잠잠하 다가도 거나하게 술에 취한 날이면 어김없이 그놈이 툭 튀어나와 집사람의 신경을 거슬러 통 잠을 이루지 못한다는 것이다. 이리저리 뒤척이며 코 고는 소리를 애써 못 들은 채 하다가 한계 인내 체감지수가 마침내 고통의 임계점 을 넘는 순간이 오고야 만다는데 그런 때에는 하는 수 없이 이불과 베개를 들 고 거실 소파에서 새우잠을 잔 적이 한두 번이 아니라고 다음 날 나를 몰아붙 였다.

나도 할 말이 없지만은 않았다. 집사람에게 당신만 모르지, 코를 곤다는 사 실을 말해 주면 그럴 리가 없다고 손사래를 친다. 설사 그렇더라도 나한테 비

할 바가 아니라고 우긴다. 나한테 비할 바가 아닌 근거가 구체적으로 무엇이냐고 물어도 그냥 그렇다면 그런 거라고 막무가내로 잘라 버린다. 뭔가 믿는 구석이 있어 그런 건지, 알면서도 아닌 척할 뿐인 건지, 알다가도 모를 일이다.

언제 몰래 한번 녹음을 해 들려줄까, 하다가도 그렇다면 그런 것이라는 사람한테 그래 봤자 대수로 여길까 싶어 그만두었다. 내가 하려다 만 시도는 오히려 집사람이 했다.

#사박자의 의성어, 코 고는 소리

언젠가 딸이 내 코 고는 소리를 녹음했다고 스마트폰을 들이밀었다. 들어도 못 들은 척, 하고 넘어가기에는 양심에 찔렸다. 짐작대로 집사람이 재미 삼아 작심하고 내가 잠든 사이 꼼짝 못 할 물증을 확보해 딸과 공유한 것으로 밝혀져 웃고 말았다. 규칙성과 반복성, 일정한 높낮이와 강약, 사박자(四拍子)가 불멸의 화음을 이룬 의성어(擬聲語)로 구성된 물증 앞에서 나는 할 말을 잃었다.

#아버지보다 할머니를 닮은 애주가 기질

아버지는 남부러울 만한 잠복만큼이나 술 드신 후 매너도 깨끗했다. 내가 어릴 때나, 자라서나, 성인이 되어서도 술 드시고 잔소리하는 일이 없었다. 어머니나 우리 형제를 잘 아는 아버지 친구분들도 아버지는 주사(酒邪)가 없고, 술자리에서 실수한 적도 없다고 말씀하셨다. 술만큼은 아버지보다는 할머니의 피를 더 많이 물려받은 나는 대학 때부터 애주가였는데 직장 다닐 때 폭탄주에 만취해 필름이 끊긴 적이 몇 번 있었다. 다 그런 것은 아니지만 대개 기억 회로가 고장 나면 통제기능이 말을 듣지 않아 여러 가지 난감한 일이 생긴다.

우선 자신이 내뱉은 말과 행동을 기억에서 불러올 능력을 상실하기에 어떠한 방어 수단도 꺼내 들 수 없다는 점이다. 기억력이 무장해제된 당시 상황에 대해 합리적이고 이성적인 이해를 구할 수 없어 입이 열 개라도 할 말이 없게 되는 것이다. 더욱이 일면식(一面識)도 없는 사람과 시비라도 벌어진 경우엔 그야말로 속수무책이다. 그날 이후로 나는 나만의 주량 고수의 법칙을 철저하게 지키고 있다.

아버지가 술 때문에 어머니를 불편하게 한 적이 없었던 것과 달리, 젊었을 때 나는 집사람에게 적지 않은 마음의 빚을 졌다. 술자리 분위기와 술자리의 연속성을 좋아한 나는 대면(對面) 업무가 많은 직업적인 특성까지 더해져 술 마시는 날이 그렇지 않은 날을 단연 압도했고, 귀가 시간도 그만큼 늦었다. 이른 새벽에 집에 들어가기를 밥 먹듯 했고, 한 달에 보름 지방 출장을 갔는가 하면 서울에 있는 날에도 야근이 잦아 휴일에서야 겨우 집사람 얼굴을 볼 수 있었다.

#한겨울에 집 밖에서 떨었던 기억

이런 일도 있었다. 신혼 초기 합정동 근처 다세대 주택에 세 들어 살 때였다. 그날도 새벽이 돼서야 술자리가 끝났다. 한겨울이었다. 요즘처럼 번호 키 방식이 아니라 열쇠로 현관문을 따고 들어가던 때였다. 열쇠 구멍에 안착한 열쇠를 아무리 오른쪽으로 돌려도 현관문은 꿈쩍도 하지 않았다. 안에서는 전화도 받지 않았다. 추운 날씨에 취기가 잔뜩 오른 몸이 열받은 지 20여 분이 됐을 때 찰카닥하고 문이 열렸다.

카스텔라.

#아버지의 인기척과 운수 좋은 날

예닐곱 살 때 나는 아버지가 귀가하며 내는 인기척을 설레는 마음으로 기다렸다. 아버지가 손에 봉지를 쥐고 있거나, 품에 상자 꾸러미를 안고 들어오는 날, 그날은 우리 형제에게 봉 잡은 날이었다. 봉지 속에는 일본식 화과자(和菓子)인 센베이가 가득 들어 있는 날도 있었고, 복숭아 통조림과 엿과 설탕에 팥, 우무를 넣어 반죽한 뒤 끓여서 식혀 굳힌 양갱(羊羹), 바나나, 초콜릿이 들어 있는 날도 있었다. 생일이나 어린이날처럼 특별한 날에는 종합 선물 세트 상자 앞에서 형제 모두 웃음꽃을 피우며 행복해했었다.

설탕에 팥, 우무를 넣어 반죽한 뒤 끓여서 식혀 굳힌 양갱(羊羹).

그 시절 종합 선물 세트는 아이들에게 최고의 선물이었다. 그 속에는 비스킷, 과자, 양갱, 단팥빵, 카스텔라, 밀크캐러멜, 사탕, 풍선껌, 초콜릿, 심지어 미니 장난감도 들어 있었다.

가끔 재래시장이나 세계 과자 백화점 앞을 지날 때 센베이나 옛날식 과자와 눈이 마주치면, 이제는 추억으로만 남아 있는 어린 시절 생각이 나 그리움의 미소를 짓곤 한다.

밀크캐러멜.

#아버지의 친구분들

나는 아버지 친구분들도 여럿 기억하는데, 그 이유는 이렇다.

아버지 친구분들이 우리 집에 자주 놀러 오시기도 했고, 내가 부모님 손을 잡고 친구분들을 찾아뵌 적도 자주 있었기 때문이다. 여기에는 서로 왕래하게 된 계기가 있는데, 바로 친목계 모임이다. 친목계에는 아버지의 친구분 내외(內外) 대여섯 팀이 참석했는데, 두 달에 한 번꼴로 계원 집을 오가면서 우정도 다지고 회포(懷抱)도 푼 것으로 기억한다. 다른 집에서 친목계 모임이 있는 날에는 형들은 빠지고 주로 나만 참석했는데, 아마 나까지 떼 놓고 가기에는 내가 너무 어려서 그랬던 것이라 짐작한다. 덧붙이자면 내가 친목계 모임을 유달리 좋아했고, 모임에 가서도 스스럼없이 잘 놀아 부모님이 기꺼이 나를 데리고 갔던 까닭이 아닌가 생각한다.

#가나 초콜릿

내가 모임을 좋아한 이유는 두 가지인데, 첫째는 아버지 친구분들이 나를 보면 과자 사 먹으라며 꼭 용돈을 챙겨 주셨기 때문이다. 나는 친목계 모임만 다녀오면 그 용돈으로 당시에는 귀한 가나 초콜릿을 사 혼자서만 몰래 하나씩 빼 먹곤 했는데, 어린 나에게 그 즐거움은 말할 수 없이 컸다. 용돈을 다 합하면 한 달 치 가나 초콜릿값을 충당하고도 남았다. 또 하나는 친목계 모임 말미(末尾)에 진행되는 경품 추첨을 구경하는 재미였다. 경품은 계원들이 부은 곗돈에서 일부를 떼 구매한 생활용품이었다. 밥솥, 프라이팬, 냄비, 식기류, 수저 세트, 수건, 양말 세트, 선풍기 따위였다.

추첨 방식은 제비뽑기였다. 가위바위보로 순번을 정해 1등부터 차례로 제비를 뽑아 당첨된 경품을 가져갔다. 경품 추첨 시간은 왁자지껄한 흥겨움과 함께 스릴감을 느끼게 해 구경하는 재미가 이만저만이 아니었다.

2023년 버전의 가나 초콜릿. 초콜릿은 1970년대 아이들의 최고급 군것질거리였다.

#하숙집으로 찾아온 아버지의 친구분

대학교 때 서울에 살고 있는 아버지 친구 한 분이 하숙집으로 찾아온 적이 있었다. 개인 사업을 하던 분인데, 사업지가 바뀌어 몇 년 전에 서울로 올라왔다고 아버지께 들었다. 친구 아들을 홀로 찾을 일이 뭐 있을까마는 그것은 순전히 아버지의 개인적인 부탁 때문이었다. 무슨 심각한 속사정이 있었던 것도 아니었고, 그저 객지 생활을 하는 친구 아들을 단순 격려 차원에서 한번 만나 토닥거려 주는 것만으로 아버지의 허전함과 걱정스러운 심정을 달래기 위해서였다. 아버지와 서울 친구분이 그만큼 스스럼없는 사이였기에 가능했을 것이다. 막상 하숙집 내 방에서 마주 앉은 친구분과 나는 별다른 말을 나눈 기억도 없다. 친구분도 아버지의 간청을 못 이겨 나를 찾아온 탓에 이렇다 할 얘기가 있을 리가 없었다. 내가 할 수 있는 건 음료수 한 잔을 대접하는 것일 뿐, 친구분도 그저 학업에 매진하라는 덕담을 건네고 일어섰다.

나는 속으로 아버지가 왜 이런 성가신 부탁을 했을까, 라는 생각과 함께 괜한 발걸음만 한 키다리 아저씨께 죄송한 마음뿐이었다. 고마운 아저씨였다.

인심 좋게 생긴 외모에 마음 씀씀이도 넉넉했던 구(具) 씨 아저씨, 감전 사고로 불편한 몸에도 불구하고 친아들처럼 대해 주신 뚱보 아저씨, 구수하고 찰진 입담으로 나를 예뻐하신 김 씨 아저씨, 모두 다 그립고 고마운 어른들이다.

이제는 부모님도, 부모님 친구 내외 어른들도 모두 다 돌아가셨다. 내 나이가 벌써 그때 부모님과 부모님 친구분들의 연세를 훨씬 뛰어넘었다는 생각에 새삼 어찌할 수 없는 인생무상(人生無常)을 느낀다.

부모님과 부모님 친구 내외분들의 명복을 빈다.

⑤ 아버지의 존댓말과 객지 생활

#어머니에게 존댓말을 쓴 아버지

아버지는 어머니보다 두 살 위다. 한국전쟁이 한창이던 1952년 어머니와 결혼한 아버지는 2002년 돌아가실 때까지 50년을 서로 의지하며 한 집에서 살았다. 아버지는 또래의 어른들과 다른 점이 있었다. 아버지는 어머니에게 반말을 쓰지 않았다. 부부간에 존대한다고 나쁠 리 없지만 그 시절 아버지 연배의 가장(家長)들에게서는 보기 드문 일이었다. 아버지보다 한 세대 아래인 나도 집사람에게 존댓말을 쓰지 않고, 내 친구들도 마찬가지라 아버지의 경우는 분명 이례적이라 할 만하다. 요즘 젊은이들도 다르지 않을 것이다. 남자의 여자에 대한 반말이 당연하다는 뜻이 아니라 남자가 여자보다 연상이 대세(大勢)인 시절이라 반말이 결혼한 부부의 관습적인 말투로 통용됐다고 볼 수 있겠다.

왼쪽이 아버지, 가운데가 나, 오른쪽이 큰형이다. 경상북도 상주 시골 큰아버지 댁에서 찍은 아주 옛날 사진이다. 짐작건대 내가 초등학교 입학 한두 해 전일 때 같다.

왜 그러셨을까, 생각이 들다가도 나는 아버지의 어머니에 대한 존댓말에 대한 궁금증을 내 나름의 유권해석으로 풀었다. 그것은 어머니와 말다툼하는 아버지의 모습을 내가 목격한 적이 단 한 번밖에 없다는 데에서 찾을 수 있다. 혹시나 형들은 다르게 생각하는지 몰라 물어봤는데, 나와 의견이 일치했다. 우리 형제가 없는 자리에서까지야 알 도리가 없지만, 적어도 우리 앞에서 아버지는 어머니와 언쟁을 벌인 적이 한 차례뿐이었다.

#존댓말의 언어적 품격

존댓말은 상대에 대한 예의와 존경의 표시이기도 하지만, 스스로 감정을 억누르는 절제의 장치도 된다. 말이 엇나갈 길목에서도 한 번 더 생각하게 되고, 큰소리를 낼 상황에서도 존댓말이 자제의 덕목으로 발동돼 흥분을 가라앉히는 신통한 약효가 있다.

나는 아버지와 어머니의 첫 말다툼이 마지막 말다툼으로 매듭지어진 가장 큰 이유가 바로 아버지의 존댓말 때문이라 여긴다. 일단 존댓말은 상대에 대해 넘지 말아야 할 최소한의 마지노선을 넘지 않도록 제어하는 감정적 제동장치로 기능한다. 여기에 더해 존댓말을 사용하는 상대방에게는 본능적으로 말조심을 하게 되는 언어적 품격도 빼놓을 수 없다.

#존댓말의 반(反)친화적 속성

때로는 존댓말이 불편할 수도 있다고, 존댓말의 반(反)친화적 속성을 지적하는 사람도 있다. 수평 대등한 관계에서는 더욱 그럴 수 있다는 것이다. 맞는 말이다. 살다 보면 편한 말투로 허물없이 속마음을 털어놓을 때, 서로 간의 거리감이 좁혀지는 경우가 많다. 불가근불가원(不可近不可遠)의 법칙이 만사형통(萬事亨通)이 아니듯이, 정서적 공감대와 친밀감 형성에 존댓말이 어색한 걸림돌로 작용하는 사례도 수없이 많다.

결국 존댓말을 사용하는 사람이 말의 힘보다는 상대를 배려하고 공감하고자 하는 이타적인 성정(性情)을 앞세울 때, 존댓말은 두 배, 세 배의 시너지 효과가 있을 것으로 생각한다.

그렇다고 친구 간에, 나이가 한참 어린 후배에게 존댓말을 상시(常時) 말투로 대하는 것은 어색하고 불편함이 앞서 지지할 만한 태도는 아닐 것이다.

#오는 말이 고와야 가는 말도 곱다

그런 점에서 남남이었다가 사랑을 매개로 만난 부부 사이의 존댓말을 나는 개인적으로 지지한다. 부부관계는 특수한 인간관계라고 할 수 있다. 같이 살 때는 경제공동체이자 주거공동체며 양육공동체이자 운명공동체지만, 헤어지면 그냥 남남이다. 마음만 먹으면 양극단의 땅을 다 밟을 수 있는 인간관계가 부부관계 말고 또 있을까. 부부 싸움은 칼로 물 베기에 대척되는 부부간 촌수(寸數)는 무촌(無寸)이라는 말의 유래(由來)도 그런 이유에서 비롯됐을 것이다.

언젠가 어머니도 내 생각과 비슷한 속마음을 내비쳤었다. 아버지가 존댓말로 대하니, 어머니도 자연스레 매사 언행에 신중하게 된다는 것이었다. 아버지와 어머니는 금슬(琴瑟)도 좋았다. 당연한 결과가 아닌가 한다.

#부모에게 숙명적으로 불효자인 자식

그런 아버지에 비하면 나는 한참 못 미친다. 나이가 든 요즘에야 그렇지 않지만, 젊었을 때 아이들 눈에 비친 내 모습이 어땠을까, 스스로 물으면 민망할 따름이다. 반말이야 그렇다 치더라도 아이들 앞에서 집사람과 고함을 지르며 다툰 일, 서로에게 앙금이 남을 도를 넘은 언어폭력, 감정 자제에 실패해 내지른 일탈적인 행동을 생각하면 부끄러움에 고개를 들 수가 없다. 따지고 보면 다 대수롭지 않은 일이 원인이었다. 인격적 방어기제의 부재로 하찮은 일이 필요 이상으로 불거져 비롯된 소모적인 다툼이었다. 부덕(不德)의 소치(所致)다.

이제 와 새삼 존댓말 카드를 꺼내 들 수도 없고, 지는 것이 이기는 것이라고, 그저 참고 이해하면서 살아가는 길이 지혜로운 부부 상생의 모범 답안이라고 믿는다. 자식을 낳아 키워 봐야 부모 마음을 안다고, 그런 점에서 자식은 숙명적으로 부모에게 불효자가 아닐까 여겨진다. 만고불변(萬古不變)의 진리다.

#밥 먹듯이 이삿짐을 싼 대학 생활
대학 입학 후 서울로 올라온 나는 1학년 때 친척 집 신세를 졌고, 2학년 때는 하숙(下宿), 3학년 때는 다시 친척 집, 4학년 때는 한 번 더 하숙 생활을 했다. 지금은 보기 드문 바퀴 3개 달린 용달차로 주로 이삿짐을 옮겼고, 택시를 이용하기도 했다. 이삿짐이라고 해 봐야 대학 교재를 담은 종이 상자와 옷가지 상자, 이불 보따리, 천으로 된 조립식 옷장, 책상과 의자, 기타 잡동사니가 전부지만 짐을 싸서 옮길 때마다 친구의 손길을 빌려야만 했다.
이삿짐 싼 횟수만 6~7번은 되는 것 같다.

#아버지의 손 편지
그때는 핸드폰이 없던 시절이라 공중전화를 이용해 부모님과 통화했는데, 그럴 때마다 가게에서 동전을 바꿨던 기억이 지금도 생생하다.
객지 생활을 하는 아들과의 통신 수단이 극히 제한적일 때라 아버지는 한두 달에 한 번꼴로 손 편지를 보내오셨다. 손 편지에는 한자어가 그득했다. 다행히 우리 세대는 중고교 때 한자 교육을 받아 한자를 읽고 쓰는 데에 특별한 어려움은 없었다. 아버지가 보내온 편지 내용은 대개 이랬다.

- 객지 생활에 고생이 많다.
- 밥은 잘 먹고 다니냐.

- 학교생활은 재미있냐.
- 데모는 하지 마라.
- 술 많이 마시지 말고 담배 너무 피우지 마라.
- 용돈 헤프게 쓰지 마라.
- 공부도 다 한때니, 한눈팔지 말고 공부해라.
- 말을 많이 하지 마라, 말이 씨가 된다.
- 아버지 엄마는 잘 있다. 형들도 잘 있다.
- 건강 잘 챙겨라. 다음에 또 연락하마.

#하숙집의 공용 전화기
아버지가 보낸 편지를 읽으면 기분이 착잡해졌다. 아들 셋이 모두 대학생, 그것도 등록금이 비싼 사립대학이라 학비 부담이 만만찮으리라는 생각에 마음이 무거웠다. 그러나 그런 기분도 잠시일 뿐, 편지에 적힌 아버지의 육필(肉筆) 당부는 금방 잊히기 일쑤였다.

아주 가끔 아버지는 하숙집으로 전화를 걸어 오기도 했다. 통화는 하숙집 주인 안방에 설치된 전화와 브리지 방식으로 연결한 하숙생들의 공용 전화기로 이뤄졌다. 공용 전화기는 하숙생들이 기거하는 방 바깥 거실 한쪽에 놓여 있었다. 당시 대학가 하숙집에는 이런 수신 전용 브리지 전화가 다 설치돼 있었다. 전화를 걸 수 없도록 시건장치(施鍵裝置)가 돼 있었다.

#멀고도 험난했던 금호동 가는 길
1학년 1학기 때는 학교에서 가까운 사촌 누나 집에서, 2학기 때는 금호동 큰외삼촌 댁에 머물렀는데, 신촌에서 금호동을 오가는 길은 정말이지 멀고도 험난했다. 당시 신촌에서 금호동으로 가는 교통편은 버스 노선 한 개뿐이었다. 정확한 버스 번호는 기억나지 않는데, 아마 34번이 아니었나 추측

할 뿐이다. 버스 정류장이 지금의 2호선 신촌역 5번 출구에서 이대 방향으로 20m가량 올라간 곳에 있었는데, 배차 시간이 길어 한 대 놓치면 20여 분은 족히 기다려야만 했다. 해거름이나 저녁 무렵 겨우 버스에 올라타 자리에 앉으면 이제부터 기나긴 시간과의 전쟁에 돌입해야 했다. 노선 코스는 아현동으로 진입해 서대문 로터리~서울역~명동~충무로~남산 1호 터널~한남대로를 지나 약수동과 금호동으로 이어졌다. 명동과 충무로 일대가 상습 정체구간인 데다 왕복 2차선인 남산 1호 터널 입구에서 출구까지 빠져나오는 데 30~40분이나 소요돼 말 그대로 악몽 같은 노선이었다. 신촌에서 금호동까지 빨라야 2시간, 평균 2시간 30분은 걸렸던 것 같다. 러시아워를 비켜 가는 등굣길은 그나마 다행으로 1시간 남짓이면 학교에 도착했다. 1학년 2학기 귀갓길은 정말 끔찍했다.

아버지도 이런 사정을 알고 2학년 때는 학교 근처에서 하숙할 수 있도록 더는 졸라맬 것도 없는 허리띠를 억지로 꽉 졸라맸다. 이 자리를 빌려 아버지의 노고(勞苦)에 삼가 감사드린다.

⑥ 인명(人命)은 재천(在天)이라는 명제(命題)는 참인가

#잠복이 있었던 아버지와 잠복이 없었던 어머니

아버지의 기상(起床) 시간은 빨랐다. 누우면 바로 잠드는 아버지가 부럽다는 말은 돌아가실 때까지 어머니를 괴롭힌 불면(不眠)의 언어였다. 어머니는 예민했다. 잠복을 타고 난 아버지는 어머니보다 일찍 잠들고, 일찍 일어났다. 아버지의 잠복은 어머니에게는 없었다. 어머니는 아버지보다 늦게 잠들고 비슷하거나 약간 늦게 일어났다. 아침마다 어머니의 몸과 마음은 분주했다. 다행히 어머니는 손이 빨랐다.

앞산 공원에서 바라본 대구 시가지.
©Thorfinn Stainforth – wikipedia commons, public domain

#어머니의 유일한 걱정거리, 불면증

우리 형제가 중고생일 때, 어머니는 날마다 도시락을 쌌다. 밥 짓고, 국 끓이고, 반찬 만들고, 도시락 싸는 시간은 1시간을 넘지 않았다. 아침 7시 30분, 3형제가 집을 나서면 어머니는 식후(食後) 병원에서 처방한 알약을 하루에 반 알씩 복용했다. 한참 후에 알았다.

어머니는 혈압이 높았다. 한 달에 한 번 동네 의원에서 한 달 치 약을 타는 일은 돌아가실 때까지 계속됐다. 약을 거르지 않고 꼬박꼬박 복용한 것은 의사가 내린 처방을 존중해야 마땅한 환자의 도리이기도 하면서 어머니의 꼼꼼한 성격에서 비롯된 것이기도 했다.

특별한 지병(持病) 없이 비교적 건강했던 어머니는 자기관리에도 철저했다. 걱정이라면 불면증 하나였다.

#대구 시민의 산, 앞산

새벽 5시, 아버지는 날마다 그 시간에 일어나 간편한 복장으로 산행 길에 나섰다. 해발 660.3m의 집 근처 앞산이다. 등산 코스의 출발점이 산 중턱 못 미친 언저리에서 시작되는 앞산은 나도 여러 번 갔었다. 산세가 비교적 험하지 않고 등산로가 오밀조밀해 등산객들이 좋아했다. 산 정상에서 바라보는 대구 시내 전망이 일품이다. 중고등학교 때 친구들과 가끔 놀러도 갔던 곳이다.

등산 코스는 앞산 공원 공영주차장을 지나면서 시작된다. 어릴 때 집에서 앞산 공원 주차장까지 걸어가기도 했고, 시내버스를 이용해서 가기도 했다. 우리 집에서 주차장까지는 걸어서 30~40분 거리다. 초등학교 6학년 여름방학 때, 경상북도 안동의 한 초등학교 교사로 재직 중이던 사촌 누나의 소개로 알게 된 동년배의 그 학교 친구와 앞산에 놀러 갔다가 나쁜 형들한테 삥 뜯긴 적도 있다.

앞산의 명칭은 대구 앞쪽에 있는 산이란 뜻이 굳어져 고유명사처럼 쓰이게 됐다는 설이 유력하다. 앞산의 원래 이름은 부처가 되는 산, 성불산(成佛山)이었다고 한다.

#타고난 건강 체질이었던 아버지

아버지는 눈이 오거나 비가 오지 않는 한, 앞산 산행(山行)을 거르지 않았다. 젊었을 때부터 산행의 기운을 받은 탓인지 동년배보다 훨씬 건강하고 젊어 보였다. 어쩌다 아버지를 따라 새벽 산행에 나섰을 때 목격한 장면이다.

등산 코스를 따라 쭉 올라가다가 비탈길이 나오면 아버지는 갑자기 뒤돌아서 뒷걸음질로 올라갔다. 눈대중으로 족히 50m쯤은 거뜬히 소화했던 것 같다. 아버지의 건강 비결은 또 있다. 아버지는 냉수마찰(冷水摩擦)을 좋아했다. 심지어 한겨울에도 찬물에 수건을 적셔 꼭 짠 뒤 윗몸 구석구석을 문지르는 냉수마찰을 즐겼다. 산에 가기, 걷기, 냉수마찰은 아버지가 건강을 유지한 3대 비결이었다. 지나치리만치 철저한 건강관리 덕분에 칠순이 될 때까지 감기나 잔병치레 하나 없었다. 우리 가족은 물론 친구분들도 요즘 말로 '구구 팔팔 이삼사'(99세까지 팔팔하게 살다가 2~3일 앓다가 죽는 행복한 인생)는 맡아 놨다고 부러워했다.

불행한 반전(反轉)은 곧 다가왔다. 칠순 잔치 다음 해, 누구도 상상하지 못한 일이 터졌다.

#말기 암 선고

발단(發端)은 이랬다. 2002년 8월 초순, 내가 다니던 회사에서 부장으로 승진하고 얼마 지나지 않을 때였다. 생전 안 걸리던 감기가 아버지에게 찾아왔다. 동네 내과에서 두 번이나 처방받은 약을 다 먹어도 차도가 없어 세 번째 그 병원 문을 두들겼을 때 의사의 표정이 굳어졌다. 심상찮은 조짐이었다. 낯익은 의사의 표정이 낯설었다. 고개를 갸우뚱하던 의사는 몇 초간의 침묵 끝에 아버지에게 정밀검사를 권했다. 첨단 의료 장비를 갖춘 인근 대학 종합병원을 추천한 의사는 치료 소견을 작성한 뒤 서명한 진료소견서를 아버지에게 건넸다. 어머니에게 들은 바로는 그때까지만 해도 아버지는 별다른 걱정을 하지 않았다고 한다. 여태껏 심각한 병은 물론 잔병치레도 앓은 적이 없고, 흔한 감기 증상이 조금 오래갈 뿐이라고 생각한 것은 전혀 무리가 아니었다. 어머니도 아버지와 생각이 같았다.

아버지는 집 근처 대학병원에 소견서를 제출하고 정밀검사를 받았다. 1주일 후 검사 결과가 나왔는데, 충격적이었다. 의사는 보호자인 어머니만 따로 불러 검사 결과를 통보했다. 어머니는 그 사실을 아버지에게 비밀로 했다.

소견: 급성골수성백혈병(혈액암), 진단: 말기 암(癌),
생존 가능 시기: 2개월여, 원인: 미상(未詳)

청천벽력이었다. 말기 암이라니, 남은 삶은 2개월여. 어머니는 곧바로 큰형과 둘째 형에게 이 사실을 알렸다. 서울에 있는 나에게는 둘째 형이 전화로 기별(奇別)했다. 나는 전화를 받고 아무 생각도 들지 않았다. 그렇게 오랫동안 건강한 아버지가 암, 그것도 말기 암이라는 소식을 도무지 믿을 수 없었고, 믿고 싶지 않았다. 그러나 현실이었다.

월차휴가를 내고 대구로 내려갔다. 아버지가 입원 중인 병원에 가족들이 다 모였다. 아버지의 팔에는 링거 주사기와 이름 모를 또 다른 바늘이 꽂혀 있었다. 약간 초췌해 보일 뿐, 아버지는 걷고 움직이는 데에 불편함이 없었다. 집으로 자리를 옮겨 형들과 머리를 맞댔다. 주치의 소견은 수술적 치료의 전망이 비관적이지만, 의학적 판단에 기초한 여생(餘生)에 비추어 수술적 치료의 시도를 권장할 만하다는, 애매모호한 것이었다. 수술 결과에 대한 지극히 낮은 기대치, 고령인 아버지의 체력 조건, 어머니의 의견 등을 종합해 우리 가족은 다음과 같은 결론을 내렸다.

#아버지만 몰랐던 병명(病名)

첫째, 수술적 치료는 하지 않는다. 둘째, 후유증이 큰 항암 치료와 방사선 치료도 하지 않는다. 셋째, 보름에 한 번씩 통원해 혈액 교체 치료를 받는다. 넷째, 검증된 민간요법을 제한적으로 시행한다. 주치의 소견대로라면 시간이 촉박했다. 아버지는 아직 진실을 몰랐다. 어머니는 아버지에게 혈액 계통에 문제가 있는데, 열심히 치료하면 낫는다고 안심시켰다. 아버지는 속으로 뭔가 찜찜하다는 생각을 혼자 했을 수도 있겠구나, 짐작했다. 진실을 모르는 아버지는 금방 건강을 회복할 거라며 너무 걱정하지 말라고 오히려 우리를 다독였다. 어머니는 이미 닥친 일이라 감정에 동요하지 말고 차분하게 대응하자고 우리에게 당부했다.

서울로 올라가는 새마을호 기차 안에서 여러 가지 상념에 마음이 혼란스러웠다. 혈액암은 골수에 생긴 암세포가 주위 조직으로 퍼져 나간 병이다. 의학적으로 병의 원인은 정확하게 밝혀진 바가 없다고 한다. 나는 친분이 있는 한 의사에게 부탁해 국내산 상황버섯을 구했다. 우체국 소포로 상황버섯을 부친 후 어머니에게 전화했다.

형들은 형들대로 수소문해 효험이 있다는 약재를 구했다. 보름마다 진행한 통원 치료 때는 둘째 형이 아버지를 모시고 병원에 갔다.

통원 치료를 한 날, 아버지는 많이 힘들어했다. 두 번째 통원 치료를 끝낸 아버지를 본 나는 마음이 아팠다. 수척한 기색이 역력했다. 날이 갈수록 쇠약해진 아버지를 보면서 암은 무서운 병이라는 사실을 실감했다. 혈액암의 증상은 피로감, 무기력증, 어지럼증 등인데, 어머니에 따르면 아버지는 앉아 있는 시간보다 누워 있는 시간이 훨씬 많고, 수시로 주무신다고 했다.

대구에 있는 형들보다 나는 기동력이 떨어졌다. 회사 업무가 바쁘기도 했고, 서울~대구 간 물리적인 거리도 무시할 수 없었다. 어머니와 형들과의 통화에서 아버지의 병세가 호전될 기미가 보이지 않는다는 말을 들을 때마다 마음이 무겁고 우울했다. 어머니는 차마 말을 못 꺼냈지만, 큰형은 마음의 준비를 해야겠다고 나에게 말했다.

#시한부 삶의 마지막 전조(前兆)

시간은 빠르게 흘러갔다. 11월이 되면서 날씨가 쌀쌀해졌다. 11월 24일 대구 집으로 전화했는데, 웬일인지 아버지가 직접 받았다. 그날따라 아버지의 목소리에 힘이 배어 있었고, 건강할 때의 카랑카랑한 특유의 쇳소리가 들려 깜짝 놀랐다. 목소리로만 판단하면 아버지는 건강을 회복한 느낌이었다. 좀 어떠시냐는 물음에 아버지는 몸이 많이 좋아졌다며 빨리 건강을 되찾아 예전 모습으로 돌아가겠다고 힘주어 말했다. 나도 한결 마음이 놓였다. 그러면 그렇지, 아버지가 그렇게 쉽게 무너질 리가 없지, 라며 아버지의 쾌차(快差)를 속으로 빌었다.

#아버지의 부고(訃告)

3일이 지났다. 매일 오후 진행되는 부장단 제작회의가 끝나 갈 무렵, 주머니 속 핸드폰이 부르르 떨렸다. 진동모드로 맞춰진 핸드폰의 몸부림이 유난히 별나게 감지됐다. 이럴 때 보통은 회의가 끝날 때까지 기다리는데, 꺼림직한 느낌이 퍼뜩 들어 몸을 테이블 아래로 숙이고 통화 버튼을 누른 채 귀를 갖다 댔다. 큰형이었다. 아버지, 30분 전에 돌아가셨다. 사망 시간은 2002년 11월 29일 오후 5시.

머리가 하얘졌다. 회의 종료와 함께 흡연실로 가 담배를 빼 물었다. 눈물이 주르륵 흘렀다. 아, 이렇게 모든 게 다 끝나는구나, 하고 허탈감이 밀려왔다. 집사람에게 전화해 아버지의 죽음을 알렸다. 회사에도 아버지의 부고(訃告)를 알렸다.

#세상에서 가장 슬픈 작별의 현장, 입관식장(入棺式場)

집사람과 아이들을 데리고 대구행 고속버스에 올랐다. 빈소는 통원 치료를 한 병원 장례식장에 차려졌다. 삼일장(三日葬)으로 치르기로 하고, 장지는 대전현충원으로 정했다. 첫날 저녁부터 문상객들이 밀려왔다. 고맙게도 내 직장 동료 다수가 멀리 대구까지 문상을 왔다. 경황이 없어 미처 연락하지 못했는데, 신문 부고란을 보고 찾아온 지인도 여럿 있었다.

이튿날, 오후 2시 염습(斂襲) 절차가 진행됐다. 어머니도 울고, 형들도 울고, 나도 울었다. 아들만 셋이라 딸처럼 막내며느리를 예뻐한 시아버지의 시신 앞에서 집사람도 울었다.

장례가 끝나고 홀로된 어머니 집에 형제들이 모였다. 쌓인 피로와 슬픔을 한잔 술로 달랬다.

나는 지금도 돌아가시기 3일 전, 전화기 너머로 들려온 아버지의 목소리가 뚜렷하게 기억난다. 한창때나 다름없었던 그 목소리가 불과 3일 후 다시는 돌아올 수 없는 억겁(億劫)의 세계로 영영 사라지고 만 이유는 무엇일까, 스스로 묻고 또 물었다. 이리저리 수소문한 끝에 다음과 같은 사실을 찾아냈다.

#하늘이 내리는 반짝 선물, 회광반조
불교 용어에 회광반조(廻光返照)라는 말이 있다. 빛이 방향을 바꾸어 거꾸로 비춘다는 뜻인데, 해 떨어지기 직전에 일시적으로 되살아난 햇살 덕분에 하늘이 잠시 환하게 밝아지는 자연 현상을 가리킨다. 사람도 임종 직전 거짓말처럼 의식과 기운을 아주 잠깐 되찾는 경우가 있는데, 이를 회광반조에 비유한 해석이다.

죽음을 앞둔 말기 암 환자는 뇌에 공급되는 산소의 움직임이 비정상적이라 의식이 흐릿하거나 오락가락한다. 아주 짧은 시간 동안 어쩌다 뇌 상태가 호전돼 정신이 맑아지기도 하는데, 이는 찰나의 우연적인 현상에 불과해 이내 의식을 잃고 목숨이 끊기게 된다는 것이다.

생(生)과 사(死)의 문턱에서 건강 회복의 조짐이 나타난 것은 시한부 삶의 마지막 전조가 아주 짧게, 역설적으로 출현한 의학적 착시 현상이 아닌가 생각한다.

#가혹하고 슬프게 끝난 착시 현상
이 착시 현상의 효과는 몹시 가혹하고 슬프게 끝난다. 착시 현상은 이승을 떠나기 전, 하늘이 환자와 가족에게 내리는 최후의 반짝 선물이랄 수도 있겠다. 그러나 그 선물의 수신자는 곧 돌아올 수 없는 죽음의 바다로, 가족들은 망연자실, 슬픔의 눈물바다로 빠질 뿐이다.

아버지와 어머니가 나란히 잠들어 계시는 국립대전현충원 묘역.

한번 들어가면 다시는 나올 수 없는 죽음의 땅을 밟기 전, 육신의 에너지가 최고조에 이르렀다, 순식간에 스르르 꺼지는 신기루 같은 이 현상이 나는 고맙다기보다 야속하다.

실낱같은 희망에 의지한 기대가 무너졌을 때, 슬픔은 참을 수 없는 고통으로 다가오기 때문이다.

대구 근교 절에서 진행한 망자(亡者)의 영혼을 떠나보내는 불교 의식인 사십구재(四十九齋) 때 어머니는 내가 알 수 없었던 얘기를 들려주셨다. 어머니에게 들은 가슴 아픈 이야기를 재구성하면 이렇다.

#병명을 알게 된 아버지
투병 중인 어느 날 어머니는 아버지를 부축해 집 근처 공원으로 산책에 나섰다. 산책 때마다 어머니는 병명(病名)을 모르는 아버지와 달리 오늘이 마지막 산책이 될지도 모르겠다는 슬픈 생각이 들어 몰래 눈물을 훔쳤다고 한다. 벤치에 앉아 있는 아버지에게 어머니는 조용히, 조심스럽게 병명을 알렸다. 말기 암에 걸린 사실을 비로소 알게 된 아버지는 아무 말씀도 없이 무심한 하늘만 쳐다봤다.

아버지, 어머니의 공동 묘비.

#아버지의 습작 노트

이날부터 아버지는 70 인생을 스스로 마무리하기 위해 신변(身邊) 정리에 나섰다. 버릴 것은 버리고 남길 것은 남기는 이승에서의 마지막 책무를 위해 아버지는 병든 몸에 억지로 기운을 불어넣었다. 아버지는 평소 일기 형식의 습작(習作)을 틈틈이 노트에 적었다. 나는 그런 아버지의 모습을 여러 번 봤다. 아버지는 당신이 살아온 삶의 궤적을 솔직담백하게 기록한 습작 노트를 소중하게 여겼다. 아버지가 남긴 습작 노트는 지금 내가 보관하고 있다. 언제가 될지 모르나, 나는 아버지의 습작 노트를 소재 삼아 부모님의 삶을 나만의 방식으로 정리할 계획이다.

이해 8월, 대구에도 많은 비가 내렸다. 아버지는 수해의연금(水害義捐金)으로 소정(所定)의 금일봉(金一封)을 지역 방송국에 기부했다.

30대 초중반 무렵, 아버지와 어머니의 모습.

#아버지의 눈물과 어머니의 통곡

어머니는 사십구재가 끝나고 한참 지나 내가 대구에 내려간 날, 이런 얘기도 꺼냈다.

여생(餘生)이 초읽기에 들어간 것을 안 아버지는 역시 암으로 투병 중이던 친구분을 집 근처로 불렀다. 친구분이 타고 온 승용차 안에서 두 사람은 부둥켜안고 한참을 통곡했다는 것이다. 집에 돌아온 아버지가 그 사실을 어머니에게 털어놓았을 때, 어머니는 아버지를 끌어안고 소리 내어 울었다. 내게 그때 얘기를 하면서 어머니는 아버지가 너무 외로워 보여 눈물을 참을 수 없었고, 아버지를 위해 할 수 있는 일이 아무것도 없다는 무력감에 눈물을 멈출 수 없었다고 말했다. 그 말을 들은 나도 눈물을 참을 수 없었다.

아버지는 6·25 참전 용사다. 화랑무공훈장을 수훈한 유공자 자격으로 대전현충원에 잠들어 계신다. 아버지가 돌아가시고 12년의 세월이 흐른 2014년 8월, 어머니도 아버지 곁으로 갔다. 아버지와 어머니가 나란히 누워 있는 묘지를 볼 때마다 생전에 두터웠던 두 분의 금슬(琴瑟)이 떠오른다. 생전에 못다 한 백년해로(百年偕老)를 지하에서 마음껏 누리시기를 바라 마지않는다.

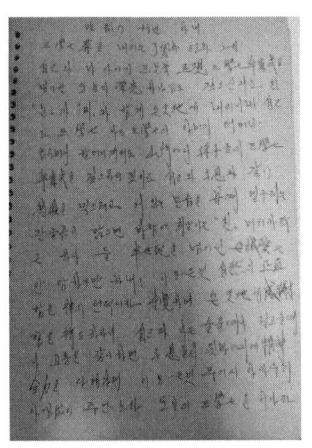

아버지의 습작 노트 중 어머니에 대한 애절한 마음을 밝힌 글의 일부분.

'인명(人命)은 재천(在天)'이라는 명제(命題)는 참인가.

3. 어머니에 대한 기억

① 처음이자 마지막이었던 외갓집 방문

#어머니에 대한 집착이 결사적인 이유

거짓말 같지만 서너 살 때, 자다가 깨 어머니를 찾아 울던 기억이 있다. 어머니 자궁과 어머니 배 속은 인간 생명의 원천이다. 모든 인간은 그곳에서 열 달을 보낸 뒤 비로소 세상에 나온다. 본능적으로 어머니에 대한 집착이 결사적인 이유다. 아버지의 기(氣)를 받은 어머니가 완성한 생명체의 인필귀모(人必歸母)라고 할까. 국어사전에 인필귀모라는 말은 당연히 없다. 필요 불가결한 모태(母胎)의 의미를 다르게 나타낼 방법이 없을까 고민하다, 사필귀정(事必歸正)에 기대 즉흥적으로 떠올린 비(非)사전적(辭典的) 조어(造語)니 어색해 마시길.

여섯 살 무렵, 어머니와 찍은 사진.

#생명의 근원, 자궁

이와 관련해 의미심장한 그림을 남긴 화가가 있다. 19세기 사실주의 미술의 거장 구스타브 쿠르베(프랑스, 1819~1877). 그는 '세상의 기원'(1866, 파리 오르세미술관 소장)이란 파격적인 그림을 통해 여성의 자궁에 내재한 신성함과 신비성에 찬사를 보냈다. 생명 탄생의 출발점이 바로 여성의 자궁이라는 데에 착안한 제목의 이 그림은 특정 신체 부위를 대담하고 적나라하게 클로즈업한 극사실적인 묘사로 공개 당시 엄청난 반향을 불러일으켰다. 여성의 자궁이야말로 생명의 근원임을 시각예술로 선언한 번득이는 직업 정신의 발로가 아닐 수 없다. 19세기 사실주의 회화의 대표작으로 서양미술사에 한 획을 그은 명화(名畫)다.

#어머니에 대한 대체 불가 애착심의 다른 이름, '아이고 엄마야'
한국 사람들은 나이를 불문(不問)하고 자신도 모르게 내뱉는 말이 있다. 예기치 않은 급박한 상황이 닥치면 누가 가르쳐 주지도 않았는데, 무심결에 '아이고 엄마야'라고 한다. 나는 오래전부터 이 표현이 어머니에 대한 대체 불가 애착심(愛着心)의 다른 이름이라고 믿어 왔다. 이보다 어머니를 향한 간절하고 호소력 짙은 말을 나는 알지 못한다.

인지 기능이 여물기 한참 전인 아주 어린 나이에도 우리가 본능적으로 어머니를 찾는 습관은 그래서 습관이라기보다 천성(天性)이라 불러야 마땅하지 않을까. 유아(幼兒) 때 기억이 아버지보다 어머니에게 머물러 있는 것도 그와 연관이 있지 않을까 싶다.

아무튼 나는 지금도 가끔 어머니 생각을 하면 서너 살 무렵의 그때 일이 아련한 풍경으로 다가온다.

#처음 방문한 외갓집
내가 여섯 살 때였다. 아직 공동체 생활의 빛과 그림자를 알 수 없었던 나는 1968년 무더운 여름날, 어머니 손을 잡고 경상북도 상주시 함창읍에 있는 외갓집에 갔다. 내가 외갓집을 간 것은 이때가 처음이자 마지막이었다. 외갓집은 개울을 건너고 논밭을 가로질러 집성촌(集姓村)을 이룬 전형적인 농촌 마을이었다.

경주 김씨인 어머니는 4남매의 둘째로 이곳에서 나고 자라 20여km 떨어진 계림동의 두 살 위 총각, 즉 아버지와 혼인했다. 한국전쟁 중일 때라 신혼의 단꿈을 맛보기도 전에 전쟁터로 간 아버지와 생이별을 한 어머니는 6개월 넘게 기별이 없어 말 못 할 속앓이를 하느라 일일(一日)이 여삼추(如三秋)였다고 그때 심경(心境)을 토로한 적이 있었다.

#외할아버지와 외할머니

외손자를 처음 만난 외할아버지는 도포(道袍) 차림에 망건(網巾)을 쓰고 있었는데, 그런 모습을 본 적이 없는 나는 신기함보다 무서움이 앞서 어머니 품에 꼭 안겨 있었다. 지금 생각하면 한여름에 웬 발목까지 오는 옷, 하며 고개를 갸우뚱거릴 일이지만 그때 나는 그런 것을 알지 못하고, 그저 낯선 할아버지의 인자한 미소가 한없이 낯설게 느껴지기만 했다.

어머니는 그런 나의 심정과는 아랑곳없이 내 손을 잡고 할아버지, 할머니께 큰절을 올리라고 자꾸 채근하는 바람에 어쩔 수 없이 무릎을 꿇고 서툴게 머리를 조아리는 시늉만 했던 기억이 있다. 처음 뵙기는 할아버지와 다를 게 없지만, 머리를 쓰다듬고 엉덩이를 토닥이며 군것질거리를 주섬주섬 챙겨 준 할머니는 이상하게도 낯설지 않았다. 어머니의 어머니인 외할머니를 그날 이후 초등학교 4학년 무렵 대구 집에서 한 번 더 뵀었는데, 그것이 마지막 만남이었다.

#상여꾼 흉내와 무서웠던 곡소리

외갓집 안방에는 낯선 사람들이 많았다. 마을 친척분들도 있었고, 동네 어른들도 있었다. 도회지에서 온 여섯 살 꼬마를 놀려 주기라도 하겠다는 듯이, 갑자기 한 어른이 내 앞에서 손짓발짓을 섞어 일부러 큰 소리로 떠들기 시작했다.

상여꾼들이 상여를 메고 가면서…… 어이, 어이, 하고 구슬프게 소리 내 울자, 뒤따르던 유족들이 아이고, 아이고, 하며 슬픔에 목메어 대성통곡(大聲痛哭)을 하는데…….

나는 이름 모를 동네 어른이 청승맞게 흉내 내는 곡소리 앞에서 그만 울음을 터뜨리고 말았다. 곡소리가 너무 무서웠던 나는 한참을 울었다. 어머니가 우는 나를 얼른 껴안고 다독이고, 외할머니는 공연히 쓸데없이 외손자를 울린다며 어른에게 핀잔을 줄 때까지도 나는 계속 울었다. 지금은 상가(喪家)에서도 듣기 힘든 곡소리를 나는 아주 어린 나이에 경험했다. 그때 그 곡소리는 여전히 현재진행형으로 기억 속에 남아 있다.

#전기가 들어오지 않았던 외갓집
그때 외갓집에는 전기가 들어오지 않았다. 해가 지고 어둑어둑해지자, 할머니가 이상하게 생긴 쇠로 만든 종지 모양의 그릇 속 심지에 성냥불을 붙이자, 방 안이 환해졌다. 나중에 정체를 알게 된 호롱불을 할머니는 안방에도, 대청마루에도, 건넌방에도 밝혔다.

캄캄한 밤이 되자 안방에서 내다본 마당은 더 캄캄했다. 호롱불 앞에서 내가 할 수 있는 일은 아무것도 없었다. 할아버지, 할머니, 노인 두 분만 기거하는 농촌 안방에 어린아이 장난감이 있을 리도 없고, 동무가 될 또래도 있을 리 없었다.

#외할머니가 꺼내 놓은 소쿠리
내가 할 수 있는 거라곤 어머니 곁에 얌전히 앉아 있다가도, 이리 뒤척 저리 뒤척, 하면서 지루하고 답답하다는 무언의 항변을 할 뿐이었다.

그런 내가 안쓰러웠던지, 외할머니는 안방 시렁 위에 얹힌 소쿠리를 꺼내와 내 발 앞에 슬며시 밀어 놓았다. 소쿠리 안에는 방금 볶은 것 같은 까만콩과 삶은 감자, 옥수수, 튀밥이 들어 있었다. 삶은 감자와 옥수수, 튀밥의 맛을 알고 있던 나는 잠시나마 먹는 일로 무료함을 달랬다. 반찬으로만 먹는 줄 알았던 까만콩에는 손이 가지 않았다.

#짧은 농촌의 밤과 으스스한 뒷간

호롱불에 의지한 농촌의 밤은 도시보다 짧았다. 외할아버지, 할머니에게 취침 전 인사를 드리고, 건넌방에 이부자리를 깔고 누우려는데 오줌이 마려웠다. 마당으로 내려가기 전, 할머니가 휴대용 호롱불을 어머니에게 건넸다. 시골 농가(農家)의 재래식 화장실, 뒷간은 으스스했다. 어른 키 높이에서 보면 안이 다 보일 정도로 뒷간의 문은 낮았다. 나무에 거적을 덧댄 뒷간 문을 활짝 열어 놓고 서서 쏴 자세를 취하려는데, 한 번도 본 적 없는 디딤판이 영 생소해 발사(發射)에 애를 먹었다. 간신히 일을 끝내고 자리에 누웠는데, 뒷간의 생경한 풍경이 눈앞에 아른거려 어머니나 나나, 잠들기까지 꽤 애를 태웠다.

이것이 내가 어머니를 떠올리면 기억의 맨 앞자리로 소환되는 장면이다.

② 어머니의 소리 - 다듬잇방망이 소리

#나에게 어머니는 고유명사

이 땅의 모든 어머니라고 할 때의 보통명사 어머니가 사적 영역으로 귀속(歸屬)하면 고유명사, 특별명사가 된다. 보통명사 어머니의 모습이 고유명사, 특별명사로 치환(置換)될 때, 어머니는 특별한 존재가 된다. 나에게 어머니라는 이름 세 글자가 특별한 이유이며, 모든 자식에게 어머니가 각별한 까닭이다.

나에게 어머니는 고마움, 죄송함, 그리움으로 읽힌다. 낳아 주고 길러 준 정이 사무쳐 고맙고, 사람 구실 하도록 평생 희생만 하신 게 죄송하고, 하해(河海) 같은 은혜에 티끌보다 못한 불효(不孝)가 회한(悔恨)의 앙금으로 남아 그립다. 올해로 어머니가 세상을 떠난 지 벌써 10년이다.

가끔 내 몸에 흐르는 피의 절반은 어머니의 피라 어머니가 여전히 내 안에서 나와 함께 있는 것은 아닐까, 생각해 본다. 유전자 과학이론은 육체적 생명이 소멸해도 유전자는 공기 중에 흩어져 사방으로 퍼져 나간다고 설명한다. 결국 모든 생명체는 없어지는 것이 아니라, 어딘가에서 다른 모습으로 계속 존재하는 것이라, 내 어머니도 내 몸 안에서, 내 후손들의 몸 안에서, 또 다른 어딘가에서 영원히 살아 있다고 할 수 있겠다.

#어머니에게 다듬잇방망이는 고유명사

한 번씩 그런 생각을 하는데, 그럴 때마다 어머니의 생전 모습이 내 눈앞으로 소환되는 감회에 빠지곤 한다. 어머니의 모습은 소리로도 재현되는데, 나에게 다듬잇방망이 소리는 어머니의 소리다.

어머니에게, 내 또래의 모든 자식의 어머니에게 다듬잇방망이는 그 시절 생활필수품의 의미를 넘어 어머니의 다른 이름이었다. 나에게 어머니가 그러하듯이, 어머니에게도 다듬잇방망이는 보통명사가 아니라 고유명사, 특별명사였다.

어릴 때, 고향집 대청마루에는 다듬잇방망이와 다듬잇돌이 놓여 있었다. 어머니는 다듬잇방망이와 다듬잇돌이 먼지 타지 않게 늘 보자기를 덮어 놓았다.

다듬잇돌.

어머니의 소리, 다듬잇방망이 소리는 글 읽는 소리, 갓난아이 우는 소리와 더불어 예로부터 마음을 기쁘게 하는 세 가지 소리, 삼희성(三喜聲)이라 전해진다.

#다듬잇방망이 소리의 다중적 의미

다듬이 소리에는 삼희성의 영역을 훨씬 뛰어넘는 다중적(多重的)인 의미가 실려 있다. 모성애(母性愛)로 불리는 어머니의 강인한 생명력의 상징이기도 하고, 가사(家事)를 책임지는 부녀자(婦女子)의 근면 성실을 시사하는가 하면 때로는 고달프고 때로는 삶의 보람을 느끼는 살림살이를 대변하는 애환(哀歡)의 소리이기도 했다.

어머니의 몸을 통해 확대 재생산되는 신성한 노동과 가족 사랑의 정신을 디딤돌 삼아 메아리치는 다듬이 소리는 기뻐도 두들기고, 슬퍼도 두들기고, 화가 나도 두들기고, 힘들어도 두들기는 삶의 소리, 그 자체였다.

그런 점에서 어머니의 소리인 다듬이 소리가 가장 한국적인 전통미를 대변하는 소리인 것은 당연하다고 할 수 있다. 지난 2006년 문화체육관광부가 한국문화를 대표하는 100대 문화상징을 발표한 결과 가장 한국적이고 토속적인 특징을 나타내는 소리로 다듬이 소리가 선정된 것도 마찬가지 이유에서일 것이다.

#다듬이질과 다듬잇돌

국어사전은 다듬이 또는 다듬이질을 옷감 따위를 구김이 없이 반들거리게 방망이로 두드리는 일이라고 정의한다. 다듬이 도구를 모두 나열하면 다듬잇방망이와 다듬잇돌, 다듬이포대기에다 홍두깨와 홍두깨틀까지 포함된다. 홍두깨는 모시나 명주와 같은 얇은 옷감을 세탁한 뒤 감아서 다듬잇돌 위에 얹어 놓고 반들반들하게 다듬는, 박달나무로 만든 방망이를 말한다. 홍두깨틀은 홍두깨다듬이를 할 때 홍두깨를 걸쳐 놓는 나무틀이다.

우리 집 대청마루에는 다듬잇방망이와 다듬잇돌, 다듬이포대기만 있었다. 어머니는 홍두깨를 사용하지 않았다. 여름 한철, 아버지만 삼베로 지은 옷을 아주 가끔 집에서만 입었을 뿐, 우리 집 식구들이 입는 옷단장에는 굳이 홍두깨가 필요하지 않았기 때문이었다.

고향집 다듬잇돌은 화강암으로 만들어졌는데, 흑갈색을 띠는 광물인 흑운모(黑雲母) 무늬가 있어 유리 광택이 났고, 검은 듯 흰 듯 묘한 빛깔이 아름다웠다. 어머니가 시집올 때 장만했다는 다듬잇돌은 어림잡아 두께가 15cm 정도 돼 보였는데 단단하고 묵직해 보이는 겉모습이 믿음직스러웠다. 한국전쟁이 한창이던 1952년부터 어머니와 고락(苦樂)을 함께한 고향집 다듬잇돌은 2000년 봄, 30년 가까이 정든 기와집 생활을 마감하고 양옥(洋屋)으로 이사하면서 어머니 품을 떠나갔다. 다듬잇돌을 떠나보내던 날, 어머니는 오른손으로 염주(念珠) 알을 굴리며 손때 묻은 반야심경(般若心經)을 펼쳐 소리 내어 읽었다는 사실을 나중에 알았다. 어머니는 독실한 불교 신자였다.

길쭉한 직사각형, 장방형(長方形) 모양의 다듬잇돌 윗면은 반지르르한데, 손으로 만지면 손가락 끝이 미끄러지는 부드러운 촉감이 전해졌다. 다듬이질 당한 옷감이 다듬잇돌과 부딪혀 찢어지거나 상하는 것을 방지하고 다듬이질이 지향하는 소기의 목적을 차질 없이 달성하기 위해서였을 것이다. 재질이 단단하기로 둘째가라면 서러운 화강암을 쪼고 깎고 다듬어 다듬잇돌 본연의 임무를 수행할 수 있도록 땀 흘렸을 이름 모를 석공(石工)들의 우직한 장인(匠人) 정신에 새삼 놀라지 않을 수 없다.

다듬잇돌 양쪽 가장자리 아래에는 홈이 파여 있다. 손가락 끝마디가 홈에 걸치게 잡고 들어 옮길 수 있도록 한 석공의 배려이자 지혜다. 다듬잇돌 윗면 가운데가 미세하게 솟은 모양인데, 다듬이질 때 옷감의 무게중심이 양옆으로 퍼져 나가도록 해 구김이 펴지는 효과를 극대화하려는 슬기로운 제작 의도다.

#다듬이질의 절차와 절도 있는 다듬이질

어머니의 다듬이질은 의식(儀式) 행위처럼 절차가 까다롭고 절도(節度)가 있었다. 다듬이질에 앞서 세탁한 옷이나 이불감에 풀을 먹이는 푸새 작업을 거쳐야 하는데, 이를 위해 작은 양은 냄비에 풀을 끓여 식히는 일도 만만찮았다. 끓인 풀은 너무 뻑뻑해도, 너무 물러도 곤란해 어머니는 늘 풀을 끓일 때 신경을 곤두세웠다. 풀이 뻑뻑하지도, 무르지도 않은 중간 상태로 끓여졌을 때 풀 먹이기가 쉬운 데다, 풀 먹인 옷감의 기세가 빳빳하게 서기 때문이다.

푸새는 다듬이질의 성공 여부를 좌우할 만큼 중요하게 다뤄졌다. 풀을 먹였다고 푸새가 끝난 것은 아니다. 풀 먹인 옷감의 건조 과정이 끝나면 어머니는 손가락 끝에 물을 묻혀 옷감 여기저기에 튀기거나 입안에 머금은 물이 사방으로 골고루 퍼지도록 고개를 왼쪽에서 오른쪽으로, 다시 오른쪽에서 왼쪽으로 휘리릭 빠르게 젖히며 뿜었다.

나는 그 모습이 스프링클러로 잔디에 물을 뿌리는 것 같았는데, 어머니는 다듬이질을 앞둔 옷감의 목욕재계(沐浴齋戒)라고 농(弄)을 섞어 말씀하셨다.

촉촉해진 옷감 전체로 물기가 다 퍼져 나가면 실로 꿰맨 솔기를 기준선으로 예쁘게 각진 사각형 모양이 되게 잘 접은 뒤 보자기로 감싸는데, 이로써 다듬이질에 들어갈 준비가 끝난다. 보자기로 싸기 전 옷감을 접을 때에는 혼자서는 할 수 없고, 두 사람이 서로 마주 보고 옷감을 잡아당기면서 솔기에 맞추는 호흡이 잘 맞아야 한다. 어릴 때 나도 해 봤는데, 어머니의 숙련된 동작을 따라잡지 못했다.

#다듬이질과 4분의 4박자
어머니의 다듬이질은 비로소 시작되고 다듬잇방망이 소리도 다듬이질과 동시에 집 안 가득 울려 퍼진다. 다듬잇방망이는 두 개가 한 짝이다. 나무의 조직이 단단한 박달나무로 만든 다듬잇방망이 두 개를 양손에 쥔 어머니는 무심한 표정으로 다듬잇돌 위에 놓인 옷감을 바라보며 4분의 4박자의 경쾌한 소리를 우리 전통 가락으로 연주하기 시작한다. 처음에는 초벌 다듬이라, '따, 따, 따, 닥', '따, 따, 따, 닥', 약한 강도의 느린 4분의 4박자 리듬으로 방망이를 두들긴다. 다듬잇방망이 소리는 나무와 화강석 돌이 옷감 또는 이불감을 사이에 두고 부딪히는 소리다. 소리가 정답고 구성지며 신명 나는 데다 울림의 폭이 넓어 가까이서 들어도, 멀리서 들어도 어깨가 들썩여진다.

다른 어머니들과 마찬가지로 어머니도 리듬감을 따로 배웠거나, 박자 맞추는 법을 익힐 리가 없었을 텐데도 한 쌍의 다듬잇방망이가 연출하는 소리는 희한하게 고저장단(高低長短)의 화음(和音)을 이루어 냈다. 아무리 생각해도 신기할 따름이다.

초벌 다듬이에 이어 '따따따닥', '따따따닥', 보통 강도의 중간 속도로 4분의 4박자 리듬이 이전보다 빠르게 허공을 가르면 어머니의 몸도 빨라진다. 이때쯤, 어머니의 이마에 송골송골 구슬땀이 맺히고 한 치의 오차도 없이 무조건 반사적으로 움직이던 양팔의 힘이 빠지려는 순간, 어머니는 다음과 같은 동작을 취하며 위기를 모면한다.

#다듬이질의 최종 목표, 다듬잇살

양팔 대신 한쪽 팔로만 다듬잇방망이를 두들기고 다른 팔은 편하게 내려놓아 힘을 비축하는 것이다. '딱, 딱, 딱, 딱', '딱, 딱, 딱, 딱', 팔을 바꿔 가며 한 팔 다듬이질이 어느 정도 진행됐다 싶으면, 어머니는 다시 보통 강도의 중간 속도로 4분의 4박자 가락에 올라탄다.

이윽고 다듬이질이 클라이맥스로 치달을 시간, 센 강도의 빠른 속도로 4분의 4박자 다듬잇방망이 소리가 가파른 상승곡선을 그리며 한바탕 흥을 돋운다. '딱딱딱딱', '딱딱딱딱', '딱딱딱딱', '딱딱딱딱', 아까와는 전혀 다른 4분의 4박자 리듬이 목표지점을 향해 줄달음친다. 목표 지점은 다듬잇살, 다듬이질을 통해 옷감이 윤이 나고 풀기가 찰지게 되는 현상이다. 어머니는 다듬이질을 멈추고 다듬잇살이 잘 오른 것을 확인하고서는 마침내 목에 건 수건으로 이마의 땀을 훔친다.

#대체 불가능한 유일무이한 존재, 어머니

다듬잇살은 정신을 모아 집중하면 못 이룰 일이 없다는 이 땅의 어머니들의 정신일도 하사불성(精神一到 何事不成), 고귀한 집념이 신성한 육체적 노동과 어우러져 빚어진 아름다운 성취의 다른 이름이다. 대체 불가능한 유일무이한 존재, 그 이름은 어머니라는 사실을 우리는 잊지 말아야 한다.

그런 점에서 다듬잇방망이를 두들기며 다듬이질로 평생을 보낸 어머니와 내 또래 자식들의 어머니들은 넌버벌 퍼포먼스 난타 무대의 원조 배우들이었다고 나는 생각한다. 이제는 사라진 다듬잇방망이 소리, 어머니의 소리가 그립다.

③ 어머니의 신체적 비밀

#어머니와 혹 주머니

어머니에게는 말 못 할 신체적 비밀 하나가 있었다. 어머니는 오른쪽 무릎 안쪽 접히는 부위 바로 밑에 지름 1cm 크기의 혹 주머니를 평생 달고 사셨다. 어머니는 서른다섯이던 1969년 여름, 아버지의 사업 부도 충격에 따른 심한 스트레스에 시달렸는데, 그 무렵 어느 날 목욕을 하던 중 우연히 작은 종기를 발견한 것이 혹 주머니의 출발이었다. 처음에는 대수롭지 않게 넘겼으나 시간이 가면서 종기는 점점 커져 병원을 찾게 됐다. 검진 결과 통증이 없고 일상생활에 지장이 없으면 그냥 지내도 무방하다는 의사의 말을 듣고 더 이상 신경을 쓰지 않았다는 것이다. 의료 지식이 있을 리 없는 어머니는 의사의 지시를 따를 수밖에 없었던 데다 당시 동네 외과 의료 수준이 오늘날과는 많이 달라 혹 주머니는 그 이후 어머니가 돌아가실 때까지 어머니와 운명을 함께했다. 다행히도 혹은 지름 1cm쯤에서 성장을 멈춘 가운데 악성 종양으로 발전하지도 않았고, 이렇다 할 통증도 없이 있는 듯, 없는 듯 어머니 몸에 얌전하게 붙어 있었다.

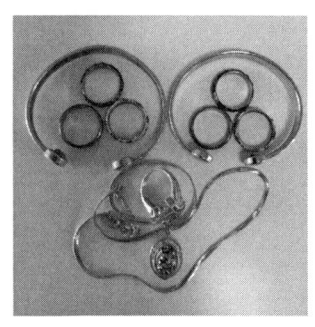
내가 고이 간직하고 있는 어머니의 팔찌와 반지, 목걸이.

의학 용어로 어머니 몸에 생긴 혹은 주머니 모양의 혹인 낭종(囊腫)으로 양성 종양(腫瘍)이었다. 양성 종양은 세포가 비정상적으로 증식해서 덩어리가 된 혹이 주변 조직을 침범하거나 전이(轉移)되지 않는 착한 종양인데 염증이 생기거나 증상이 없는 이상 건강에 영향을 주지 않는다고 한다. 혹을 구성하는 세포가 곪아 염증으로 악화하면 수술이 필요하며 간혹 조직 검사 결과 암이 발견되기도 한다니 마냥 안심할 수만은 없는 일이다. 어머니의 경우는 잘못될 경우의 수를 모두 비켜 나간, 아주 운이 좋은 사례라 할 수 있다.

어쨌거나 30대 중반의 젊은 여자 무릎 안쪽에 느닷없이 들이닥친 제법 큼지막한 종양은 어머니에게 심리적 상처를 안겼다. 눈에 띄기 쉬운 노출 부위에 무단으로 둥지를 튼 종양은 일단 어머니의 옷차림새를 강제로 옥죄었다. 어머니는 무릎이 아예 드러나지 않는 긴 치마나 바지만 고집했다. 무더운 여름, 어머니는 어쩔 수 없이 통이 넓은 펑퍼짐한 반바지를 착용했는데, 그것도 식구들만 있는 집 안에서만이었다. 남에게 선뜻 보여 줄 수 없는 신체적 비밀이라 어머니는 늘 심리적 트라우마를 안고 사셨을 것이다.

#내가 어머니의 혹 주머니를 처음 본 순간
내가 어머니의 종양을 처음 본 것은 초등학교 2~3학년 때였다. 안방에서 한쪽 다리 무릎만 세운 아주머니 다리를 하고 앉아 과일을 깎는 어머니의 살짝 올라간 치마 밑으로 이상하게 생긴 종양을 본 순간, 나는 깜짝 놀랐다. 무릎 쪽으로 얼굴을 들이밀며 놀라움과 궁금증을 주체하지 못하는 나에게 어머니는 뭐긴 뭐야 혹이지, 라며 대수롭지 않게 받아넘겼다. 처음 마주한 어머니의 혹은 어린 내가 보기에도 흉했다. 여태껏 본 적 없는 괴상한 과일 열매를 닮은 것이 매달려 있었는데, 만져 보니 울퉁불퉁한 살덩어리가 유쾌하지 않은 느낌으로 다가왔고, 손가락으로 눌러도 뒷걸음질을 치지 않고 버티는 촉감에서 단단한 물성(物性)이 전해졌다.

어머니의 몸에서 겪은 시각적 놀라움과 촉각적 충격은 곧 무뎌졌다. 별일 아니라는 어머니의 말을 무조건 신뢰했던 어린 나이인 데다, 수시로 내 눈앞에 모습을 드러내는 부자연스러운 혹의 생김새가 어느 순간부터 익숙하고 자연스러운 어머니 몸의 일부로 받아들여졌기 때문이다.

#막내아들의 철없는 장난기

어머니 무릎에 난 혹이 놀라움과 충격에서 일상적이고 낯익은 모습으로 인식되자 그때부터 나는 마치 장난감처럼 그것을 만지고 흔들며 철없이 낄낄대는 일이 잦았다. 어머니도 짓궂은 나의 장난기가 마냥 싫지만은 않았는지, 그럴 때마다 그러려니 하고 막내아들이 스스로 그만둘 때까지 제지하지 않았다. 이런 나의 철부지 행동은 꽤 오래 계속됐는데, 고등학교 때도 멈추지 않은 것을 보면 나에게 어머니의 혹은 혹이 아니라 어머니였던 게 아니었나 싶다.

문외한이나 다름없는 의학 지식으로 볼 때, 어머니의 종양은 피부 바깥 부위에 매달린 주머니 형태라 일반적으로 피부층 아래에 생기는 표피 낭종이나 피지 낭종과는 다르다고 할 수 있는데, 아주 드문 양성 종양 사례라고 들었다.

내가 그림 재능을 조금만 타고났다면 어머니의 혹을 생생하게 묘사할 수 있을 텐데, 그러지 못해 글로써 대신하려니, 태부족(太不足)인 필력(筆力)이 그저 부끄러울 뿐이다.

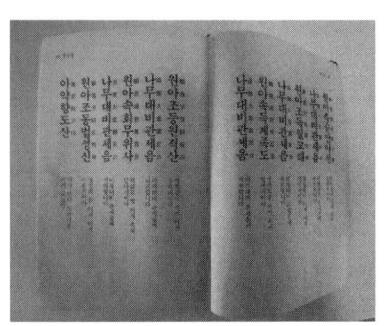

불경 천수경 중 일부. 어머니는 시간 날 때마다 염주를 돌려 가며 불경을 소리 내어 읽었다.

양성 낭종은 피부 손상 또는 피지와 각질 등 각종 노폐물이 몸 밖으로 배출되지 못하고 피부 밑에 쌓여서 생기거나 유전적 요인일 확률이 높은 것으로 추측되고 있으나, 정확한 생성 원인은 규명되지 않은 상태다. 누구에게나 양성 낭종이 생길 수 있으며 주머니 속 생체 조직에 염증이 심해지면 수술로 제거해야 하는데, 재발하는 수도 많다고 한다.

어머니의 혹은 생성 시기로 미루어 볼 때, 아버지의 사업 부도가 유발한 극심한 스트레스가 영향을 미쳤는지, 일반적인 양성 낭종의 원인 때문인지, 이도 저도 아닌 알 수 없는 신체 조직의 부조화 탓인지 나로서는 여전히 알 도리가 없다.

#어머니의 유골에서 발견된 기이한 조각

오래전, 화장(火葬) 절차가 끝나고 전혀 다른 모습을 한 어머니의 유골(遺骨)에서 나는 이상한 조각 하나를 발견했다. 초승달처럼 생긴 기이한 모양이나 색깔이 뼛조각과는 확연히 달라 정체가 궁금한 나머지 아주 짧은 시간이나마 뚫어지게 쳐다본 기억이 있다. 지금도 그 조각의 실체가 궁금하다.

아마 어머니와 마지막까지 함께한 혹 주머니의 또 다른 모습이 아닐까, 믿거나 말거나 한 상상을 해 본다. 별것 아닌 혹 주머니라고 할지 모르지만, 나에게는 어머니와의 추억을 떠올릴 때 빼놓을 수 없는 그리운 대상이다.

④ 고봉(高捧)밥과 누룽지

#고봉(高捧)밥의 추억

고봉(高捧)밥은 밥그릇 위로 수북하게 쌓은 밥을 말한다. 고봉밥을 담는 밥그릇은 요즘에는 보기 힘들다. 그릇의 용적(容積)이 깊고 넓어 밥공기의 두 배쯤 되는데, 제사상에 올리는 밥그릇을 떠올리면 이해가 쉬울 것이다.

내가 중학교에 입학하기 전까지 어머니는 갓 지어 김이 무럭무럭 나는 따뜻한 밥을 고봉으로 꾹꾹 눌러 퍼 밥상을 차렸다. 처음에 우리 집 고봉밥 그릇은 놋쇠로 만든 놋그릇이었는데, 어느 날부터 스테인리스 그릇으로 바뀌었다. 놋쇠로 만든 놋그릇은 무겁고 중후한 모양새가 그럴듯하지만, 윤이 나게 닦아 주지 않으면 녹이 슬어 관리하는 데에 어려움이 있었다. 놋그릇에 비해 스테인리스 그릇은 가볍고 반짝반짝 광(光)이 나는 데다 쉽게 녹슬지 않는 장점이 있어 밥그릇 문화에 일대 변화를 불러온 획기적인 상품이었다.

아버지가 좋아하셨던 숭늉.

고봉밥의 유래(由來)는 먹을 것이 변변찮아 반찬이 시원찮았던 시절에 밥심으로라도 버티라고 밥을 산처럼 높게 쌓아 퍼 담은 데서 비롯됐다. 밥을 남기면 혼나던 때라 나나 형들이나 고봉밥을 거짓말처럼 깨끗이 비우곤 했는데, 지금 생각하면 그때 어떻게 그럴 수 있었는지 신기할 따름이다. 밥그릇이 요즘 밥공기보다 두 배 이상 큰 데다 밥주걱으로 꽉꽉 눌러 펐기에 지금 기준으로 거의 3인분 분량에 가까웠을 것이다. 아마 밥그릇의 크기에 맞춰 밥 배도 커진 결과가 아니었나 싶다. 물론 믿거나 말거나다.

희한한 것은 믿기 어려울 정도로 엄청난 양의 밥을 먹었는데도 금방 배가 꺼진다는 점이다. 고기나 생선 반찬이 귀하고, 채식(菜食) 위주의 식단(食單) 때문이라 짐작된다.

요즘에야 끼니때마다 소고기나 돼지고기, 또는 생선을 맛볼 수 있지만, 그때는 어쩌다 한 번이거나 특별한 날에만 밥상에 오르는 귀한 음식이었다. 그나마 생선구이나 생선조림은 나은 편이었고, 값비싼 불고기가 나온 날에는 우리 형제 모두 마파람에 게 눈 감추듯 고봉밥을 싹 비웠던 기억이 생생하다.

딱히 메인 음식이라고 할 게 없는 날, 어머니는 큼지막한 양푼에다 네 식구 밥과 나물 반찬을 다 쓸어 담고 고추장과 참기름을 듬뿍 넣어 비빔밥을 만들었는데, 빙 둘러앉아 숟가락으로 한 술, 한 술 퍼먹는 재미가 쏠쏠했다.

요즘 고봉밥은 차례상에서나 볼 수 있다.

#누룽지의 추억

무쇠 밥솥에는 전기밥솥이나 압력밥솥에는 없는 장점이 하나 있는데, 바로 누룽지다. 무쇠 밥솥으로 밥을 지은 뒤 밥을 다 퍼내고 나면 솥 바닥에 눌어붙은 밥, 눌은밥이 보이는데 그게 누룽지다.

누룽지는 불을 때는 시간과 불의 강약 조절에 따라 세 가지로 분류할 수 있다. 스테이크 구울 때 사용하는 용어를 억지로 차용(借用)한다면 웰던(Well Done), 미디엄(Medium), 레어(Rare) 세 종류로 구분할 수 있겠다. 밥을 다 퍼낸 다음에 센불로 제법 오래 솥을 달구는 웰던 방식은 누룽지 밑부분이 까

맑게 타고 충분히 눌어 씹히는 식감이 매력적이다. 뭉근한 불로 살짝 달궜다가 솥을 덜어 내면 완성되는 미디엄 누룽지는 딱딱하지도, 무르지도 않은 보통의 식감이 난다. 약한 불로 은근하게 잠깐 데워 덜어 내거나 밥을 다 짓고 바로 주걱으로 긁어낸 레어 누룽지는 밥을 씹을 때와 거의 차이가 없는 부드러운 느낌이다. 세 종류의 누룽지 모두 고소하고 구수한 풍미(風味)가 진해 푸근하게 입맛을 당긴다. 고소하고 구수한 맛은 누룽지 고유의 맛이라고 할 수 있다.

#숭늉과 누룽지탕

누룽지를 다른 방식으로도 먹었다. 밥을 다 퍼낸 뒤 솥 바닥에 눌어붙은 눌은밥 위에 물을 붓고 끓이면 밥알이 흐물흐물하게 풀린 거친 미음(米飲)처럼 되는데 그게 숭늉이다. 숭늉은 끓는 물의 기운을 온몸으로 받아들인 눌은밥에서 우러난 구수한 맛이 일품이고, 포만감에 더부룩한 뱃속을 평화롭게 누그러뜨리는 데에 도움이 돼, 식후 디저트로 마시거나 입맛이 없을 때 먹기에 편했다. 아버지는 식사를 마친 후 꼭 숭늉을 찾았다.

바싹 말려 딱딱한 누룽지.

눌은밥을 박박 긁어모아 대나무 소쿠리에 펼쳐 말린 마른 누룽지는 간식(間食)으로 즐겨 먹었다. 어릴 때 누룽지는 어머니표 별미 간식, 군것질거리였다. 먹고 남은 누룽지는 상온에서 바싹 말려 흰 설탕을 뿌려 간식으로 먹거나, 물을 붓고 끓여 누룽지탕으로 만들어 먹기도 했다. 펄펄 끓은 누룽지탕을 바로 먹기에는 너무 뜨거워 찬물을 부어 식힌 뒤 먹곤 했는데, 요즘도 한 번씩 옛날 방식을 재현하면서 추억에 잠긴다.

  누룽지를 지극히 사랑하는 가정에서는 말린 누룽지를 뻥튀기 장수에게 가져가 누룽지 뻥튀기로 만들어 심심풀이 간식으로 즐겨 먹었다. 우리 집에서도 가끔 뻥튀기 장수에게 누룽지를 맡겼다.

  숭늉을 정식 메뉴로 발전시킨 누룽지탕은 중국집의 정식 요리로도 인기가 높다. 중국식 누룽지탕은 청나라 제6대 황제 건륭제(1711~1799, 재위 1735~1796) 때 유래됐다는 설(設)이 있다. 우리처럼 쌀을 주식(主食)으로 하는 나라에서는 모두 누룽지가 있는 것으로 알려져 있다.

  눌은밥이 사라진 압력밥솥 시대인 요즘, 마트에서 파는 말린 누룽지를 사다가 물을 붓고 끓여 먹으면 입맛도 살아나고 옛날 생각도 난다. 무쇠 밥솥 시대가 사라진 지 오래지만, 누룽지의 힘은 여전히 살아 있다.

⑤ 어머니 앞에 출두한 금기(禁忌)의 단어 참척(慘慽)

#세상에서 가장 슬픈 단어 참척(慘慽)

자식을 먼저 떠나보낸 부모의 참담한 심경(心境)을 참척(慘慽)이라 한다. 참혹할 참(慘), 근심할 척(慽), 근심이 참혹할 지경이라는 비통(悲痛)한 어의(語義)는 한자(漢字)의 심한 굴절과 좌우상하로 복잡하고 거칠게 삐져나간 획(劃)에서도 느껴진다.

나는 자식 잃은 부모의 마음을 생살을 도려내는 아픔이라고 생각한다. 자식을 자기 몸의 일부로 여기는 존재는 이 세상에 부모 말고는 없을 것이기 때문이다.

안타깝게도 살아서는 소환되지 말아야 할 참척이라는 금기(禁忌)의 단어가 어느 날, 어머니 앞에 출두(出頭)했다.

#오지 말았어야 할 기별(奇別)

아버지가 돌아가시고 두 번째 기일(忌日)을 약 5개월 앞둔 2004년 7월 8일, 이른 아침에 거실 탁자 위 전화벨이 요란하게 울렸다. 아침 일찍 집으로 걸려 온 전화기 너머로 느껴지는 불길한 예감은 불행히도 현실이 됐다. 수화기를 든 집사람이 지른 외마디 소리가 슬픈

큰형의 초등학교 운동회 때 둘째 형, 고종사촌들과 함께 놀러 가 찍은 옛날 사진. 앞줄 맨 왼쪽이 나, 내 옆에 배를 내밀고 있는 아이가 고종사촌 동생. 내 머리 위에 손을 얹고 있는 아이가 큰형, 그 옆으로 둘째 형과 고종사촌 형이 서 있다. 하나같이 표정이 없거나 못마땅한 얼굴을 하고 있다. 큰형이 초등학교 3, 4학년 무렵인 1966년 아니면 1967년쯤으로 짐작된다.

물기에 젖어 무겁게 가라앉았다. 대구에 사는 큰형이 쓰러졌다는 소식에 나는 말문이 막혔다. 전화를 건 사람은 둘째 형수였다. 둘째 형도 대구에 살고 있었다.

오지 말았어야 할 기별(奇別)은 큰형이 어젯밤 동료들과 저녁 식사를 하던 중 정신을 잃고 쓰러져 의식불명의 혼수상태에 빠졌다는 내용이었다. 믿고 싶지 않았지만, 현실로 굳어진 기별을 되돌릴 수는 없었다.

#목석(木石) 같았던 큰형의 모습

급하게 KTX를 타고 대구로 내려갔다. 안절부절, 노심초사(勞心焦思)하며 뜬눈으로 밤을 지새웠을 어머니는 푸석푸석한 얼굴에 퀭한 눈으로 둘째 형과 함께 병원에서 기다리고 있었다. 면회 시간에 맞춰 중환자실로 들어갔다. 인공호흡기를 착용한 큰형은 내가 알고 있는 큰형이 아니었다. 큰형이 목석(木石) 같고, 목석이 큰형 같아 목이 메었다. 큰형의 두 눈은 감겨 있었다. 자는 듯한 숨소리만 들릴 뿐, 큰형은 미동(微動)도 하지 않았다. 가슴이 저렸다. 아버지가 가신 지 얼마나 됐다고, 어머니가 멀쩡히 살아 계시는데, 이 무슨 망발(妄發)인가, 하고 큰형을 원망하고 하늘을 원망했다.

#불가역적인 뇌출혈과 무기력한 현실

둘째 형은 주치의의 소견이라며 의학적 회생 확률이 기대를 걸 만하지 못하다고 내게 알려줬다. MRI(Magnetic Resonance Imager, 자기 공명 단층 촬영 장치) 검사 결과 급성 뇌출혈로 밝혀졌는데, 뇌의 혈관이 터진 부위가 너무 넓고 혈액의 유출 정

저 바다에 인생무상은 어떤 의미일까. 무의미일까, 자연의 섭리일까, 이도 저도 아닌 하나의 현상일까.

도가 심해 회복 가능성을 장담할 수 없고, 기적적으로 깨어나더라도 심각한 후유증을 동반할 수 있다는 것이었다.

이럴 때 내가 할 수 있는 일은 무엇일까. 속이 꽉 막히고 답답한 기운이 목구멍 위로 전해 왔다. 아버지, 왜 벌써 큰형을 데려가려 하십니까, 혼자 있는 그곳이 적적해서인가요, 그래도 이거는 아니잖아요. 나는 괜히 아버지를 책망(責望)하려다가 아버지인들 지금 속이 속일까, 하고 불경스러운 망상(妄想)에 빠진 나를 책망했다.

병원 1층 로비 의자에 어머니도 앉고, 둘째 형도 앉고, 나도 앉았다. 어머니는 아무 말씀도 없었다. 나는 할 말이 없다기보다 어떤 말도 할 수가 없었다. 40대로 보이는 남성 두 명이 어머니에게 다가와 꾸벅 인사를 했다. 사고 현장에 있었던 큰형의 직장 동기들이었다. 그들은 어머니 앞에서 어찌할 줄을 몰라 연신 고개만 주억거렸다. 괜찮을 리 없는 어머니는 괜찮다는 말을 표정으로 대신하고 그들의 손을 차례대로 잡아 주었다. 큰형의 동기들은 황망(慌忙)한 기색을 애써 감추고 있었다.

#바랄 수 없는 희망과 필연적 절망(絶望)

나는 큰형의 MRI 검사 결과를 스캔한 CD를 가지고 서울로 올라왔다. 직장 후배의 형이 원장으로 있는 모 병원을 찾아갔다. CD를 본 원장은 큰형의 주치의와 비슷한 말을 하면서 원한다면 대구 지역의 명망(名望) 있는 의사를 소개해 줄 수 있다고 덧붙였다. 나는 조금 전 MRI 촬영 사진을 보면서 짧게 한숨을 쉬던 원장의 모습이 떠올랐다. 원장은 절망적인 큰형의 상태를 잘 알고 있었을 것이다. 차마 동생인 내게 사실대로 전할 수가 없어 에둘러 위로의 말을 던진 것이라 나는 생각했다. 원장은 그럴 수 있었고, 그럴 수밖에 없었을 것이다.

회사로 돌아가면서 나는 산다는 게 허망하고 부질없다는 생각이 자꾸 들었다. 아버지가 돌아가실 때도 그랬고, 지금도 그렇다는 가혹한 현실을 어찌할 수 있는 도리가 없다는 무력감에 나 자신이 원망스러웠다. 생로병사(生老病死)의 자연법칙 앞에서 그림자처럼 드리운 인생무상(人生無常)의 교훈은 이번에도 예외가 아니었다. 인생무상은 삶의 덧없음을 깨우치는 교훈적 한자 성어(成語)인데, 나에게는 슬픔의 언어로 들렸다. 나는 인생무상이 시사하는 의미를 다음과 같이 세 가지로 판단한다.

비운의 화가 빈센트 반 고흐는 하늘 너머에 또 다른 삶이 있다고 했다. 삶과 또 다른 삶은 무엇일까.

#슬픔의 언어, 인생무상(人生無常)
- 무한(無限) 욕망의 늪에서 허덕이다 뒤늦게 후회하는 세속적인 인간의 어리석음을 꾸짖는다.
- 세월 앞에 장사(壯士) 없다는 인생 황혼기를 누구도 피해 갈 수 없음을 일깨운다.
- 한 치 앞을 내다볼 수 없는 삶의 유한성과 예측 불허의 사고(事故)에 봉착할 개연성(蓋然性)에 눈뜨게 한다.

불행히도 나는 아버지나 큰형의 사례를 마주하면서 인생무상의 교훈은 검증할 수 있는 아량을 베풀지 않고, 삶을 되돌릴 수 있는 가역적(可逆的) 기회도 허용하지 않는다는 또 다른 교훈을 깨달았다. 내가 인생무상을 슬픔의 언어로 간주(看做)하게 된 시기도 이때였다. 그런 점에서 인생무상의 메시지는 전화위복(轉禍爲福), 상전벽해(桑田碧海), 청출어람(靑出於藍)과 같은 희망적이고 미래지향적인 언어가 아니라, 가혹하고 불가역적인 회한(悔恨)의 언어라는 생각이 들어 슬펐다.

#참척을 외면한 어머니

큰형의 상태는 쓰러지고 이틀이 지난 3일 전보다 그저께가 안 좋았고, 그저께보다 어제가 더 안 좋았고, 오늘(2004년 7월 13일) 회생 불능의 나락(奈落)으로 떨어지고 말았다. 의식을 잃은 지 만5일 만에 불귀(不歸)의 객(客)이 된 큰형의 장례식장에서 어머니는 눈물을 보이지 않았다. 어머니는 큰형의 죽음을 당신의 죽음으로 받아들이고 있었다. 장례식 절차가 모두 끝날 때까지 나는 어머니의 눈물을 볼 수가 없었다. 어머니는 금기의 단어, 참척을 끝내 받아들이지 않았다.

큰형은 나보다 다섯 살 위였다.

⑥ 혼식(混食) 장려 운동과 보리밥

#혼식 장려 운동

1970년대에 중고교를 다닌 사람은 다 아는 추억 하나, 혼식(混食) 장려 운동 이야기다. 지금이야 쌀이 남아돌아 혼식을 건강식이나 별미(別味)로 먹는 시대지만, 그때는 쌀이 귀해 정부 차원의 혼식 캠페인이 대대적으로 펼쳐졌다. 혼식은 쌀 반, 보리 반을 말한다. 점심시간이 되면, 담임선생은 무슨 대단한 의식이라도 치르는 것처럼 일제히 학생들의 도시락 검사를 밀어붙였다.

하긴, 담임선생이라고 하고 싶어서 했을까. 위에서 시키니 하는 수 없이 한 담임선생도 우리처럼 불편하기는 마찬가지였을 것이다. 분명 장려 운동이라는 이름을 내걸면서도 의무적으로 검사를 했다는 점이 거슬렸지만, 정부의 시책(施策)이라 따르지 않을 수 없었을 것이다.

도시락 검사의 합격 기준은 쌀밥과 보리밥이 절반씩 사이좋게 담겨 있어야 하는 것이었다. 눈대중으로 하는 검사라 보리밥이 절반에 약간 못 미쳐도 통과됐지만, 3분의 1 미만으로 눈에 띄게 쌀밥이 많으면 혼찌검이 나곤 했었다.

간편하면서도 입맛을 돋우는 비빔밥. 보리밥이 애물단지였던 때도 있었지만, 지금은 보리비빔밥이 건강 별미 음식으로 대접을 받는 시대다.

#필요는 발명의 어머니

필요는 발명의 어머니라고 했던가, 번거롭고 귀찮지만 들볶이기는 더 싫어 어쩔 수 없이 받아들여야 했던 도시락 검사가 시행되고 얼마 지나지 않아 학생들은 누가 시키지도 않았는데 꼼수이면서 묘책을 스스로 궁리해 냈다. 첫 번째 꼼수는 보리밥을 도시락 위쪽에 아주 얇고 넓게 깔고 그 아래에 쌀밥을 감추는 방법이었다. 이 노림수는 담임선생이 도시락에 담긴 밥을 휘저어 확인하지 않고서는 들킬 수가 없어, 꼼수라기보다 기발한 아이디어였다고 할 수 있다. 해도 된다는 것보다 하지 말라는 게 많았던 권위주의 시절인데도 학생들은 있는 머리, 없는 머리를 다 짜내 나름의 탈출구를 잘도 개척해 냈다. 시도만 하면 성공이 보장되는 이 비책(祕策)에도 걸림돌이 없지는 않았다. 새벽 일찍 일어나 도시락을 싸는 어머니들의 세심한 정성, 즉 정교한 손길이 필요한 데다, 인정사정없이 요동치는 만원 통학버스 안에서 수적 우위인 아래의 쌀밥이 허술한 보리밥 경계망을 뚫고 들어가 뒤죽박죽 뒤섞이는 바람에 원래 모습이 온데간데없어지고 마는 것이다. 특히 하얀 쌀밥과 거무튀튀한 보리밥은 색의 대비 원리상 육안(肉眼)으로 금방 식별된다는 점에서 애초의 의도는 무산되기 십상이었다.

#단명(短命)으로 끝난 꼼수

두 번째 꼼수는 첫 번째 꼼수가 의도치 않은 복병(伏兵)을 만나 무산될 부담을 의식한 학생들이 고안한 것인데, 역시 아래에 쌀밥을 깔고, 그 위에 보리밥을 다소 두껍게 덮는 방식이었다. 버스 안에서 도시락이 흔들려도 쌀밥이 주위로 뚫고 들어가기에는 보리밥의 방어벽이 두꺼워 소기의 목적을 달성하는 데에 무리가 없었다.

아쉽게도 이 방법은 시도 초기에 와르르 무너졌다. 선생님들도 귀가 있고 눈치가 빤한지라 이미 첫 번째 꼼수의 낌새가 노출된 데다 도시락 검사의 예봉(銳鋒)을 피하기 위한 학생들의 격상된 술수(術手)가 레이더망에 포착되는 참사가 벌어진 것이다. 도시락 검사 때, 담임선생은 지금부터 도시락을 책상 위에 뒤엎는다, 실시! 라고 큰 소리로 외쳤다. 뒤집힌 도시락 속 내용물의 실체가 담임선생 앞에서 고개를 내미는 순간, 꼼수의 정체는 꼼짝없이 탄로가 나고 애꿎은 손바닥에만 매질 세례(洗禮)가 쏟아졌다.

#보리밥이 인기가 없었던 이유

중학교 때 꼼수가 적발된 후로 나는 혼식 운동을 몸소 실천했는데, 점심때마다 잘 씹히지도 않는 보리밥 알을 억지로 삼키느라 애를 먹었다. 지금은 보리밥에 나물을 넣고 쓱쓱 비벼 먹는 보리비빔밥 잘하는 집을 찾아다니는 세상이 됐지만, 혼식이 강요되던 때 보리밥은 환영받는 음식이 아니었다.

가장 큰 이유는 보리밥의 엉성한 식감(食感) 때문이다. 보리밥을 먹어 본 사람은 다 알겠지만, 보리밥은 밥알의 겉면이 미끄럽고 속이 찰지지 않아 씹는 저작감(咀嚼感)이 나지 않고 단맛도 없이 입안에서 맴돌 뿐이라 도무지 맛을 느낄 수가 없다.

음식의 맛은 치아(齒牙)로 씹는 저작(咀嚼) 활동이 출발점이자 주요 변수다. 치아 상태가 불량(不良)하거나 잇몸이 성치 않으면 음식 맛도 제대로 느낄 수 없다. 예부터 건강한 치아를 오복(五福) 중 하나로 꼽은 데에는 다 이런 이유가 있는 것이다.

#보리밥과 방귀

보리밥이 인기가 없는 또 다른 이유는 포만감이 떨어지고 배가 일찍 꺼진다는 점이다. 첫 번째 이유와 일맥상통(一脈相通)한다고 볼 수도 있는데, 찰지고 식감 좋고 입맛을 돋우는 쌀밥과 달리, 밥알이 날리는 느낌이라 배가 부르지도, 음식의 풍미(風味)가 전해지지도 않아 당연할 결과라고 생각된다.

내친김에 농(弄) 삼아 여담(餘談)으로 하나 더 보탠다면, 보리밥은 익히 다 아는 방귀 유발자(誘發者)다. 우리가 가스라고 에둘러 표현하는 방귀는 소화 기능이 뛰어나 일어나는 신진대사 현상이라고 알고 있으나, 소화 능력에 장애가 있어도 발생하는 신체적 반응이다. 보리밥은 이 둘 중 어디에 해당하는지 궁금하다. 배가 빨리 꺼지는 것을 보면 소화가 잘된다고 할 수 있고, 씹는 둥 마는 둥 삼키듯 배 속으로 들어간다는 점을 보면 소화가 안 됐을 것으로 생각할 수도 있다.

#애물단지, 보리밥

어쨌거나 그 시절, 보리밥은 가정에서나 학교에서나 애물단지였다. 보리밥은 먹기도 불편했지만, 밥 짓는 일은 더 성가셨다. 쌀과 달리 보리는 딱딱함이 만만찮아 밥을 짓기 전에 꼭 물에 불려야 한다. 물에 불리는 과정을 건너뛰고 밥을 하면 보리쌀의 여문 성질이 살아 있어 씹기가 곤란하다. 어머니는 저녁 설거지를 다 마친 후 보리쌀을 깨끗이 씻은 뒤 물을 붓고 밤새도록 불렸다.

보리밥은 밥 짓는 과정도 까다롭다. 보리쌀과 물을 1 대 1 비율로 솥에 안친 뒤 센불보다는 약하고 중간 불보다는 센 불로 맞춘다. 끓는 소리가 나면 솥뚜껑을 열고 나무 주걱으로 골고루 저어 줘야 하는데, 그렇게 하지 않으면 밑에 깔린 보리쌀이 타기 때문이다. 그런 다음 약한 불로 전환해 뚜껑을 닫고 10분 정도 뭉근히 끓인 뒤 불을 끄고 뜸을 들여야 하는데, 이 시간이 15~20분 걸린다. 씻고 물에 불리고, 젓고 뜸을 들여 밥을 완성하기까지 길고 지루한 과정의 연속이다.

#보리밥의 재탄생

보리밥의 골칫거리는 또 있다. 먹고 남은 보리밥은 처치 곤란이다. 보리밥만 먹자니 입안에 가시가 돋칠 것 같고, 버리자니 아깝고, 그래서 궁리해 낸

게 어머니의 손맛이 들어간 꽁보리비빔밥이다. 식은 보리밥에 열무김치를 잔뜩 넣고 고추장과 참기름을 듬뿍 두른 뒤 잘 비벼서 동치미 국물과 함께 먹으면 색다른 맛이 났다. 요즘의 보리비빔밥도 그때 방식과 다를 바 없다.

미끄덩거리는 불편한 식감과 밍밍한 맛으로 애물단지 신세였던 보리밥이 지금은 콜레스테롤 수치를 떨어뜨리는 데에 좋다는 이유로 건강 별미 음식으로 대접받는다니, 시대가 변해도 많이 변했다.

⑦ 벙어리장갑과 털 스웨터

#대구의 더위와 추위

초등학교 때 대구(大邱)의 겨울은 추웠다. 내륙 분지인 대구는 여름에는 덥고 겨울에는 추운 곳이다. 대구의 더위는 전국구급이다. 오죽하면 아프리카를 빗댄 '대(大)프리카'라고 부를까. 내가 중학교 3학년이던 1977년 7월 31일, 학교에서 여름방학 보충수업을 하고 있었는데, 낮 최고 기온이 39.5도였다. 역대급 더위였다. 선풍기 하나 없는 찜통 교실에서 살인적인 무더위에도 아랑곳하지 않고 수업을 한 사실이 믿기지 않지만 사실이었다.

대구의 겨울도 만만찮다. 어릴 때, 대구는 눈이 아주 귀했는데 아주 가끔 눈발이 날리기라도 하면 지역 방송에서 뉴스특보를 내보냈던 기억이 난다.

한겨울이 되면 집 근처 하천이 꽁꽁 얼어붙어 우리들의 썰매장으로 변했고, 유원지로 유명한 수성못에서는 스케이트를 타는 사람들로 붐볐다. 지금은 웬만해서는 하천이나 못이 얼지 않는 것을 보면, 확실히 옛날 추위가 더 매서웠던 것 같다.

대구의 명소 수성못. 내가 학창 시절 때인 1970년대 겨울이면 수성못이 꽁꽁 얼어 스케이트장으로 변했다. ©Daegu City Official - wikipedia commons, public domain

#벙어리장갑의 추억

초등학교 시절 겨울을 생각하면 늘 벙어리장갑이 떠오른다. 벙어리장갑은 엄지손가락 외 나머지 네 손가락이 한꺼번에 한곳에 함께 들어가도록 제작한 장갑이다. 찬 바람이 불기 시작하면 어머니는 꼭 벙어리장갑을 챙겨 주셨다. 알록달록한 털실로 짠 수제 벙어리장갑은 어머니의 작품이었다. 나뿐 아니라 형들도 벙어리장갑을 끼고 학교에 다녔는데, 그 역시 어머니가 손수 뜨개질로 만든 것이었다.

두 짝의 벙어리장갑은 털실로 길게 이어 목에 걸고 다녔는데, 벗고 끼고 하다가 분실할 염려 때문이 아니었나 싶다. 어머니의 염려는 한 번씩 현실이 되곤 했다. 수업 시간에 벗어 놓았거나 친구들과 어울려 노는 데 방해가 돼 다른 곳에 보관했다가 깜빡 잊고 그냥 집에 왔을 때 그랬다.

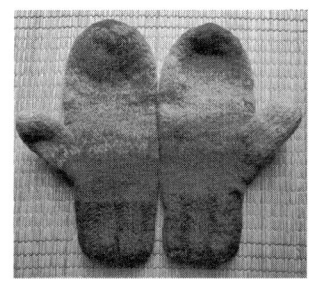

털실로 짠 벙어리장갑. ⓒMagpie 999 – wikipedia commons, public domain

#어머니의 뜨개질

어머니는 틈만 나면 뜨개질했는데, 주로 저녁 식사 후 설거지까지 다 마치고 난 한가한 시간 때였다. 어머니가 대바늘과 코바늘, 털실을 이용해 뜨개질로 짠 창작품은 다양했다. 우리 3형제가 겨우내 끼고 다닐 벙어리장갑을 비롯해 겨울 스웨터와 두툼한 목도리, 털모자까지 모두 어머니가 한 뜸 한 뜸, 정성을 다해 만든 것이었다.

다이소에서 파는 다양한 종류의 털실.

3. 어머니에 대한 기억 | 133

다이소 매장의 뜨개질바늘 진열대.

대나무 줄바늘.

기억을 더듬어 보니, 한 쌍으로 된 대바늘은 대나무 소재였고, 대바늘보다 작은 코바늘은 알루미늄 소재였던 것 같다. 대바늘 관련 자료에 털모자를 짤 때는 4개를 하나로 묶은 대바늘 세트를 사용한다고 나와 있는데, 어머니도 그랬을 것이다.

내 기억에는 스웨터가 가장 인상 깊이 남아 있다. 내가 입고 겨울을 난 스웨터의 색깔은 언제나 노란색 하나였다. 왜 그랬는지는 어머니께 확인한 적이 없어 알 수 없지만, 아마 어머니 당신 생각에 나하고 제일 잘 어울릴 법하다는 색을 고른다고 고른 결과가 아니었나, 짐작할 뿐이다.

#노란색 털 스웨터

벙어리장갑은 내가 수시로 잃어버린 까닭에 초등학교 졸업 때까지 여러 개를 끼고 다녔다. 굵은 털실이 씨줄과 날줄로 촘촘하게 얽힌 노란색 스웨터는 정말 따뜻했는데, 내복(內服)과 스웨터를 안에 입고 겉옷을 걸치면 한겨울 추위를 어렵잖게 이겨 내곤 했었다.

노란색 스웨터의 역사는 내가 대학에 다닐 때도 계속됐다. 신촌 하숙집에서 생활할 때의 일이다. 당시 하숙집 겨울 난방은 기름보일러 방식이었는데, 기름값을 아낄 심산(心算)으로 보일러 작동 스위치를 야박하게 튼 주인아주머니의 깐깐한 살림 정책 탓에 한밤중 하숙방은 선득선득한 날이 많았다. 그럴 때면 어머니의 체온과 정성이 담긴 노란색 스웨터를 껴입고 고향집에서 가져온 솜이불을 푹 뒤집어쓴 채 사지(四肢)를 웅크리고 새우잠을 청했었다. 노란색 스웨터는 내가 오랫동안 겨울을 날 수 있었던 고마운 옷이자 어머니의 선물이었다.

두툼한 털 스웨터.

#털모자와 구슬, 딱지치기

털모자와 관련한 일화도 있다. 초등학교 겨울방학 때 동네 친구들과 구슬치기와 딱지치기할 때면, 귀가 시려서 꼭 털모자를 쓰고 나갔다. 컨디션이 올라오고 운발까지 따라 줘 구슬과 딱지를 많이 딴 날, 호주머니가 넘칠라치면 얼른 털모자를 벗어 그 속에 집어넣었던 기억이 있다. 흙먼지가 풀풀 나는 구슬과 딱지에 더럽혀진 털모자를 본 어머니에게 혼도 많이 났지만, 그 버릇은 그치지 않았다.

이제는 집 안에서 뜨개질 광경을 보기가 어렵다. 기성복 시대인 요즘에도 한 번씩 그때 생각이 난다. 아련한 옛날 추억이다.

내가 사용하는 겨울 운동용 털모자.

⑧ 어머니와의 이별(上)

#장남(長男)의 빈자리

2004년 여름은 어머니에게 잔인했다. 그해 7월 황망하게 세상을 떠난 장남의 빈자리는 어머니 가슴에 비수(匕首) 같은 멍에로 슬프게 새겨졌다. 큰형의 장례식장에서 눈물을 보이지 않는 것으로 장남의 죽음을 받아들이고 싶지 않았던 어머니도 시간이 지나면서 어쩔 수 없이 눈물이 잦아졌다. 어머니는 결혼하고 5년 만에 어렵사리 첫아들을 낳았는데, 그 아들이 큰형이었다. 그때는 결혼한 여자면 누구나 아기가 들어서기를 오매불망 학수고대(鶴首苦待)하던 시절이라, 어머니의 마음고생은 이만저만이 아니었을 것이다.

큰형이 세상을 떠나고 1년이 지난 2005년 여름 경북 청도 운문사를 찾았을 때의 어머니 모습.

봉건적 사고에 젖은 시어머니의 눈총과 다섯이나 되는 시누이들의 불편한 곁눈질을 꿋꿋하게 참아 내며 마침내 득남(得男)으로 그간의 가슴앓이를 씻어 낸 어머니는 보란 듯, 둘째와 셋째를 연거푸 득남하면서 드센 시집살이의 굴레에서 벗어났다.

23살에 첫아기를 얻은 어머니에게 맏아들의 존재는 특별했다. 어릴 때, 유달리 잔병치레에 시달린 큰형을 바라보는 어머니의 시선은 늘 애잔했고, 그

애잔함은 큰형의 갑작스러운 죽음에 돌이킬 수 없는 상처로 남아, 돌아올 수 없는 슬픔의 바다를 건너고 말았다.

#앞산 중턱의 은적사(隱跡寺)

원치 않은 큰형의 빈자리가 생긴 이후, 어머니는 집 근처 사찰을 찾는 일이 많아졌고, 홀로 소리 내어 불경(佛經)을 읽는 경우도 많아졌다. 어머니는 독실한 불교 신자였다. 코흘리개 때부터 나는 어머니를 따라 대구 앞산 자락의 천년 사찰 은적사(隱跡寺)를 여러 번 갔었다. 시내버스를 타고 앞산으로 올라가는 길목에서 내려 도보(徒步)로 30분 거리의 은적사는 고려 태조 왕건(877~943, 재위 918~943)의 지시에 따라 926년에 창건된 고찰(古刹)이다.

자취를 감추고 사라진다는 '은적(隱跡)'이라는 절 이름은 후백제의 견훤과 후삼국 시대 패권을 놓고 다툰 대구 팔공산 일대 전투에서 패한 왕건이 비슬산의 굴로 피신한 데서 유래됐다. 앞산은 비슬산에서 뻗어 나온 대구시 남쪽에 있는 산인데, 집 앞에 서면 산이 보인다고 해서 앞산으로 불리게 됐다.

#한국불교대학 관음사(觀音寺)

큰형의 부재(不在), 그즈음에 어머니는 산을 타고 올라가야 하는 은적사는 어쩌다 한 번씩 들렀다. 칠십 고개를 넘어선 고령(高齡)이라 힘에 부치기도 했고, 대명동 사거리 도로변에 자리해 다니기가 편리한 한국불교대학 관음사를 은적사 대신 자주 찾았다.

큰형의 장례가 끝난 뒤부터 내가 주기적인 의식처럼 치른 일이 있다. 만사 제쳐 두고 두 달에 한 번은 꼭 대구에 내려가 이틀에서 사흘을 어머니 곁에 있었다. 어머니와 함께 한국불교대학 관음사도 여러 번 가 봤다. 7층 건물인 관음사는 법당이 3층에 있었다. 사찰로서는 드물게 자동차가 오가는 큰길에 붙어 있어 접근성이 뛰어나고 쾌적하고 편리한 불공(佛供) 시설을 갖춘 데다 불교 교육기관이라 평일에도 불자(佛子)와 스님, 방문객들로 붐볐다.

2005년 여름 운문사에서 어머니와 함께 찍은 사진.

어머니는 돌아가시기 전까지 집에서 걸어서 5분 거리인 관음사를 다녔다.

#걷는 게 힘에 부치기 시작한 어머니

어머니는 70대 중반이 넘어서면서 허리 통증이 심해졌다. 나이가 들면 찾아오는 퇴행성 관절염이 원인인데, 뼈와 뼈 사이를 연결하는 물렁뼈인 연골(軟骨)의 탄력이 떨어져 손상되면서 허리 통증을 유발한다. 무릎 연골에도 문제가 생긴 어머니는 한 번에 50m 이상 걷는 것을 힘들어했다. 척추 전문 병원에서 치료도 받았지만, 고령(高齡)이라 일시적인 효과는 있었으나 곧 통증이 재발하곤 했었다.

무릎과 허리 통증은 직립보행(直立步行)을 하는 인간이 직립보행에 어려움을 겪게 되면서 다발적인 신체 기능 저하를 불러일으킨다는 점에서 치명적이다. 일상생활이 불편한 것은 물론 하체 근력이 쇠약해지면서 전반적인 운동량 감소로 이어져 궁극적으로 심장 기능이 약해진다. 노인들에게 심장질환이 많은 것도 이와 무관하지 않다.

먼 거리를 걸을 수 없어 여행은 언감생심(焉敢生心)이고 바깥나들이에도 소극적이다. 어머니를 모시고 가고 싶은 곳도 많고, 이름난 맛집을 찾아 사 드리고 싶은 것도 많았지만, 허리 통증이 늘 발목을 잡았다. 궁리 끝에 팔순 (八旬) 기념으로 어머니를 모시고 가족여행을 강행하기로 마음먹었다.

#어머니와의 마지막 여행

2013년 여름, 우리 네 식구와 어머니, 다섯이 경기도 모 펜션으로 1박 2일 여행을 떠났다. 교통편과 숙박, 식사 등 모든 동선(動線)을 허리가 불편한 어 머니에게 맞춰 일정을 짰다. 아버지가 돌아가신 뒤 어머니는 간간이 당일 코 스 여행은 다녔지만, 외부 숙식 여행은 이때가 처음이었다.

경기도의 경치 좋고 물 좋은 곳에 자리한 펜션을 우리가 찾은 날은 평일이 었다. 복잡한 인파(人波)를 피하기 위해서였다. 펜션은 복층 구조로 1층에 방 이 3개, 2층에도 오픈 스타일로 널찍한 방 하나가 있었고 화장실도 2개였다. 6인 가족이 식사할 수 있는 대리석 식탁과 와인 바도 갖춰져 있었다. 무엇보 다 내가 신경을 쓴 대목은 펜션 내부에 우리 가족만 이용할 수 있는 독립형 야외 수영장이 딸려 있다는 점이었다. 바다는 물론이고 수영장도 가 본 적 없 는 어머니를 꼭 한 번 이런 곳에 모시고 싶 었기 때문이었다.

꽤 넓은 수영장에 가득 찬 물은 한낮의 햇빛을 고스란히 받아들여 푸르고 맑게 빛 났다. 어머니는 수영장 앞에서 아무 말도 하 지 않았지만, 한 손으로 수영장 물을 휘저어 만져 보는 것이 내 눈에 띄었다. 어머니는 당신만의 방식으로 수영장 물과 처음 대면

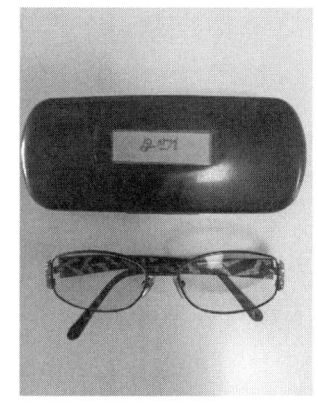

어머니가 사용했던 안경.

한 셈인데, 그때 어머니의 표정에서 싫지 않은 기색(氣色)을 나는 읽을 수 있었다.

해거름이 되자 우리는 펜션 야외 테라스에 설치된 바비큐장에서 준비해 간 삼겹살을 구워 먹었다. 내가 어머니와 집도 아니고, 식당도 아닌 곳에서 고기를 먹은 기억은 아버지와 3형제 식구가 다 모인 1990년대 초중반 때가 마지막이었다.

밤에, 나는 펜션에서 룸서비스로 내준 포도주를 어머니에게 조금 따라 드렸다. 어머니는 술을 못 드시지만, 그날은 한 모금 마셨다. 어머니는 시큼한 포도주를 삼키면서 돌아가신 아버지를, 큰형을, 우리 가족을 생각하셨을 것이다. 그날 어머니는 크게 웃고 옛날이야기로 밤을 지새웠다.

어머니와의 마지막 여행은 짧았지만, 어머니도 즐거워했고 아들과 딸도, 집사람도, 나도 즐거웠다. 어머니가 돌아가시기 1년 전이었다.

⑨ 어머니와의 이별(下)

#자는 듯 떠나고 싶어 한 어머니, 자는 듯 떠난 어머니

어머니는 평소 입버릇처럼 있는 듯 없는 듯 자다가 홀연히 떠나고 싶다는 말을 여러 차례 했었다. 불행인지 다행인지 어머니는 실제로 자는 듯 내 곁을 떠났다. 떠나는 방식은 찰나에 생사가 갈리는 심장마비였다. 나는 어머니가 하늘나라로 갔다는 소식을 들었을 때 '찰나'라는 단어가 이렇게 무서울 수도 있구나, 하는 사실을 처음 알았다. 불교식으로 해석하면 찰나는 지극히 짧은 75분의 1초라 찰나가 불러온 죽음은 역설적으로 가장 평화스러운 생명의 소멸이랄 수도 있겠다.

인간은 모두 죽음을 두려워하지만 죽음을 피할 수 없다면, 찰나의 죽음을 꼭 무서워할 필요가 없겠다는 생각도 들었다.

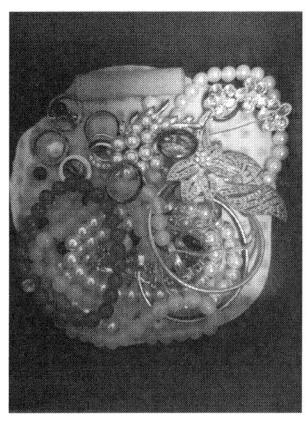

팔찌, 반지, 목걸이, 브로치 등 어머니의 장신구.

성철 스님은 팔만대장경을 네 글자로 압축한 사자성어(四子成語)가 불생불멸(不生不滅)이라고 했다. 생겨나지도 않고 없어지지도 않고 항상 그대로 변함이 없는 것, 그것이 부처가 속세의 인간들이 깨우치기를 바라는 주문일 텐데, 범인(凡人)들의 귀에 과연 그 말이 먹혀들지는 의문이다. 졸견(拙見)을 보탠다면, 나는 그것이 윤회(輪迴)와 일맥상통하는 게 아닐까 싶다. 성철 스님이 대로(大怒)할까 두렵다.

어머니는 속된 말로 가방끈은 짧았지만, 불심(佛心)의 끈은 길고 유연했다. 방금까지도 멀쩡하던 어머니의 심장마비는 바로 그런 이유로 공포(恐怖)스러울 수밖에 없는데, 어머니에게 심장마비는 어떤 의미였을까. 나는 어머니가 돌아가셨을 때도, 그 후로도, 지금도 그 점이 궁금하다.

#심장 스텐트 시술(施術)과 심장마비

가족, 그중에서도 부모님의 죽음은 실감하기 어렵다. 나는 아버지에 이어 어머니의 임종(臨終)도 지키지 못했다. 불효막심한 놈이 아닐 수 없다. 임종이라는 세상에서 가장 슬프고 견디기 힘든 이별의 순간을 보지 못한 내가 심장마비가 사인(死因)인 어머니의 죽음을 실감할 수 없는 것은 당연한 일이라는 생각이 든다.

어머니의 사망 소식을 둘째 형의 전화 기별(奇別)로 알게 됐을 때, 아무런 느낌이 없었고, 아무런 말도 할 수 없었다. 내 이성과 감성이 블랙홀처럼 머릿속으로 소용돌이쳐 빨려 들어갔고, 나는 어찌할 바를 몰랐다.

어머니가 평생 손에서 놓지 않았던 염주(念珠). 어머니는 독실한 불교 신자였다.

어머니는 돌아가시기 3일 전 심장에 스텐트를 삽입했다. 시술은 성공적이었고, 내일 퇴원해도 된다는 주치의의 허락도 떨어졌다. 시술 전 귀동냥한 의학 지식에 따르면 심장 스텐트 삽입술은 노인에게 일반적이고 위험성이 크지 않은 것으로 나타났다. 시술 방법은 막히거나 좁아진 혈관에 스텐트라는 작은 금속 또는 플라스틱 망사 튜브를 끼워 넣어 확장함으로써 혈액 공급의 정상화를 꾀하는 식이다. 심장 기능에 문제가 생긴 노인들이 주로 받는 시술이다.

#운명의 장난, 급성 심장마비

사망 진단서에 적힌 어머니의 공식적인 사인은 급성 심장마비, 심근경색이었다. 심장 근육에 혈액을 실어 나르는 관상동맥이 갑자기 막혀 산소 공급이 끊기면서 심장이 마비돼 죽음에 이르는 증상이다. 어머니에게 닥친 운명의 장난, 급성 심장마비의 진상을 재구성하면 이랬다.

어머니는 퇴원을 하루 앞둔 일요일 낮 병원에서 제공한 점심 식사를 마치고 휴식을 취하고 있었다. 오전에 어머니와 통화한 나는 "내일 집에 간다. 몸 상태도 좋다."라며 익숙한 어머니의 평소 목소리에 안도했다. 꼬박 3일 밤을 어머니 곁에서 지새운 둘째 형은 한숨을 돌리고 옷도 갈아입을 겸, 병원 부근의 어머니 집에 잠시 들렀다.

병실에서 휴식을 취하고 있던 어머니는 문안차 들른 큰형과 둘째 형의 아들인 큰손자와 둘째 손자를 만났다. 손자들이 떠나고 1시간 남짓 지났을 때, 둘째 형의 핸드폰 벨 소리가 울렸다.
"어머님이 방금 사망하셨습니다. 급성 심장마비입니다."

둘째 형의 뇌리(腦裏)에서는 그 순간 분명 '아닌 밤중에 홍두깨도 유분수지, 이 무슨 해괴한 변고(變故)인가'라는 끔찍한 생각이 퍼뜩 스쳐 지나갔을 것이다.
일요일 오후 주말마다 가는 동네 사우나에서 나와 집으로 가던 내 핸드폰 벨 소리도 구슬프게 울어 댔다. 둘째 형의 말은 나에게 말 같지 않았고, 말 같지 않다고 스스로 우기는 나의 고집은 곧 허물어졌다.

#불효막심한 막내아들의 회한(悔恨)

어머니가 심장이 끊어지는 통증을 느끼며 혼절했을 때, 병실(病室)에는 아무도 없었다. 2인 1실 병실의 또 다른 환자도 그때 자리를 비웠다. 어머니가 정신을 잃고 쓰러진 지 얼마 후 간호사가 맨 먼저 어머니를 발견했다는데, 그 얼마가 얼마인지는 물어보지 않았다. 병실에 CCTV가 있었다면 모를까, 그 얼마의 정확한 수치는 간호사인들 알 턱이 없었기 때문이었다.

말기 암 환자 아버지를 위해 아무것도 할 수 있는 게 없다는 무기력감에 서러움이 복받쳤다는 어머니의 영정(影幀) 앞에서 나는 나의 무능하고 불효막심함에 스스로 치를 떨었다. 왜 그때 어머니 곁을 지키지 않았을까, 하는 돌이킬 수 없는 책망과 함께 아무도 없는 쓸쓸한 병실에서 극한의 고통에 몸부림치며 홀로 외로움을 삼켰을 어머니의 모습이 가슴을 후벼 파 오자, 참았던 눈물이 왈칵 쏟아졌다. 우리 3형제가 태어날 때를 빼고는 처음 병원에 입원하고 처음으로 시술을 한 어머니는 그렇게 내 곁을 떠났다.

어머니의 손거울과 지갑, 전화번호 수첩, 사혈침(瀉血鍼).

자식은 근원적으로 부모에게 불효자라는 말이 나를 겨냥한 것 같았고, 그런 생각이 확장되면서 회한(悔恨)의 눈물만 주룩주룩 흘렸다.

#세상에서 가장 슬픈 작별 인사의 현장, 입관식장(入棺式場)

나는 발인이 끝날 때까지 영정 사진 속에서 환하게 웃고 있는 어머니의 얼굴을 수시로, 물끄러미 쳐다봤다. 그럴 때마다 나도 모르게 억지웃음을 지을라 치다가도 이내 감정 곡선이 슬픈 민낯을 드러내 고개를 돌리고 말았다.

소리 없이 눈물만 찍어 내던 유가족들도 입관식장에 들어서면, 통한(痛恨)의 감정을 억제할 길이 없어 꺼이꺼이 소리 내어 울기 시작한다. 곡소리는 멀리 바깥에서도 다 들릴 정도로 애절한데, 고인(故人)에 대한 그리움과 슬픔과 미안한 마음이 뒤범벅돼 한참이 지나서야 겨우 울음이 사그라들곤 한다. 우리 가족도 그랬다.

#산 자와 죽은 자
입관식 때, 고3 수험생 아들과 중2 딸은 염습(殮襲)한 할머니의 마지막 모습을 보자, 꾹꾹 눌러 참았던 눈물을 터뜨렸다. 아들과 딸은 할머니의 사랑을 많이 받았다. 그윽한 눈길로 무제한 사랑을 내어주던 할머니의 인자한 미소를 다시는 볼 수 없다는 생각에 그리움이 사무쳐서인지, 손으로 흐르는 눈물을 훔치며 흐느꼈다.

아버지와 마찬가지로 아들뿐인 3형제의 막내며느리를 딸처럼 여긴 시어머니의 싸늘한 얼굴을 마주한 집사람도 서럽게 울었다. 입관식장의 눈물은 산 자가 죽은 자와 나누는 작별 인사의 다른 이름인데, 세상에서 가장 슬픈 작별 인사가 아닌가 싶다.

불교 신자임에도 생전에 어머니는 망자의 영혼을 떠나보내는 불교 의식인 사십구재(四十九齋)를 하지 말라고 신신당부(申申當付)했다. 사십구재의 의미를 모를 리 없는 어머니가 아버지 때와 달리 그렇게 결심한 데에는 두 가지 이유가 있다.

때가 되어 누구도 거역할 수 없는 곳으로 갈 때, 홀로 조용히 가면 그뿐이라는 평소의 신념이 하나였고, 떠난 후까지 굳이 자식들에게 부담을 지울 필요는 없다는 것이 또 하나였다.

나에게는 밝히지 않았지만, 어쩌면 어머니는 불생불멸(不生不滅)과 윤회(輪廻)를 믿고 있었는지도 모르겠다.

어머니의 전화번호 수첩 속에서 발견된 증명사진. 내가 중학교 때 교복을 입고 있는 모습이다.

#反(반)사실적 과거 추론

가끔 취기(醉氣)가 오르면 어머니 생각이 불쑥 날 때가 있다. 생전의 모습이 떠오르고, 어머니와의 추억이 파노라마처럼 눈앞에 그려진다.

그럴 때, 한 번씩 이런 생각이 든다. 도대체 심장마비는 왜 어머니를 덮쳤을까. 스텐트 시술도 성공리에 끝났고, 퇴원을 하루 앞두고서 굳이 마(魔)의 손길이 어머니를 데리고 간 이유는 무엇이었을까.

부질없는 反(반)사실적 과거 추론이지만, 스스로 내린 결론은 이렇다.

- 스텐트 안으로 눈에 보이지 않는 초미세 이물질이 기습적으로 딸려 들어가 치명적인 심장마비를 유발한 결과일 수도 있겠다.
- 아니면, 하늘만 아는 어머니 신체의 돌발적 부조화 현상이 느닷없이 불거져 그것이 하필 심장 부위를 회생 불가능하게 공략한 결과일 수도 있겠다.

첫 번째 결론이 맞는다면, 스텐트 삽입술의 위험성과 연관될 터라 확장된 의료 영역의 문제로 볼 수 있겠고, 두 번째 결론이 맞는다면, 말 그대로 인명재천(人命在天)이라, 신(神)의 영역의 문제로 볼 수 있겠다.

어느 쪽일까. 나는 혼자 묻고, 혼자 추론하고, 혼자 결론짓는 버릇이 있다. 술이 한잔 들어갔을 때, 곧잘 발동되는 버릇이다. 나는 그 버릇을 나만의 퀴즈 게임, 미로 찾기라고 부른다. 어머니가 돌아가신 그때의 상황 재현은 불가능한 일이라 해답을 밝혀낸다는 것은 비현실적이다. 해답을 안다 한들, 돌아가신 지 오래된 어머니를 어찌해 볼 도리도 없다.

해답을 구할 수 없고, 해답을 구한들 의미가 없더라도 나는 나만의 미로 찾기 게임을 통해 어머니를 기리는 버릇을 내려놓고 싶지 않다.

<u>스스로</u> 되묻곤 하는 질문이 하나 있다.
"나는 어떤 방식으로 세상과 작별 인사를 하게 될까."

다가오는 8월이면 어머니의 10번째 기일(忌日)이다.

4.
어머니의 음식

① 오징엇국과 배춧국

#음식과 어머니의 손맛

음식은 어머니의 손맛이란 말이 있다. 손맛 하면 또 어머니가 먼저 떠오른다. 그런 점에서 음식과 어머니, 손맛은 일직선상에 놓여 있는 정서적 동의어라고 할 수 있다.

집밥과 밖에서 먹는 밥과의 차이에서 으뜸으로 거론되는 게 어머니의 손맛이라는 점도 음식과 어머니, 손맛의 일체성(一體性)을 시사한다.

본질적으로 모든 음식에는 손이 간다. 국과 찌개, 탕, 생선구이, 생선조림, 소고기와 돼지고기 요리, 밑반찬, 나물무침, 조림 요리, 볶음 요리, 튀김 요리 등 우리가 알고 있는 음식의 영역은 집 안이나 집 밖이나 별반 다를 게 없다. 마찬가지로 어떤 음식도 요리하는 사람의 손길이 닿지 않고서는 만들어지지 않는다.

#어머니의 손맛의 독보성(獨步性)

집 안과 바깥의 음식, 모두 손의 기운을 받아 식탁 위에 올려지지만, 손맛 앞에 보통명사이면서 고유명사이기도 한 대체 불가의 수식어가 허용되는 경우는 단 하나, 어머니의 손맛뿐일 것이다. 손맛의 사전적 정의가 손으로 직접 만들어서 내는 맛이니, 어머니의 손맛은 어머니가 손으로 직접 만들어서 내는 맛일 터이다.

그렇다면 어머니의 손맛과 어머니 아닌, 다른 모든 이들의 손맛 사이에는 어떤 차이가 있다는 말인데, 그것이 무엇일까.

나는 그 차이의 정점(頂點)에 어머니라는 존재가 갖는 무조건적(無條件的)

인 헌신과 희생정신, 무한(無限) 사랑의 무게감이 있다고 본다.

그것은 곧 식재료가 온갖 양념, 불의 기운과 힘을 합쳐 훌륭한 음식으로 태어날 수 있도록, 어머니의 마음이 손끝을 통해 그들에게 전해진 결과라고 할 수 있겠다.

'애정과 배려와 정성의 손으로 직접 만들어서 내는 맛', 바로 그것이야말로 어머니의 손맛이 아닐까. 가족에 대한 애틋한 감정과 진실하고 성실한 마음, 포용력에서 어머니를 대체할 수 있는 존재가 있다고 말할 사람은 없을 것이다. 나는 이것이야말로 어머니의 손맛이 위대한 이유라고 믿는다.

어머니의 손맛이라는, 우리가 입버릇처럼 말하는 미각적(味覺的) 표현 안에는 어머니에 대한 절절한 그리움의 정서가 깊이 배어 있는 것이다.

#어릴 때 밥상의 필수 메뉴, 국

어릴 때, 우리 집 식탁에는 끼니때마다 국이 빠지는 날이 없었다. 밥~국~반찬으로 정형화된 옛날 밥상에 익숙한 아버지가 국을 좋아해서였기도 했지만, 아버지의 입맛이 곧 식구들의 입맛일 때라 우리 형제들도 국을 잘 먹었다. 성인이 되고 나서는 아예 국 없이는 밥을 못 먹을 정도로 국 예찬론자가 된 나의 피를 물려받았는지, 아들도 국 마니아라 우리 집 밥상의 기본 메뉴는 어머니의 상차림과 빼닮았다.

어머니가 끓이는 국은 소고깃국, 미역국, 김칫국, 콩나물국, 북엇국, 뭇국, 두붓국, 시금칫국, 시래기된장국, 오징엇국, 배춧국 등으로 여느 가정과 다를 바 없었다. 나와 형들은 소고깃국을 제일 선호했는데, 큼지막하게 썰어 넣은 소고기를 건져 먹는 재미가 쏠쏠한 데다 얼큰한 국물에 휩쓸려 부드럽게 씹히는 무의 달짝지근한 맛 때문이었다. 우리 형제들은 끼니 중간 틈틈이 어머니가 크게 토막 낸 생무를 와삭와삭 소리 내어 씹어 먹는 걸 좋아했었는데,

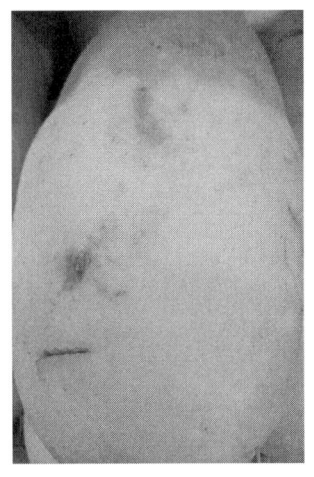

입이 심심할 때 생무를 잘라 먹으면 시원하게 씹히는 맛이 그만이다.

웬만한 군것질거리 저리 가라였다. 나는 지금도 한 번씩 냉장고 문을 열고 생무를 크게 잘라 먹곤 한다.

#오징엇국과 오징어숙회

어머니표 국 중에서 오래도록 기억에 남는 것이 있는데, 오징엇국과 배춧국이다. 오징어를 굵게 채 썰어 맑게 끓인 오징엇국은 지금도 그리 흔한 편은 아니지만, 당시에도 흔치 않았다. 우리 집은 식구들 다 오징어를 좋아해서인지 어머니는 오징엇국과 오징어를 끓는 물에 살짝 데쳐 초장에 찍어 먹는 오징어숙회를 자주 밥상에 올렸다. 직장에 다닐 때, 밤늦도록 술을 마시고도 또 한 잔 생각이 간절해 포장마차에 들르면 꼭 오징어숙회를 시켜 먹었던 기억이 난다. 포장마차의 오징어숙회는 술꾼들에게 사랑받던 단골 안주였다.

오징엇국에 무를 넣고 끓이는 집도 있었지만, 어머니는 칼칼한 국물 맛을 내기 위해 청양고추만 썰어 넣었다.

끓는 물에 데친 오징어.

초장에 찍어 먹는 오징어숙회.

언젠가부터 우리 집 주말 상차림은 내가 맡게 됐는데, 마트에서 생물 오징어가 눈에 띄면 옳거니, 하고 두 마리를 사다가 오징엇국 아니면 오징어숙회를 해 먹는다.

#배춧국 혹은 배추된장국

배춧국에 대한 기억은 더 강렬하다. 멸치와 다시마로 우려낸 맛국물에 약간의 고춧가루를 가미(加味)하고 된장을 듬뿍 푼 것이라 배추된장국이 제대로 된 이름인데, 다른 나물국과는 확연히 차이가 나는 맛이었다.

배추 이파리로 국을 끓이기도 하지만 어머니는 속이 꽉 찬 배춧속만 고집했다. 배추 특유의 시원한 맛과 노릇노릇한 배춧속 잎에서 배어 나오는 고소하고 감칠맛이 된장 맛과 어우러져 속이 뻥 뚫리면서 입도 즐거워지기 때문이었다.

숙취 해소로 그만인 콩나물국.

어렸을 때 나는 매번 국에 밥을 말아 먹는 버릇이 있었는데, 목 넘김이 수월해 밥 먹기가 편했고, 밥 먹는 시간도 빨랐다. 돌이켜 보건대, 서둘러 식사를 마치고 친구들과 어울리기 위해서 그랬던 것 같다.

지금도 여전히 국을 좋아하지만, 이제는 밥 따로 국 따로, 따로국밥 식으로 느긋하게 먹는 게 일상이 됐다. 을지로입구역 근처

배춧속 잎의 고소하고 감칠맛과 된장 맛이 어우러져 속이 뻥 뚫리는 배추된장국.

4. 어머니의 음식 | 153

무교동에 배춧국으로 유명한 비빔밥집이 있었는데, 지금은 없어졌다. 할아버지, 할머니 노부부 두 분이 운영한 허름하고 좁은 가게였는데, 점심때가 되면 몰려든 직장인들로 문전성시를 이뤘었다.

오징엇국과 배춧국은 나에게 어머니의 음식이자 추억의 음식이다.

② 신김치와 김치찌개

#김장의 추억

예나 지금이나 한국 사람들 밥상에 찌개는 빼놓을 수 없는 단골 메뉴다. 가정에서는 물론 집 밖에서도 한국인들이 가장 즐겨 먹는다는 김치찌개를 비롯해 된장찌개, 청국장찌개, 순두부찌개에다 꽁치찌개까지, 지금도 익숙한 찌개류는 내가 어렸을 때도 익숙한 음식이었다. 어머니는 김치찌개는 신김치로 끓여야 제맛이라는 당신만의 김치찌개 금과옥조(金科玉條)를 불문율처럼 존중했다.

생배추.

공장 김치가 없던 시절, 찬 바람이 불기 시작하는 늦가을 끝 무렵은 김장의 계절이었다. 우리 집도 해마다 11월 초 무렵이면 마당에 빨간 고무 다라이 여러 개를 펼쳐 놓고 김장 준비에 바빴다. 네 식구가 이듬해까지 먹을 김장을 어머니 혼자 감당할 수가 없어 대구에 사는 두 고모가 늘 거들었다. 동네 재래시장에서 대량으로 사들인 배추는 먼저 굵은 소금에 하루 동안 절여 숨을 죽이고 물기를 빼야 했다. 배추 숨을 죽이는 일은 시간도 오래 걸리지만 한 번씩 배추를 뒤집어 겉에서부터 속까지 숨을 골고루 가라앉혀야 하는 등 손이 많이 가는 작업이다. 김장 채비가 끝나면 한쪽 고무 다라이에서 김장 소로 쓰일 양념 제조에 들어간다. 양념 재료로는 고춧가루, 다진 마늘과 생강, 새우젓, 멸치 액젓, 설탕, 소금, 양파와 배즙, 찹쌀을 끓여 만든 찹쌀 풀 등인데, 김장 양념은 김치의 발효와 숙성, 보관 상태와 유효기간을 결정짓는 핵심 변수라 배추 숨 죽이기와 함께 어머니가 가장 신경 쓴 대목이었다.

김치 맛은 배춧속 맛이 좌우한다고, 어머니는 붉게 버무린 양념과 함께 토막 낸 갈치와 굴, 잣을 배춧잎 사이사이에 채워 넣었다. 맛이 제대로 오른 김장 김치를 항아리에서 처음 꺼내 먹을 때, 부드럽게 곰삭은 갈치와 굴은 김치의 풍미(風味)를 한껏 끌어올려 식구들 입맛을 풍요롭게 했다.

#밥도둑, 김장 겉절이

김장 때를 생각하면 잊을 수 없는 추억 하나가 있다. 김장 중간중간 또는 김장 끝 무렵, 즉석에서 양념을 쓱쓱 묻힌 배춧잎을 손으로 길게 찢어 먹는 겉절이의 맛은 비교 불가였다. 갓 밴 소금기로 짭조름하게 아삭거리는 배추의 식감과 매콤하게 톡 쏘는 양념의 자극적인 맛이 조화를 부려 밥 생각을 절로 나게 하는 밥도둑이었다.

김장 김치는 4인 가족 기준 배추 20포기가 일반적이나, 우리 집은 식구들 모두 유달리 김치를 좋아해 김치 소비량이 많은 데다 김치찌개를 워낙 즐겨 먹어 25~30포기 정도 담았던 것으로 기억한다. 내가 어릴 때 우리 집 김장 풍경을 지금도 잊지 않고 있는 데에는 그럴 만한 이유가 있다. 신혼 초, 김장철이면 어머니는 꼭 서울로 올라와 손수 김장 김치 담그는 일을 진두지휘하며 당신이 젊었을 때 경험을 들려주곤 했기 때문이다. 어머니가 일하는 틈틈이 툭툭 내뱉는 한 마디 한 마디를 옆에서 귀동냥으로 들을 때마다 아련한 옛 추억이 내 눈앞으로 소환돼 혼자서 슬며시 미소를 짓곤 했다.

어머니의 뒤를 이어 장모도 우리 집 김장을 도왔는데, 2013년 이후부터는 공장에서 대량 생산한 김치를 사서 먹고 있다. 공장형 마트 김치가 대중화된 지 오래고, 김치 제조 기술이 날로 발달해 주문해서 먹는 김치의 맛도 기대 이상이다.

#어머니표 김치찌개와 신김치

김장 김치가 맛이 오를 대로 오를 때쯤이면, 어머니는 밥상에 김치찌개를 올렸다. 우리 집 김치찌개에 들어가는 식재료도 여느 집과 크게 다를 바 없었다. 어머니는 나도 심부름을 여러 번 갔었던 동네 단골 정육점에서 하루 이틀 전 도축한 한돈 목살과 반찬가게에서 금방 만들어 김이 모락모락 나는 두부 한 모를 사 집에 오는 즉시 김치찌개를 끓였다.

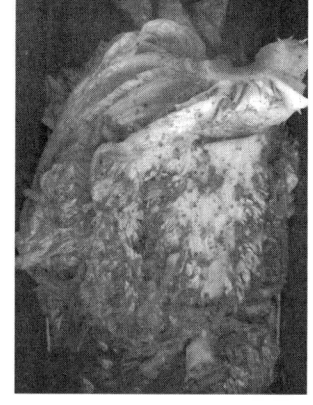

어머니는 김장한 지 6개월이 지나지 않은 신김치로만 김치찌개를 끓였다.

김치찌개 맛을 결정짓는 식재료의 우선순위에서 어머니는 늘 김치를 맨 앞자리에 놓았다. 김치찌개를 끓일 때, 어머니는 김장 김치가 아직 6개월이 지나지 않은 신김치로 김치찌개를 요리했다. 그늘진 장독대의 서늘한 곳에서 유산균(乳酸菌)이 폭발적으로 불어나 신맛을 내는 신김치는 어머니에게 김치찌개용 맞춤형 김치나 다름없었다. 6개월 이상 저온 숙성이 필요한 묵은 김치가 시큼시큼하고 짠맛이 강한 김치찌개라면, 상온 숙성한 신김치는 신맛과 단맛, 짠맛과 매운맛 네 가지 맛이 균형을 이뤄 칼칼하고 시원한 우리 집 김치찌개의 전형(典型)이랄 수 있었다.

어머니는 김치찌개에 고춧가루만 넣고, 고추장은 따로 가미하지 않았다.

고추장은 매콤한 풍미에 도움이 되는 대신 혀끝에서 올라오는 텁텁함이 강해 시원하고 개운한 신김치의 장점을 희석한다는 이유에서였다.

인공 조미료를 따로 사용하지 않고 물의 양과 다시마, 소금 간으로 맛을 낸 어머니표 김치찌개를 나도 한 번씩 흉내 내지만, 어릴 때 그 맛은 좀처럼 나지 않았다.

#만만한 듯, 만만치 않은 김치찌개

한국인이 가장 좋아하고 자주 찾는 김치찌개는 재료를 다듬고 손질하고 끓이는 조리법이 복잡할 것 하나 없지만, 김치찌개만큼 제맛을 내기 힘든 음식도 없다. 국민 찌개, 김치찌개는 친숙한 만큼 맛에 대한 기대와 평가가 제각각이고, 김치의 맛도 천차만별이라 만만한 듯, 만만치 않은 천성이 까다로운 음식이다.

담근 지 2년이 넘은 묵은지. 상온 숙성인 신김치와 달리 저온에서 오래 곰삭혀 시큼하고 짠맛이 특징이다.

흔히 묵은지가 김치찌개와 찰떡궁합이라지만, 우리 집은 묵은지로 김치찌개를 끓이지 않았다. 묵은 김치는 6개월 이상 저온 숙성된 김치라 발효가 깊고 강해 신맛이 지나치고 짜 식구들이 부담스러워했다. 아버지부터 시고 짠맛보다는 입안이 깔끔해지고 속도 풀리는 신김치 김치찌개의 알싸한 맛을 좋아했다. 경상도 음식은 일반적으로 양념이 세고 짠 편이지만, 우리 식구들은 짠 음식을 좋아하지 않았다. 어머니는 묵은 김치 찌개와 마찬가지로 묵은 김치 찜도 밥상에 올리지 않았다.

#물에 빤 김치

어머니가 묵은 김치를 처리하는 방법은 따로 있었다. 묵은 김치를 찬물에 몇 번이고 헹궈 고춧가루를 말끔히 털어내고 소금기를 빼내 신맛과 짠맛을 순화시켜 먹었다. 물에 빤 김치라고, 겉모양은 고춧가루를 넣지 않고 담은 백김치 같은데 하얀빛이 감도는 백김치보다 색깔이 노르스름하고 매운맛도 살아 있는 것이 차이라면 차이다.

김치찌개.

어릴 때와 달리, 성인이 되고 나서는 가끔 묵은 김치를 먹는다. 홍어와 삶은 돼지고기, 묵은 김치가 어우러진 남도의 별미 홍어삼합을 먹을 때다.

이번 주말에 어머니표 김치찌개에 다시 도전해 봐야겠다.

③ 어머니표 김치와 밑반찬

#밑반찬 인심

우리나라 음식문화를 거론할 때 꼭 따라다니는 말이 있는데, 밑반찬 인심이다. 한국 음식의 상차림에서 가장 두드러진 특징 중 하나가 푸짐한 밑반찬이라는 사실은 집밥이나 식당에서나 다를 바가 없다. 한국식 밥상은 밥과 국, 찌개, 고기 또는 생선류의 주메뉴에 대여섯 가지의 밑반찬으로 차려진다. 여기에 한국이 자랑하는 K푸드 김치의 존재감은 말할 필요도 없다. 밑반찬은 오래 보관하고 먹을 수 있는 저장식품인 젓갈류와 장아찌, 조림류, 무침류, 볶음류로 분류할 수 있다.

깍두기.

#김치의 자손들

주지하다시피 한국인의 정서와 문화가 뿌리 깊이 배어 있는 우리나라 음식의 상징인 김치는 그 위상이 워낙 높고 넓어 다양한 종류의 김치 문화를 창조해 냈다. 총각김치, 열무김치, 갓김치, 부추김치, 파김치, 오이김치, 백김치, 물김치, 보쌈김치, 고들빼기김치, 섞박지, 깍두기, 동치미는 모두 김치의 자손들이다.

어묵조림.

김치의 한자어는 잠길 침, 나물 채, 침채(沈菜)로 소금에 푹 절인 채소라는 뜻에서 유래됐다. 오랜 세월 구개음화 현상을 거쳐 침채~팀채~딤채~김채~김치로 명칭이 정착됐다는 설(設)이 있다. 김치류의 특징은 소금에 절인 뒤 고춧가루 등 양념을 버무려 숙성시킨 발효식품이라는 점이다. 물김치와 백김치, 동치미만 고춧가루를 사용하지 않는다.

갓김치.

정통 한식 상차림에는 김치의 자손들이 두루 등장하는데, 눈의 호사(豪奢)를 덤으로 안기는 김치 식도락(食道樂)의 정수(精髓)라고 할 수 있겠다.

#어머니의 김치, 부추김치

기와집에 살 때 어머니는 배추김치 외에 열무김치, 부추김치, 총각김치, 깍두기, 오이김치, 백김치를 자주 밥상에 올렸으며 겨울철에는 살얼음이 동동 뜬 별미 김치인 동치미를 빼놓지 않고 담가 식구들의 입맛을 돋웠다. 가끔 부추의 경상도 방언인 정구지김치를 밑반찬 삼아 내놓기도 했는데, 입맛이 없을 때 찬물에 밥을 말아 같이 먹으면 비교할 수 없는 새콤한 맛에 식욕이 살아나곤 했다.

요즘에는 부추김치가 흔치 않은데, 어쩌다 식당 밥을 먹을 때 부추김치가 나오면 그렇게 반가울 수가 없다. 나는 풋풋한 맛보다는 신맛이 강한 곰삭은 부추김치를 좋아하는데, 배추김치나 다른 김치에서는 느낄 수 없는 독특한 풍미도 마음에 들지만, 옛날 어머니의 부추김치가 생각나는 특별한 추억을 안기기 때문이다.

#3년 만에 사라진 주문식단제

우리나라 밥상 문화의 약방에 감초, 밑반찬도 한때 위기가 있었다. 1984년 손님의 주문에 따라 맞춤형 식단을 제공하는 주문식단제(注文食單制)가 의무 시행됐는데, 대대손손 전해 온 한국 음식문화의 전통과 정서에 맞지 않아 3년 만에 폐지된 일이 있었다. 음식물 쓰레기를 줄이고 낭비적 음식 문화를 개선하자는 취지였으나 한국인의 음식 DNA, 밑반찬 인심과 맞지 않았다.

된장찌개에 생선구이, 밑반찬을 곁들인 백반 상차림.

#어머니의 밑반찬

우리 집 밑반찬은 젓갈류와 장아찌, 조림류, 무침류, 볶음류가 다 망라됐다. 젓갈류는 명란젓, 하나만 먹었는데 간혹 오징어젓을 먹을 때도 있었다. 명란

명란젓.

젓은 아버지가 너무 좋아해 끼니때마다 상차림에 빠지지 않았고, 어릴 때 입맛에 길들여 지금도 명란젓은 우리 집 젓갈 반찬의 독보적인 존재다. 희한하게도 아들도 명란젓 맛에 푹 빠진 것을 보면, 입맛도 대물림되는 것 아닌가 싶다.

명란젓은 시장에서 사다 먹었고, 오징어젓은 어머니가 직접 담갔는데 식구들 모두 오징어숙회를 훨씬 더 좋아해 식탁에 오른 기억이 별로 없다.

장아찌는 마늘장아찌가 단골 메뉴였고, 콩을 볶아 기름과 간장에 조린 콩자반, 소고기를 토막 내

간장에 조린 장조림, 감자조림, 우엉조림, 두부조림, 무채, 오이무침, 가지를 쪄서 무친 가지무침, 마른 오징어채에 양념을 넣고 무친 오징어채무침, 감자볶음, 어묵볶음 등이 어머니가 주로 만든 밑반찬이었다. 우리 집 상차림에서 빼놓을 수 없는 게 하나 있었는데, 김이었다. 밑반찬의 범주라고 하기에는 애매하지만 김의 존재감만큼은 독보적이었다. 다른 집도 그렇겠지만 우리 집 식구들도 불에 살짝 구운 마른 김을 기름간장에 찍어 밥을 싸서 먹는 즐거움이 컸다.

#마늘장아찌의 존재감

어머니표 밑반찬 중 지금까지도 강렬한 인상으로 뇌리에 남는 것이 있는데, 마늘장아찌다. 깐 마늘을 사용하는 요즘의 마늘장아찌와 달리 어머니는 마늘 속껍질을 까지 않고 통째로 식초와 설탕, 간장에 절였다. 숙성이 잘된 마늘장아찌는 밥반찬으로 그만이었다.

맵고 독한 맛이 아리고 톡 쏘는 마늘장아찌는 발효 과정을 거친 간장 성분이 적당히 짭조름해 밥과 어울리는 균형미가 탁월했다. 속껍질을 까지 않아 껍질을 입안에서 발라 내야 했는데, 불편함보다는 마늘장아찌를 밥반찬으로 먹는 즐거움이 가져다준 미각적 만족감이 더 컸기에 사시사철 밥상에 오르지 않는 날이 없었다.

마늘장아찌.

마늘 속껍질을 혀와 앞니를 요령 있게 부려 벗겨 내는 재미는 우리 집 마늘장아찌를 먹을 때 누릴 수 있는 낙(樂)이라면 낙이었다.

마늘은 면역성을 강화하고 항암 효과에 뛰어난 밥상의 보약이라는 아버지

부추김치.

의 말씀까지 더해 우리 집 식구들 모두 마늘장아찌를 사랑했다.

식사를 마치고 설거짓거리를 내놓을 때, 네 식구 밥뚜껑에 수북이 쌓인 마늘 속껍질은 어머니표 마늘장아찌의 위상을 새삼 느끼게 한 징표(徵標)였다.

물김치.

주말 상차림 당번일 때, 생각날 때마다 마늘장아찌를 직접 담그는데, 마늘을 씻고 다듬어 통에 넣고 간장을 붓는 행위 자체가 즐겁고 제대로 삭은 마늘장아찌를 식구들과 함께 먹는 행위는 더 즐겁다. 요새 내가 담는 마늘장아찌는 깐 마늘을 사용한다. 마늘뿐 아니라 양파와 대파, 청양고추까지 넣어 삭혀 먹는데 식구들이 다 좋아한다.

④ 육회(肉膾)와 붕장어회

#육회와 우둔살

육회(肉膾)는 우둔(牛臀)살로 불리는 쇠고기의 연하고 부드러운 살코기 부위의 핏물을 빼고 얇게 저며 다진 마늘과, 깨소금, 간장, 참기름, 후춧가루, 채 썬 배 등을 섞어 조물조물 무쳐 낸 생고기다. 우둔살은 소의 허리 아래에서 허벅다리 위쪽 좌우로 살이 볼록하게 나온 부위인데, 살코기가 많고 기름기가 적어 느끼하지 않고 감칠맛이 뛰어나다. 살코기라 부드러우면서도 힘줄이 살아 있어 씹는 맛도 우수하다.

육회.

신선한 생고기의 맛을 만끽할 수 있는 육회는 채 썬 배를 섞어 같이 먹기도 하지만, 취향에 따라 고기 따로, 배 따로 먹기도 한다. 육회를 먹을 때 달걀노른자를 터뜨려 찍어 먹거나 고기와 섞어 먹는 방법도 있다.

#쇠고기 회, 육(肉)사시미

육(肉)사시미도 육회와 마찬가지로 소의 생고기 요리인데, 써는 방법과 먹는 방법이 다르다. 육사시미는 활어회처럼 살코기를 썰어 양념장에 찍어 먹는 음식이다. 대구 지역에서는 뭉텅이의 경상도 사투리인 뭉티기라고 부른다.

표준국어대사전은 회(膾)를 고기나 생선을 날로 썰거나 살짝 데쳐서 먹는 음식이라고 정의한다. 사전적 정의에 따르면 회는 날로 먹는 생회(生膾)와 데

쳐서 초장에 찍어 먹는 숙회(熟膾)로 구분된다. 일각(一角)에서는 살코기를 양념과 섞어 먹는다는 점에서 육회는 육회무침, 활어회처럼 양념장에 찍어서 먹는 육사시미를 육회로 규정해야 한다는 주장도 있다.

양념에 섞어 먹는 육회 맛과 양념장에 따로 찍어 먹는 육사시미 맛은 다른데, 개인적으로 육회는 감칠맛에서, 육사시미는 생고기 고유의 담백한 맛에서 강점이 있다고 생각한다.

육사시미. 대구에서는 육사시미를 뭉티기라고 부른다. 생고기를 뭉텅뭉텅 썰어 내놓는다 해서 붙은 이름이다. 써는 방식이 달라 모양도 육사시미와는 다르다.

#아버지의 최애(最愛) 음식 육회

대구 기와집 시절 육회는 옻닭과 함께 아버지의 음식이었다. 옻닭은 옻나무 껍질을 닭과 함께 삶은 닭백숙(白熟) 요리다. 아버지는 무더운 여름날이면 식구들을 이끌고 대구 앞산 자락의 유명한 백숙집을 찾아 늘 옻닭을 주문했다. 옻이 오를 염려가 있어 나와 형들은 옻나무 대신 삼계탕 약재가 들어간 백숙을 나눠 먹었다. 옻나무는 독성이 있어 옻이 오르면 가렵고 두드러기가 나는 후유증이 있다. 나는 지금도 옻나무 향이 거북해 옻닭은 먹지 않는데, 아버지는 나쁜 피를 풀어 주고 원기 회복에 좋다는 옻닭을 여름 보양식으로 즐겨 드셨다.

#육회의 매력 포인트

외식(外食)으로 해결한 옻닭과 달리 육회는 어머니가 직접 만들었는데, 아버지의 최애(最愛) 음식이라 밥상에 오르는 횟수가 잦았다. 고기 맛을 모를 어릴 때는 뭣도 모르고 귀한 소고기라는 말에 무턱대고 젓가락질했는데, 고소한 참기름 향과 달짝지근하면서 부드럽게 씹히는 맛에 식욕이 끌렸던 기억이 난다.

익숙해지면 좋아하게 된다고, 육회를 먹는 날이 많아지면서 언젠가부터 생고기의 맛을 알게 됐다. 성인이 되고 나서는 소문난 육회 맛집을 일부러 찾아다닐 정도로 육회 예찬론자가 돼 요즘도 술자리 메인 안주로 육회를 즐겨 먹고 있다.

생고기로 먹는 육회의 생명은 당연히 신선한 고기에 있다. 어머니는 당시 고향집 근처 성당동에 있던 도축(屠畜) 시장까지 발품을 팔아 육회용 우둔살을 샀다. 동네 단골 정육점에서 살 수도 있었겠지만, 아무래도 갓 잡은 고기의 신선도가 확실하게 보장된다는 점에서 그 편을 선호했던 것 같다.

#어머니표 육회
어머니가 육회를 요리하는 방식은 조금 남달랐다. 어머니는 육회 양념 재료 중 간장을 사용하지 않았다. 붉은빛이 감도는 생고기 특유의 시각적 아우라에 검은 간장이 거슬린다는 이유도 있었고, 깨소금만으로도 간을 맞추는 데에 부족함이 없었던 이유도 있었다. 어머니한테 직접 들은 얘기다. 어머니는 흰자를 걷어 낸 달걀노른자도 터뜨려 생고기와 채 썬 배를 함께 무쳐서 냈다. 노른자 특유의 비릿한 내는 마늘, 참기름, 후춧가루에 묻혀 존재감이 사라졌고, 촉촉한 미감(味感)이 살아났다.

아버지는 육회를 먹고 나면 힘이 난다고 입버릇처럼 말씀하셨다. 나는 아버지의 그 말이 고기를 먹어야 힘을 쓴다는 옛말처럼 들렸다.

내가 초등학교 시절 아버지의 어머니, 할머니는 큰아버지가 계시는 경북 상주 큰집과 대구 우리 집에 번갈아 머물렀다. 밥상에 고기반찬이 올라왔을 때, 할머니는 고기 많이 먹어라, 고기 먹어야 기운이 나고 키도 쑥쑥 큰다고 채근하셨다. 안 그래도 열심히 고기를 집어 먹던 나의 젓가락질은 더 빨라졌다.

#세꼬시(뼈째회) 같은 붕장어회

육회와 함께 붕장어회도 어릴 때 자주 먹었다. 1970년대만 하더라도 살아 있는 물고기를 실어 나르는 활어차(活魚車)가 상용화되기 전이라 내륙 지방에서는 활어회를 먹을 수 없었다. 그때 집에서 먹을 수 있었던 회가 딱 하나 있었는데, 그게 붕장어회였다. 바닷장어과인 붕장어를 경상도에서는 아나고라 불렀는데, 아나고는 붕장어의 일본식 명칭이다.

지금은 전국 어디에서나 다양한 활어를 생선회로 먹을 수 있는 시대라 까마득한 옛날얘기지만, 내가 어릴 때 내륙 분지 대구에서는 붕장어회가 유일하게 유통된 회였다.

붕장어는 회를 뜨는 방법이 좀 특이하다. 일반 회와 달리 붕장어는 아주 잘게 토막 내 썰듯이 회를 뜬다. 잔뼈가 많기 때문인데 작게 회 친 생선 살이 꽈배기 과자처럼 말려 있어 겉모양이 투박한 것과 달리, 씹으면 씹을수록 고소한 맛이 살아나 자꾸 손이 가게 된다.

시장에서 사 온 붕장어회는 따뜻한 물에 살짝 데쳐 손으로 꽉 짜 물기를 빼낸 뒤 초장에 찍어 먹는다. 살을 씹을 때 쫄깃한 식감은 일반 생선회보다는 떨어지지만, 남아 있는 잔뼈가 뼈째 잘게 썬 세꼬시 맛을 풍겨 나름의 매력이 있는 회다.

비타민 A와 칼슘이 풍부해 면역력 증강에 좋은 것으로 알려져 있다. 붕장어회는 부산 지역에서 유명하다. 서울 등 수도권에서는 붕장어회를 다루는 횟집이 많지 않다.

　서대문 로터리 부근에 붕장어 소금구이와 붕장어회로 이름난 곳이 있어 자주 갔었는데, 지금은 없어졌다.

　육회와 붕장어회만 보면 아버지가 생각나고, 어머니가 그립다.

5.
기와집에서 여름나기

① 등목의 추억

#이상기후, 기상이변

2023년 8월 8일, 지구가 열받았다. 혹독한 여름이다. 연일 폭염(暴炎)이 계속되고 있다. 땅과 바다, 하늘 모두 엄청난 열기를 뿜어 대고 있다. 지구 온난화의 여파(餘波)다. 지구 온난화의 주범은 탄소배출, 온실가스다. 산업혁명 이후 200년 넘게 쏟아 낸 탄소배출의 업보다. 지구가 온전하면 이상하다.

이상기후도, 기상이변도, 따지고 보면 다 인간들에게 귀책(歸責) 사유가 있다. 인간들이 창조하고 발명한 문명의 이기(利器)와 난개발(亂開發), 그 뒤꼍에서 오래 참고 웅크리고 있던 어두운 그림자들이 온갖 신음(呻吟)을 지르며 지구 곳곳을 강타하고 있다. 자연보호와 지구 생태계 보전(保全)의 심각성을 알리는 위험신호다. 자연은 할리우드 액션을 모른다. 위험신호는 인간들의 활동, 산업 활동에 대한 패러다임의 대전환을 요구한다. 탄소배출의 심각성을 알지만, 처방의 현실화가 어려운 이유다.

우리 집 거실에 있는 선풍기. 날개가 7개인데 옛날 고향집 선풍기는 날개가 3개였다.

#대구의 여름과 신일 선풍기

기와집 시절, 대구의 여름도 뜨거웠다. 70년대 고향집의 냉방 기구는 선풍기와 부채였다. 그 시절, 에어컨이 있는 집은 드물었다. 우리 집 방마다 신일 선풍기가 한 대씩 놓여 있었다. 대청마루에도 키 큰 선풍기 한 대가 있었다. 대청마루에서 식사할 때면, 안방 선풍기를 가져와 두 대의 선풍기를 틀었다. 신일 선풍기는 우리나라 선풍기 역사의 산증인이다. 1964년 우리나라 최초의 선풍기로 등장한 신일 선풍기는 1967년 양산(量産) 체제에 성공하며 업계 선두로 올라선 뒤 지금도 국내 선풍기 시장 부동의 점유율 1위를 달리고 있다. 선풍기 하면 신일, 신일 하면 선풍기였던 등식은 50년 전 내 기억에도 뚜렷하다.

#선풍기의 존재감

초등학교 때 우리 집 선풍기의 바람 세기 조절 버튼은 지금처럼 원형이 아닌, 길쭉한 직사각형이었다. 3개의 버튼 아래에는 바람의 강약을 1단, 2단, 3단으로 표시한 글자가 적혀 있었다. 회전 장치는 선풍기 모터 덮개 위 중앙에 누르고 당기면 똑딱 소리가 나는 손잡이 스타일로 장착돼 있었다. 그때도 시간 조절 기능인 타이머가 부착돼 있었는데, 지금과는 다르게 한 시간 단위로 선택할 수 있었던 걸로 기억한다.

접이식 한지 부채의 품격. 벌과 꽃 그림이 그려져 있다.

에어컨이 일반화된 냉방 기구로 자리 잡은 지 오래된 요즘에도 우리 집에는 에어컨과 별도로 여전히 신일 선풍기가 방마다 존재감을 뽐내고 있다. 에어컨 시대임에도 선풍기의 생명력이 건재한 것을 보면, 선풍기는 냉방 가전제품의 가치를 뛰어넘는 생활밀착형 필수품이 아닌가 생각된다.

#약식 웃통 샤워, 등목의 방법

선풍기가 무더위를 잊게 해 주는 그늘막 역할을 했던 그 시절, 찬물로 샤워

할 때보다 더 시원한 목욕 방법이 있었다. 이름하여 등목(沐), 또는 등물로 글자 그대로 등만 목욕하는 옛날식 약식 샤워다. 가정에 목욕 시설이 없던 때, 등목은 한여름 더위를 한 방에 날려 버리는 인기 아이템이었다. 등목은 준비 자세부터 끝날 때까지 전 과정이 흥미롭다.

1) 웃통을 벗고 엎드려뻗쳐와 똑같이 팔다리를 쭉 뻗고 마당 수돗가 바닥에 엎드린다.
2) 찬물 세례를 받기 전, 아주 짧은 1, 2초 동안 엎드린 사람은 기대와 설렘으로 바짝 긴장한다. 긴장하는 이유는 등줄기를 타고 벼락같이 온몸으로 전해 올 찬물의 거부할 수 없는 강렬한 청량감 때문이다. 찬물이 등줄기에 닿을 때의 차가운 느낌은 등줄기에 닿기 전의 기대치를 항상 웃돌아, 깜짝 놀랄 수밖에 없다. 이 순간이 등목의 하이라이트다.
3) 가족 중 누군가가 바가지로 찬물을 허리춤에서부터 등과 목덜미까지 끼얹는다. 바가지 대신 수도꼭지에 연결한 고무호스로 물을 끼얹기도 한다.
4) 찬물을 두세 번 혹은 서너 번 끼얹고 비누칠을 한 다음 다시 찬물로 몸을 씻어 낸다.
5) 수건으로 몸을 닦는다.

#등목의 묘미(妙味)

등목의 맛은 해 본 사람만이 안다. 등목을 안 해 본 사람도 없고, 등목을 한 번만 한 사람도 없다. 요즘처럼 푹푹 찌는 여름날, 밖에 나갔다가 집에 오자마자 등목을 마치고 나면, 시원한 느낌이 급발진해 그렇게 상쾌할 수가 없다.

찬물이 허리춤에서부터 등을 타고 목덜미까지 순식간에 점령하는데, 그 기분이 마치 냉동창고 문을 열었을 때 훅 하고 오싹한 냉기가 얼굴을 덮치는 것과 같다. 매번 반복할 때마다 찬물 세례의 성취감이 기대치를 뛰어넘는다는 점, 이 점이야말로 등목의 매력이자 등목의 준비 자세에서 만끽하는 짜릿함의 이유다.

나는 고무호스보다 바가지로 한꺼번에 물을 끼얹는 방식을 좋아했다. 고무호스에서 나오는 물은 등에 닿는 물살의 세기가 약하고 접촉범위가 바가지 물보다 좁아 순간적으로 폭발하듯이 느껴지는 찬물의 청량감이 떨어진다는 이유에서다.

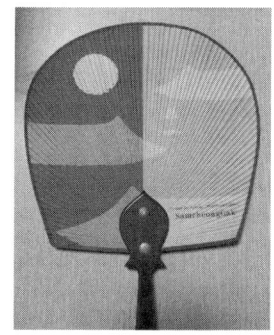

옛날식 손부채는 지금도 있다. 옛날 부채보다 손잡이도 튼튼하고 대나무 살도 훨씬 더 촘촘하게 엮여 있다.

#등목의 지혜

윗몸에만 찬물을 퍼부어 더위를 다스리는 등목은 과학적으로도 일리가 있다. 우리 몸은 하체보다 상체가 열이 더 많다. 열이 많으면 땀도 많이 흘리게 돼 더위에 더 취약하다. 여름에 하체보다 상체가 더 덥고, 겨울에는 반대로 상체가 추위에 취약하다. 추운 날, 열 발생은 체온을 떨어뜨리기 때문이다.

어릴 때 등목은 형들과 번갈아 품앗이로 하기도 했지만, 어머니가 나설 때가 많았고, 어머니의 손길이 등에 닿을 때 등목의 만족감도 높았다.

#세숫대야에서 숨 참기

등목과 함께 더위를 이기는 방법이 또 하나 있었다. 세숫대야에 찬물을 가득 붓고 그 속에 얼굴을 푹 담근 뒤 하나, 둘, 셋… 숫자를 열까지 센 다음에 고개를 드는 식이었다. 형들과 누가 더 숨을 오래 참는지 겨루는 일종의 놀이였는데, 숨 참기를 즐기면서 더위를 물러가게 하는 재미난 게임이었다. 등목보다 더위를 날리는 쾌감은 적었지만, 나름 시원한 맛이 있었다.

샤워를 마음만 먹으면 할 수 있는 편리한 세상이지만 어릴 때 등목의 추억은 여전히 그립다.

② 아이스케키와 빙수(氷水), 냉차(冷茶)의 추억

#대(大)프리카, 대구(大邱)의 여름

나는 초중고를 대(大)프리카, 대구에서 다녔다. 하루 중 기온이 가장 높은 시간대인 여름철 오후 2~3시, 고향집의 마당은 펄펄 끓었다. 아침부터 인정사정없이 내리쬔 뙤약볕에 달궈진 마당 아래에서 스멀스멀 피어오르는 열기(熱氣)가 기승을 부리는 모습이 아지랑이처럼 눈을 어지럽혔다. 이때쯤, 어머니는 수돗가에 놓인 고무호스를 끌어다가 마당 구석구석에 물을 뿌려 댔다. 마당

시중에서 유통 중인 아이스바.

의 뜨거운 기운은 강제로 물을 흠뻑 머금는 바람에 한풀 꺾이고, 부지런한 움직임으로 시야(視野)에 아른거리던 아지랑이도 짐짓 다소곳해지는 척했다.

#여름 주전부리, 빙과(氷菓)

여름방학 때 도서관보다는 집에서 공부하는 버릇이 몸에 밴 나는 어머니에게 하루치 용돈을 받아 들고 단골로 애용하는 어딘가로 향하는 날이 많았다. 어딘가는 나무 막대 얼음과자의 그 시절 이름, 아이스케키 가게였다. 우유에 설탕과 식용색소, 향미료를 섞어 틀에 붓고 나무막대기를 꽂아 얼린 얼음과자인 아이스케키는 당시 아이들의 최애(最愛) 여름 주전부리이자 별미였다.

아이스케키는 동네 아이스케키 가게에서도 팔았지만, 아이스케키 통을 어

깨에 메고 다니며 호객 행위로 입맛을 유혹하는 아이스케키 장수한테서 많이 사 먹었던 기억이 난다. 골목길을 부지런히 오가며 아이스케키를 팔던 행상꾼의 모습은 무더운 여름날 오후의 익숙한 풍경이었다.

#아이스케키 행상꾼

"아 이~스 케키, 시원한 아 이~스 케키 있어요!"라고 외치는 소리는 늘 군침을 돌게 했다. 친구들과 놀다가도 아이스케키 장수가 지나가면 다 같이 아이스케키를 사 먹었다. 나와 친구들은 빨아 먹다가 막대를 이리저리 돌려 가며 먹기도 하면서 아껴 먹었는데, 아이스케키를 다 먹고 나면 입술과 혓바닥이 노랑, 파랑, 빨강으로 물든 모양이 우스꽝스러웠다. 그런 모습을 서로 쳐다보며 우습다고 깔깔대곤 했었다. 아이스케키에 들어 있는 색소 때문이었다.

지금 기준으로 보면 아이스케키는 불량식품일 것이 틀림없지만, 그때는 더운 날 아이들의 동심(童心)을 사로잡은 꼭 먹고 싶은 얼음과자, 빙과(氷菓)였다. 모두가 가난했던 시절이라 용돈벌이 삼아 아이스케키 장사를 하는 아이스케키 청소년들도 적지 않았다. 아이스케키 장사는 더울수록 장사가 잘되고, 비 오는 날은 공치는 날이었다.

옛날 빙수와는 차원이 다른 인절미 팥빙수. 산처럼 수북이 덮인 팥앙금 위에 올라탄 슬라이스 아몬드 고명을 비롯한 견과류들이 군침을 돌게 한다. 인절미는 팥앙금 아래에 숨어 있다.

어머니도 아이스케키를 싫어하지는 않았고, 형들이 집에 있으면 형들 몫까지 사서 나눠 먹었다. 아이스케키의 추억은 지금 생각해도 입맛을 다시게 할 정도로 강렬한 맛이었다.

#치명적인 오싹한 맛, 빙수(氷水)

아이스케키와 함께 빙수(氷水)도 그 시절 더위를 식히는 특별식이었다. 그때의 빙수는 요즘의 빙수와 달랐다. 커다란 얼음덩어리를 빙수 기계 상단부 틀에 얹고 손잡이를 돌리면 눈꽃처럼 얼음 가루가 아래에 수북이 쌓이는데 그 위에 삶은 팥고물과 우유를 농축(濃縮)한 연유(煉乳), 향과 맛을 내는 향미료와 알록달록한 색소를 더해 만든 것이 옛날 빙수다. 팥고물과 연유의 달짝지근한 맛과 묘한 향을 풍기는 빙수를 정신없이 퍼먹다 보면, 얼음물이 흥건히 남는데 물 마시듯 얼음물을 들이켜면 속이 다 시원하고 잠시나마 더위에서 탈출할 수 있었다. 아이스케키는 빨아먹는 재미가 쏠쏠했고, 빙수는 이가 시릴 정도로 더위를 잠재우는 오싹한 맛이 일품이었다.

식성이 변했는지, 어렸을 때와 달리 커서는 빙수를 그다지 좋아하지 않아 먹을 일이 별로 없는 편이다. 어쩌다 몇 번 먹어 본 적이 있긴 한데, 요즘 빙수는 음식의 모양과 맛을 더하는 고명이라 치기에는 과일이 지나치게 많이 들어가 과일을 먹는 건지 빙수를 먹는 건지, 영 어색했다. 맛도 옛날 빙수 맛이 아니었다.

#여름 음료, 냉차(冷茶)

냉차(冷茶)도 빼놓을 수 없는 여름 주전부리였다. 냉차는 주로 리어카(Rear Car) 행상꾼이 팔았다. 리어카는 자전거 뒤에 매달거나 사람이 직접 끄는 작은 수레를 말하는데, 시장통(市場通)에 가면 으레 볼 수 있었다. 행상꾼은 아저씨나 아줌마였다. 냉차는 두 종류가 있었던 걸로 기억한다. 보리를 넣고 끓인 보리차에 설탕이나 꿀을 풀어 식힌 뒤 얼음통에서 차갑게 얼린 보

미숫가루.

리 냉차와 단맛이 설탕보다 훨씬 강한 인공 합성 감미료인 사카린과 색소, 얼음을 넣어 만든 냉차가 있었다. 비싼 꿀보다 설탕을 넣은 보리 냉차가 일반적이었다. 냉차는 만들기가 간편해 곳곳에 수레가 널려 있었다. 간편하게 마실 수 있고, 한 컵을 들이켤 때의 시원한 맛에 더해 비교적 가격이 싸 호주머니 사정이 가벼운 서민들에게 인기가 많았다.

#냉(冷) 미숫가루와 우무콩국

기억을 더듬다 보니, 미숫가루에 얼음을 띄운 냉(冷) 미숫가루와 우무묵을 채 썬 우무콩국도 생각난다. 미숫가루는 내가 지금도 좋아하는 기호(嗜好) 음식이다. 배는 고프고 시간이 없을 때, 꿀을 넣은 미숫가루 한 컵을 마시면 속이 든든하다. 우무콩국은 요즘 보기 힘든데, 어머니를 따라 재래시장에 가면 간이의자에 걸터앉아 꼭 한 그릇씩 맛있게 비웠던 기억이 난다.

음식도 시대에 따라 변하고 음식 취향도 시대에 따라 달라지지만, 음식에 대한 추억은 여전히 그 자리에 있다.

③ 부채의 미학(美學)

#더운 바람이 나오는 선풍기

선풍기에서 더운 바람이 나온다는 말이 있다. 무지막지하게 더운 날씨를 빗댄 표현이다. 얼마나 더우면 선풍기 바람조차 더울까, 하겠지만 실제로 그랬다. 기온이 35도를 넘나들면 기와집의 방 안 공기는 후덥지근했다. 무덥고 습기가 많은 날, 사나운 햇빛의 기세를 스스로 방어할 능력이 없는 방 안에 있으면 땀이 줄줄 흘렀다. 건축 자재가 지금처럼 기후 친화적이지 않았고, 에어컨도 없었으니 방 안은 찜통더위가 따로 없었다.

선풍기의 작동 원리는 예나 지금이나 마찬가지이지만, 디자인이나 날개의 수, 형태, 바람의 강약 조절 등 기능 면에서는 몰라보게 진화했다.

온종일 밤낮을 선풍기 바람에 기대다 보니, 선풍기도 어찌할 도리가 없었을 것이다. 쉴 틈 없이 돌아가는 선풍기 모터는 뜨겁게 달아오르고, 아침부터 햇빛에 달궈진 방 안 공기는 오후로 접어들면서 물먹은 솜처럼 끈적끈적해져 마침내 불쾌지수가 폭발하고 가만히 있어도 짜증이 났다.

#만만하지만, 여전히 유용한 부채

그럴 때 꺼내 드는 비장의 무기가 있는데 다름이 아닌 부채다. 알다시피 부채의 역사는 선풍기 이전, 먼 옛날로 거슬러 올라간다. 선풍기가 없던 시절에

멋스럽고 기품이 있는 접이식 한지 부채. 차르륵 펼치면 눈앞에 산수화가 나타나고 바람의 운치도 비할 데가 없어 부채 중 으뜸이라 할 만하다.

태어난 부채는 선풍기가 대중화된 때에도 있었고, 에어컨이 대세인 지금도 있다. 부채는 앞으로도 계속 존재할 것이다. 그러고 보면 부채는 과거와 현재, 미래를 이어 가며 꿋꿋하게 살아남을 훌륭한 바람의 도구가 아닐 수 없다.

사람이 손을 놀려 바람을 일으키는 도구인 부채는 원시적이지만 가장 간편하고 언제, 어디로든 이동이 가능한 유용한 아이디어 상품이다. 까마득한 옛날에 개발된 망치나 칼이 오늘날에도 여전한 쓸모를 발휘하듯이, 부채도 유효 기간이 무한대인 보편적 생활용품이랄 수 있겠다.

#사람의 몸이 동력(動力)인 부채

부채가 바람을 일으키는 동력(動力)은 사람의 몸, 손동작이다. 외부 에너지에 의존하지 않고 자연 친화적으로 찬 바람을 생산하는 유일한 도구다. 부채가 내는 바람이 자연 바람인 이유다. 반면 선풍기는 전기와 모터, 날개로 바람을 생성한다. 에어컨은 전기와 모터, 압축기 팬과 냉매, 증발기로 실내 공기를 차게 만드는 냉방 장치다.

선풍기나 에어컨 모두 전기 에너지라는 외부 동력이 필수적이다. 선풍기나 에어컨이나 전기 에너지가 없으면 무용지물이다. 선풍기와 에어컨의 바람은 인공적인 행위의 결과, 즉 기계 바람이다. 선풍기나 에어컨에 비하면 더위를 물리치는 효용성이 한참 뒤지지만, 아무리 더워도 부채 바람은 덥지 않았다.

지금은 건전지가 동력인 휴대용 손 선풍기를 들고 다니는 사람이 많지만, 내가 어릴 때 손 선풍기는 부채였다. 우리 집에도 부채가 여러 개 있었다. 길고 가늘게 쪼갠 대나무 살에 한지(韓紙)를 붙여 만든 부채는 여름철 필수 아이템이었다. 집에서는 물론이고 외출할 때 부채를 꼭 챙겼다. 접이식 한지 부채는 값이 비쌌다. 부채종이로 닥나무 껍질로

세련되고 정교하게 다듬어진 대나무 부챗살이 몸을 다 드러내면 공작새가 날개를 활짝 펼친 듯, 아름다운 기운이 느껴진다.

만든 한지를 사용한 것은 종이 질이 질겨 내구성이 좋고 가벼워서였다. 대나무 살에 두꺼운 종이를 강력 접착제로 고정한 부채가 일반적이었다.

#접이식 한지 부채의 품격(品格)

옛날식 대나무 한지 부채는 지금도 있다. 한지 부채는 접었다 폈다 할 수 있다. 나이 지긋한 어른들이 손에 쥔 한지 부채를 좌우, 한 방향으로 힘차게 펼치면 차르륵 소리가 나면서 움츠리고 있던 부채의 속살이 활짝 드러났다. 부채의 속살에는 대개 산수화가 그려져 있었다.

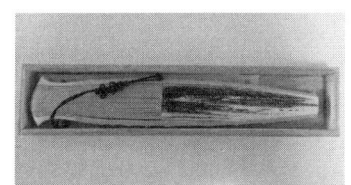

속살을 감춘 접이식 한지 부채의 모습도 군더더기가 없이 정갈하다.

한지 부채는 호주머니에 넣고 다닐 수도 있었고, 접었다 폈다 하는 동작에서 나는 특유의 소리가 멋스러웠다. 개인적으로 한지 부채의 모양과 기품이 마음에 들어 우리 집에 꽤 여러 개를 보관하고 있다. 소장용이다.

#아이들의 부채, 책받침

초등학교 때, 부채를 대신한 추억의 부채도 있었다. 당시 학생들 누구나 소지한 책받침이다. 연필로 글씨를 쓸 때 종이 밑에 받치는 책받침은 필수 학용품이자 더운 날 아이들의 요긴한 부채였다. 재질이 단단하면서 판판하고 얇은 직사각형 모양의 플라스틱판이라 부채로 쓰기는 그만이었다.

짝꿍이나 반 친구들과 책받침으로 부채질해 주기 게임도 많이 했었다. 가위바위보로 승부를 가려 진 사람이 이긴 사람에게 부채질을 해 주는 내기였다. 한 번 이길 때마다 열 번 또는 다섯 번 부채질을 해 주는 식이었다. 책받침 바람도 쐬고 놀이도 즐기는 추억의 내기였다.

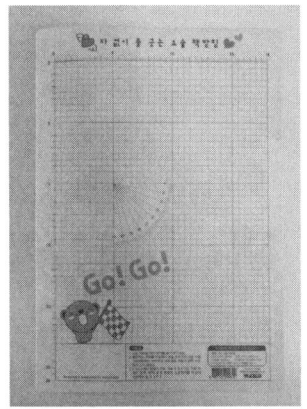

초등학교 때 책받침은 부채 대용품으로 인기가 많았다.

책받침은 연필로 글씨를 썼던 초등학교 때 주로 사용했다. 볼펜이나 만년필이 필기도구였던 중고등학교 때는 갖고 다닌 기억이 별로 없다. 책받침 윗면에 센티미터 단위의 눈금이 그려져 있어 가끔 자 대용(代用)으로 쓰기는 한 것 같다.

#손수건의 또 다른 쓰임새

70년대는 학교생활의 규율(規律)이 엄격할 때라 수업 시간에 책받침으로 부채질할 수는 없었다. 그럴 때는 쉬는 시간마다 손수건에 찬물을 적셔 목덜미에 두르고 수업했는데, 더위도 가시고 졸음도 쫓고 정신도 맑아지는 일석삼조(一石三鳥)의 효과가 있었다. 중고등학교 때 더위를 물리치기 위해 내가 애용(愛用)한 방법이었다.

부채는 신라 시대에도 있었고, 50년 전에도 있었고, 지금도 있다. 부채는 만만한 물건이 아니다.

중고등학교 때 찬물에 적신 손수건은 잠시나마 더위를 가시게 한 고마운 존재였다.

④ 모기장과 모기향, 파리채

#미니 모기장

　대학 졸업 후 둘 다 집에서 독립한 20대 중후반의 아들과 20대 초반의 딸에게 모기장을 아냐고 물어보았다. 가족 단톡방을 통해서였다. 아들은 네 살 아래 동생이 몇 년 전 집에서 썼던 것 아니냐고 답글을 올렸다. 나는 아들의 말을 제대로 이해하지 못하고 그러면 그렇지 알 리가 없지, 라고 단정하고 있던 차에 집사람이 내 기억을 일깨우는 한마디를 던졌다.

　딸이 침대 위에 설치하는 미니 모기장을 한 번 사용한 적이 있다는 것이었다. 그제야 아, 그때 그거, 하고 뒤늦게 생각이 났다. 요즘도 모기장이 있다는 사실이 신기하기도 하고, 흥미롭기도 해 웃음이 났다.

성냥이나 라이터로 불을 붙여 연기로 모기를 쫓는 모기향. 옛날식 모기향과 모양도 같고 방식도 같은 모기향은 요즘에도 있다.

#한여름의 골칫덩어리, 모기와 파리

　어릴 때 여름과 연상된 추억에서 빼놓을 수 없는 것이 셋 있는데, 모기장과 모기향, 파리채다. 모기장과 모기향, 파리채는 옛날 한옥이나 기와집에서 여름 한철을 나는 데 꼭 필요한 생필품이었다. 마당이 있는 한옥이나 기와집은 여름이면 밤낮으로 방문과 대청마루 문을 열어 놓아야 했다. 에어컨이 없고 선풍기와 부채로만 더위를 이겨야 해 바깥바람 유입을 위한 어쩔 수 없는 일이었다. 문이란 문은 다 열려 있어 마당~대청마루~안방 또는 마당~작은 방으로 이어지는 공간은 하나의 개방형 연결망이었다.

마당에서 방 안이 훤히 다 보이고 여름철의 골칫덩어리 모기와 파리 떼도 자유롭게 방 안을 드나들었다. 모기와 파리는 인간에게 백해무익(百害無益)한 존재라 필수 타도 대상인데, 밤에는 그 해악(害惡)이 극에 달해 특단(特段)의 조치가 필요했다. 극에 달하는 해악의 내용은 모기는 사람의 피를 강탈(强奪)하고 전염병을 옮기고, 파리는 위생 관리의 위협 요소라는 점이다. 둘 다 수면 방해의 공범(共犯)임은 물론이다. 모기는 밤에 기승을 부렸고, 파리는 밤에도 출랑댔지만, 낮에 더 성가셨다.

#모기장 설치의 지난(至難)함
그래서 등장한 것이 모기장과 모기향, 파리채다.

모기장은 망사(網紗)로 성기게 짠 모기의 침입을 막는 장막(帳幕)으로 그물처럼 얽어 만든 그물망이다. 침대가 아닌, 방바닥에 이불과 요를 깔고 자던 시절이라 모기장의 방어망(防禦網)은 방 안의 전부를 커버해야 했다. 잠자기 전 모기장 설치에는 온 가족이 매달렸다. 방 안 구석구석을 빈틈없이 지켜 내야 하는 수비 범위가 넓어 모기장 크기가 요즘 미니 모기장보다 훨씬 컸기 때문이다.

이불과 요를 깐 다음 두, 세 명이 달라붙어 모기장 모서리 아래 끝을 잡고 넓게 펼쳐 방구석까지 닿게 한 뒤 틈이 벌어지지 않도록 마지막 조치를 하는 게 중요했다. 마지막 조치는 모기장이 방바닥 위에 떠 공간이 생기지 않게끔 적당한 물건 따위로 이곳저곳을 눌러 고정하는 일이었다.

#집요한 모기의 공격력

채비를 잘한다고 해도 모기의 침투 능력은 간단치 않았다. 방바닥과 모기장 사이의 살짝 벌어진 틈새를 어찌 알아챘는지, 모기장 안으로 유유히 뚫고 들어와 기어이 피 맛을 보고야 마는 놀라운 전투력을 발휘하는 놈들이 적지 않았다. 밤마다 되풀이되는 모기와의 전쟁은 여름 내내 전면전(全面戰)으로 치러졌는데, 9월로 접어들고서도 당분간 계속되곤 했다. 모기와의 전쟁에서 패배한 상흔(傷痕)은 얼굴과 팔, 다리, 손 등 온몸 구석구석에 쓰리고 간지럽게 새겨졌다. 더워서 잠 못 들고, 모기에 시달려 잠 못 든 여름이었다.

#극성스러운 파리

모기처럼 물지는 않지만 잠결에 앵앵거리는 소리에 잠이 깨거나, 수면(睡眠) 도중 일방적으로 살갗을 핥아 어슴푸레하게 불쾌한 촉감을 유발하는 파리의 극성도 만만찮았다. 파리는 몸집이 모기보다 커 모기장 안으로 침투하기가 여간 어렵지 않았을 텐데, 끈질기고 드세게 달라붙는 적극성을 견디다 못해 자다가 깰 때마다 그 생각이 떠나지 않았다.

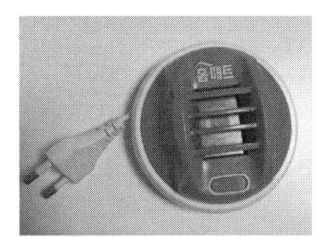

전기 열로 냄새를 피워 모기를 쫓는 전자 모기향.

모기는 순간 침투력과 모기향 연기를 피해 달아나는 능력이 뛰어났고, 파리는 치근덕거리는 건달 기질과 모기향 연기를 참아 내는 인내력이 뛰어났다.

모기장은 자기 전 설치할 때도, 아침에 일어나 접어서 갤 때도 이래저래 귀찮았다.

#여름밤의 화생방 무기, 모기향

모기향은 모기장을 설치하기 전에 모기장 바깥에 피웠다. 지금처럼 전자 모기향이 아니라 연기로 모기를 쫓는 일반 모기향이라 향이 독했다. 성냥불에 달궈진 모기향은 열 기운을 받아 살충 성분이 공기 중으로 퍼져 나가는데, 이 연기에 모기가 걸려들면 신경이 마비돼 바둥거리다가 죽는다. 모기향의 형태는 소라 껍데기처럼 빙빙 비틀려 돌아간 나선형이었다. 요즘도 불로 연기를 피우는 일반 모기향을 볼 때가 있는데, 식당 야외 테이블에서 고기를 구워 먹거나 테라스 형태의 맥주 가게에서 한 번씩 본다.

#친환경 해충 박멸(撲滅) 도구 파리채

파리채는 주로 아침과 낮, 저녁에 그 효용성을 발휘했다.

파리채는 팔과 손힘을 이용한 운동 에너지로 해충을 때려잡는 친환경 박멸(撲滅) 도구다. 길쭉한 손잡이에 널따란 사각형 모양의 채가 달린 모양인데, 방바닥이나 벽을 때리면 찰싹, 하고 경쾌한 소리가 난다.

#까다로운 파리채 사용 방법과 남다른 성취감

파리채는 다루는 요령이 꽤 까다로웠다. 타격 시 정확성과 민첩성, 파워 삼박자를 갖춰야 해 명중시키기가 쉽지 않다. 모기는 크기가 작고 빨라서 성공하기가 어렵고, 파리는 순간 반응력이 뛰어난 데다 한곳에 머무는 시간이 아주 짧아 성공하기가 더 어렵다.

파리채는 명중시키기가 쉽지 않은 고난도 기술이 필요한 대신, 성공했을 때의 성취감도 남다르다. 목표물에 적중하는 순간 파리채에서 나는 호쾌한 타격감에 아드레날린이 솟고, 몸이 짓이겨진 해충의 압사 광경을 목격했을 때의 짜릿함은 승자만이 누릴 수 있는 쾌감이다. 타격 기술이 능수능란한 특등사수라면 공중 타격도 가능한데, 성공 확률이 지극히 낮다. 맨손으로 모기를 잡는 시도도 많이 했지만, 번번이 실패했다.

#사체(死體) 처리와 전자 파리채

어렵사리 작전에 성공하더라도 처리해야 할 일이 둘 남아 있다. 죽은 모기와 파리의 사체를 휴지로 싸서 버리는 것과, 망자(亡者)의 몸에서 터져 나온 얼룩진 체액을 일일이 제거하는 번거로움을 감수해야 하는 것이다.

그물망을 타고 흐르는 전류를 이용해 모기와 파리를 잡는 배드민턴 라켓 모양의 전자 파리채.

요즘에는 파리채 대신 전자 파리채가 유행이다. 전자 파리채는 배드민턴 라켓처럼 생겼는데 그물망에 전기를 흘려 파리나 모기 등 해충을 감전사시켜 퇴치(退治)하는 21세기형 박멸 도구다.

#모기장과 선풍기

모기장에 얽힌 추억이 갑자기 소환하는 일화가 하나 생각나 덧붙인다.

내가 작은 방에서 잘 때, 나와 형들은 자기 전 선풍기를 밤새도록 틀어 놓았다. 아침에 일어나 보면 아버지나 어머니가 꼭 방문을 활짝 열어 놓았다. 방 안의 열기를 바깥으로 새 나가도록 한 이유도 있었지만, 방문을 닫은 채 선풍기 바람을 쐬면 큰일 난다는 이유도 있었다. 큰일 난다는 내용은 꽉 막힌 공간에서 선풍기 바람에 오래 노출되면 질식할 수 있다거나 입이 돌아가고 몸에 냉기가 쌓여 이상한 병에 걸릴 수 있다는 것이었다. 그때는 그저 그렇다면 그런 줄 알고 넘어갔었는데, 나중에 알고 보니 과학적 근거가 없는 불필요한 방책(方策)이었다. 구전(口傳)으로 전해 온 조상들의 생활 지혜 중에는 감탄을 자아내는 것도 많지만, 선풍기 바람처럼 낭설(浪說)도 적지 않았다.

⑤ 수박화채(花菜)

#여름 과일의 왕(王), 수박

한여름 과일, 하면 대표적인 것이 수박, 참외, 토마토다. 그중에서도 수박은 여름 과일로 으뜸이다. 단맛과 시원한 맛에 더해 과육(果肉)에 수분이 많아 한 입 베어 물면 과즙(果汁)이 입속을 타고 줄줄 흘러넘치는데, 수박에서만 맛볼 수 있는 특징이다. 수박의 세 가지 식감(食感), 미감(味感)은 모두 여름하고 찰떡궁합이다. 수박이야말로 여름을 위해 태어난 과일이 아닌가 싶다.

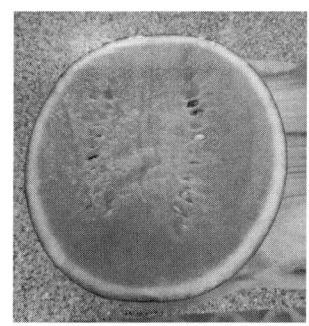

빨갛게 먹음직스럽게 잘 익은 수박.

#수박화채에 대한 첫인상

나에게 수박화채(花菜)에 대한 첫인상은 초등학교 3학년 무렵으로 거슬러 올라간다. 여름방학 때였다. 그날도 연중무휴 놀이터, 동네 골목길에서 친구들과 흙먼지 풀풀 날리게 놀다가 해거름이 돼서야 집으로 돌아갔다. 마당 수돗가에서 찬물을 받아 잽싸게 세수하고 대청마루로 올라섰는데, 신기한 광경이 눈앞에 펼쳐졌다.

어머니가 커다란 수박을 칼로 반으로 가른 뒤 숟가락으로 일일이 수박 속의 과육을 퍼내는 것이었다. 나는 이때까지 수박은 칼로 큼지막하게 잘라 손에 들고 먹는 줄로만 알고 있었다. 수박의 속살이 숟가락의 움직임에 따라 자유분방하게 모습을 드러내는 현장을 처음 본 나는 어머니에게 그 이유를 물었다. 어머니는 뭐라고 짧게 대답했는데, 그것이 수박화채인 것은 나중에 알았다.

#수박 과육, 설탕, 얼음

수박 안에서 바깥으로 나온 조각난 수박 과육들은 몸에 박힌 씨를 토해 냈다. 씨를 토해 내는 일은 수박 혼자서 감당할 수 없었고, 젓가락이 그 일을 대신했다. 씨가 몸에서 다 빠져나간 과육들은 스테인리스 양푼으로 옮겨졌다. 수박 반 통 어치의 과육들은 양푼을 가득 채웠다. 과육 위에 흰 설탕이 뿌려지고 얼음 가게에서 사 온 통얼음을 잘게 쪼개어 수북이 쌓았다. 수박화채가 완성됐다.

#수박화채의 맛

국자로 과육과 쪼갠 얼음을 투명한 유리그릇에 옮겨 담은 뒤 숟가락으로 퍼 먹는 수박화채의 맛은 간담(肝膽)이 서늘하게 짜릿하면서 강렬했다. 설탕의 단맛과 수박의 단맛이 만나 또 다른 단맛을 만들어 냈는데, 그 단맛의 깊이를 잴 수 없었고 넓이는 헤아리기 힘들었다. 내가 그때 처음 먹어 본 수박화채는 과일이라기보다 신기한 음식으로 다가왔다. 그날 이후 우리 집에서 수박을 먹는 방식은 으레 수박화채였다.

수박화채.

#더위를 가시게 하는 과일 요리, 수박화채

수박 과육과 설탕, 얼음 세 요소가 어우러진 수박화채는 우리 집뿐 아니라 당시 여름철 가정집에서 수박을 시원하게 먹는 일반적인 방식이었다. 선풍기 바람에만 의존하던 때라 어떻게 하면 조금이라도 찜통더위의 틈바구니에서 벗어날 수 있을까, 궁리 끝에 개발해 낸 과일 요리가 수박화채였던 셈이다.

수박은 과실 자체가 당도(糖度)가 높고 과즙이 많아 그냥 먹어도 달고 차가운 맛이 뛰어난 과일이다. 그런데도 설탕을 끼얹어 먹은 이유는 70년대만 하더라도 설탕이 귀한 시절이라 단맛에 대한 선호도가 유달리 높은 시대상이 음식 문화에도 반영된 결과가 아닐까 여겨진다. 그때 냉장고 없이 여름을 나야 하는 가정에서도 얼음 소비가 많아 동네마다 얼음 가게가 성업(盛業)을 이룰 때라 수박화채가 하나의 과일 소비 경향으로 자리 잡았다고도 볼 수 있겠다. 또 다른 여름 과일 토마토를 먹을 때도 설탕을 뿌려 먹었는데, 단맛과 시원한 맛이 수박에 못 미쳤다.

#수박 고르는 요령

나는 어머니를 따라 동네 수박 가게나 길 건너 재래시장 수박 점포(店鋪)에도 자주 갔었다. 그때는 요즘처럼 대형 마트가 없던 때라 가게에서 직접 수박을 골라 사 들고 집에까지 와야 했다. 비닐 노끈으로 엮은 줄 바구니에 수박을 넣고 집에까지 들고 와야 했는데, 큰 놈은 무게가 5kg을 넘어 어머니를 도와 낑낑거리면서 땀을 뻘뻘 흘렸던 기억이 생생하다.

잘 익은 수박은 검지와 중지를 구부려 수박 겉면을 툭툭 치면 맑고 투명한 소리가 난다.

수박을 고르는 요령도 재미있었다. 수박은 속이 빨갛게 익어야 상품 가치가 높은데, 겉만 봐서는 알 수가 없었다. 검지와 중지

두 손가락을 구부려서 수박 겉면을 툭툭, 쳐서 맑고 투명하게 나는 소리를 듣고 판단하거나 수박 꼭지 색깔이 싱싱한지를 보고 알아채야 했다. 또 수박 표면에 검은 줄무늬가 뚜렷하면서 아래로 길게 이어져 있으면 속도 잘 익었으리라 생각했다. 장사꾼들은 시식용 수박으로 호객 행위를 했는데, 수박의 한쪽 일부를 작은 삼각형 형태로 잘라 놓고 손님이 오면 과도(果刀)로 찔러 꺼내 속살을 확인시켜 주면서 맛도 볼 수 있게 했다.

사 들고 온 수박을 이등분하기 위해 식칼을 대자마자 쩍 소리와 함께 갈라지는 경우가 종종 있었다. 수박 속살이 빨갛게 잘 익었으면 다행이지만, 설익은 형태로 모습을 드러내면 낭패도 그런 낭패가 없었다. 설익은 수박은 버리기는 아깝고 그냥 먹기도 불편해, 설탕이나 꿀을 듬뿍 넣고 화채로 만들어 먹곤 했다.

#통얼음 쪼개기
수박화채에 넣을 통얼음을 조각내는 일도 흥미로웠다. 동네 얼음 가게에서 구매한 얼음 위에 송곳을 대고 식칼의 칼날 옆면으로 내리치면 얼음이 잘게 쪼개졌다. 얼음 조각이 동동 떠 있는 수박화채의 맛은 꿀맛이었고, 더위가 싹 가시는 시원한 기운이 온몸으로 퍼져 나갔다.

#수박냉채와 수박깍두기
수박 껍질을 이용한 요리도 있었다. 수박 껍질의 흰 부분을 채 썰어 무친 수박냉채와 수박 껍질의 흰 부분을 네모나게 썰어 담근 깍두기가 대표적이다. 일반 나물무침과 똑같이 양념했는데도 밍밍한 맛이 가시지 않고 무와는 식감이 달라 맛이 별로였다.

역시 수박은 수박화채로 먹을 때 제일 맛있었다. 요즘에는 손이 많이 가고 귀찮기도 해 수박을 그냥 크게 잘라서 들고 먹는데, 그럴 때마다 수박화채 생각이 간절하다.

들고 먹기 편하게 크게 자른 수박.

6.
기와집에서 겨울나기

① 한겨울 공부방

#2평이 채 안 되는 공부방

연일 영하의 기온이 기승을 부리는 겨울날, 1970년대 고향집 방 안 공기는 독하게 춥고 사나웠다. 연탄불의 열기가 펄펄 끓는 아랫목은 살이 데일 정도로 뜨거웠고, 윗목은 이빨이 떨리고 온몸이 움츠러드는 한데나 다름없었다. 2평이 될까 말까 한 공부방의 윗목과 아랫목도 정반대의 얼굴을 드러내고 있었다.

공부방이라고 별다른 게 아니라 형들과 함께 자는 방이 공부방이고 공부방이 자는 방이었다. 중2 때부터 공부에 눈을 뜬 나는 공공 도서관이나 독서실보다 집에서 공부하는 것을 선호했다. 이런저런 신경 쓸 일이 없고 오가는 시간을 낭비할 일 없이 오롯이 나만의 공간에서 나만의 시간에 집중할 수 있었기 때문이었다.

#혹독한 공부방의 추위

겨울방학 때 학습 공간도 공부방, 즉 작은방이었다. 작은방의 추위는 혹독했다. 윗목의 오싹한 기운은 보온, 방음 기능이 없는 홑창을 뚫고 들어오는 칼바람의 기세에 더욱 매서워져 두꺼운 내의와 겉옷을 단단히 챙겨 입은 채비도 소용없이 몸을 덜덜 떨리게 몰아붙였다. 체감 추위는 철제 책상에 앉아 양팔을 책상 위에 올리는 순간 상승 곡선을 그리며 인내심을 테스트하기 시작하는데 나름의 방책을 갖춘다고 갖추는 게 털실로 짠 장갑을 끼는 것이었다. 참고서나 문제집을 보면서 수시로 필기해야 하는 손, 특히 오른손을 보호하기 위해서였다. 철제 책상 특유의 차가운 성질머리는 여간 성가신 게 아니었다. 책상 바로 옆이 창문이라 창문 틈새를 교묘하게 헤집고 들어오는 찬 바람 공세에 속수무책으로 시달려야 했다. 칼바람을 막는 대책이라고 창문 틈새를 문풍지로 꼼꼼하게 싸매 차단했는데도 불청객 겨울바람은 허가 없이 무시로 방 안으로 침입했다.

두툼한 털 스웨터와 장갑, 귀마개는 영하 10도를 오르내리는 강추위가 몰아닥치는 날, 내 몸을 따뜻하게 보호하는 수호천사들이다.

#난방 보조기구 석유난로

장갑을 꼈는데도 손이 곱기는 마찬가지라 어차피 추위를 감당할 수 없을 바에야 필사(筆寫)와 메모라도 자유롭게 하자며 벗었다가도 이내 다시 끼고 또 벗었다가 끼기를 반복하는 행위는 시계추처럼 반복됐다. 윗목과 실내를 따뜻하게 데울 요량으로 겨울철 필수 난방 보조기구였던 석유난로를 피워 보기도 했지만 메케한 기름 냄새에 머리가 지끈거리고 몸 쪽으로만 열기가 쏠릴 뿐, 책상 위를 맴도는 차가운 공기의 흐름은 달라지지 않아 추위 환경 개선에 큰 도움이 되지는 않았다.

추위를 느끼는 주체는 육체적 감각이라 난로의 방향을 몸 쪽으로 맞춰 신체 온도를 높여야 하는데 이러다 보니 얼굴 위로 열기가 집중돼 맑고 또렷한 기운을 유지해야 할 두뇌 회전에는 오히려 방해 요소가 된 것이다. 이런 이유로 공부에 몰두할 동안에는 석유난로를 아예 꺼 놓거나 한 번씩 켜더라도 열기가 몸 쪽으로 오지 않도록 방향을 틀곤 했었다.

석유난로는 연탄불을 동력으로 한 온돌 난방이 대세였던 1970년대 기와집 생활에 꼭 필요한 필수 겨울용품이었다. 우리 집에도 방마다 석유난로가 있었고 대청마루에도 한 대가 늘 놓여 있었다. 석유난로가 주요 난방 보조기구인 점은 부인할 수 없는 사실이지만 영향력이 국지적이라는 한계가 있어 방 안 공기 흐름을 바꾸기에는 역부족이었다. 석유난로의 또 다른 단점은 석유가 연소하면서 발생하는 기름 냄새를 빼놓을 수 없는데 바깥공기가 차단된 방 안에서 냄새에 오래 노출되면 두통의 원인이 되기도 했다.

#추운 공부방의 아이러니
한참을 철제 책상 위에서 고군분투하다가 인내심의 배터리가 다 떨어지면 아랫목에 접이식 작은 밥상을 펴고 양반다리 자세로 공부하기도 했다. 소득도 있었다. 추위로 고생한 것과 달리 학습 효과는 오히려 향상됐다는 점이다. 방 안 위를 떠도는 공기가 차가워 뇌세포가 바짝 긴장해서인지 머리가 잘 돌아갔고 졸음을 쫓는 데에도 추위가 도움이 됐다.

겨울방학 내내 손과 얼굴이 시린 작은 방이자 공부방에서 추위에 맞서 버티며 책과 씨름한 고군분투는 적지 않은 학업적 성과로 나타났다. 한 달을 훌쩍 넘긴 기간 동안 리듬이 끊기지 않고 계속된 학습의 총량이 상당했고 잡념 없이 계획대로 목표에만 매진할 수 있어 집중도도 높았던 터라 기대 이상의 학업적 성취를 이뤘다.

나는 찬 공기로 가득한 한겨울 고향집 공부방에서 두 번의 겨울방학 학습 효과를 실감했는데, 한 번은 중3 겨울방학이었고 나머지 한 번은 고2 겨울방학 때였다. 겨울방학 때마다 학습 장소가 집이라는 점은 변함이 없었지만, 중3과 고2 겨울방학 때 가장 열심히 공부했고 학업적 결실도 가장 만족스러웠던 걸로 기억한다.

#추위에 취약한 손등과 손가락

윗목의 추위가 괴롭힌 신체 부위는 손과 손등, 콧등과 뺨, 귓불에 집중됐다. 시리기야 다 마찬가지지만 유독 손등과 손가락 부위가 추위에 취약했다. 콧등과 뺨, 귓불도 추위를 타 빨갛게 익은 나머지 가려움증을 유발했으나 손등과 손가락에 비할 바는 아니었다.

다이소에서 파는 니베아 크림.

중3 겨울방학과 고2 겨울방학이 끝나 갈 무렵 나는 두 손등의 피부가 트고 살갗이 부어오르는 경미(輕微)한 동상에 걸린 경험이 있다. 방 안의 추운 공기에 오래 노출된 대가였는데 피부가 갈라져 따끔따끔하고 가려워 몇 날 며칠을 고생했었다. 귓불도 그렇지만 손등과 손가락의 가려움은 참기가 어려웠다. 긁으면 상처가 도진다고 억지로 참다가도 어쩔 수 없이 긁게 되고 잠결에 무심결에 손을 대기 일쑤라 아침에 깨 보면 손등과 손가락이 통통

마트에서 파는 또 다른 형태의 니베아 크림.

부어오르곤 했었다. 그때는 지금과 같은 핸드크림은 없었고 손이 트면 니베아라는 이름의 기능성 로션을 약방의 감초처럼 발랐다.

겨울에는 몹시 춥고 여름에는 지독하게 더운 곳에서 자란 나는 겨울과 여름 둘 다 달가워하지 않지만 하나를 선택하라면 겨울에 조금 더 후한 점수를 주고 싶다. 겨울은 여러 겹의 옷과 목도리, 장갑, 귀마개 등으로 칭칭 동여매고 중무장하면 웬만큼 견딜 만하나, 여름은 그마저도 마땅한 대책이 없기 때문이다.

1970년대 한겨울 고향집 공부방 책상 위는 정말 추웠다.

② 석유파동과 동네 주유소

#을씨년스러웠던 1973년 겨울

저무는 1973년 겨울 한복판은 황량하고 을씨년스러웠다. 찬 바람에 옷깃을 여미는 사람들의 표정이 심상치 않았다. 강추위에 할퀴면서도 스스로 가슴 한구석을 따스하게 다독였던 최후의 보루, 낭만적 고독은 불안감의 포로가 돼 자취를 감추었다. 사람들의 발걸음은 무거웠고 그들이 내딛는 보도블록의 피로감도 여느 겨울과는 달랐다.

시민들의 눈빛에는 상실감, 세 글자가 아른거렸다. 실질 소득의 감소가 불러온 상실감의 진원지는 손길이 닿지 않는 아득히 먼 곳이라 어찌할 수 없었고, 상실감의 위력은 전 세계를 강타한 메가톤급이라 온 나라에 비상이 걸렸다.

#제1차 석유파동

비상 발령의 원인은 중동발 석유파동이었다. 1973년 10월 6일에 발발한 제4차 중동전쟁은 지구촌 핵심 자원 유가(油價)의 폭등을 불러왔고 세계 경제에 빨간불이 켜졌다. 석유 한 방울 나지 않는 한국 경제에 유가 상승은 악재 중의 악재였고 수출 전선은 물론 국민 살림살이에 어두운 그림자를 드리웠다.

수출로 먹고사는 한국 경제에 급제동이 걸리자, 소비자 물가 상승이 뒤따랐고 이는 가뜩이나 팍팍한 가계 경제를 순식간에 냉각시켰다. 1970년대 한국 가정의 필수 난방 보조기구는 석유난로였고 우리 집도 다를 바 없었다. 유가 상승 태풍이 불자 석유 사재기 소문이 들끓었고 주유소마다 기름 확보에 조바심을 낸 사람들로 발 디딜 틈이 없었다.

#문전성시를 이룬 동네 주유소

1973년, 그해 나는 초등학교 5학년이었다. 겨울방학이 시작되고 얼마 지나지 않아 여느 때처럼 플라스틱 기름통을 들고 동네 주유소를 찾았다. 이른 아침이었는데도 석유를 사러 온 사람들이 길게 줄지어 서 있었다. 어머니 심부름으로 이전에도 몇 번 주유소를 와 봤지만, 이날처럼 사람들로 북적인 모습은 처음이라 놀랐다.

앞사람 뒤에 빈 플라스틱 통을 내려놓기가 무섭게 내 뒤로 차례대로 사람들이 따라붙었다. 한참을 기다린 끝에 석유를 가득 채운 기름통을 들고 집에 온 나는 비로소 문전성시를 이룬 주유소 풍경에 대한 궁금증이 풀렸다.

이집트가 이스라엘을 공격하면서 시작된 제4차 중동전쟁은 UN 안전보장이사회의 중재에 따라 16일 만에 막을 내렸지만, 유가 상승 파동은 이듬해 봄까지 계속됐다. 석유수출국기구의 석유 감산(減産) 조치에 따라 평소보다 무려 5배나 유가가 올랐다.

#허리띠를 졸라맨 가계(家計) 경제

1973년 12월부터 1974년 2월까지 매일 석유난로를 켰던 우리 집에서도 허리띠를 졸라맸다. 제일 먼저 취한 조치가 대청마루의 석유난로 가동 중지였다. 대청마루에 식구들이 머무는 동선(動線)은 3개월 동안 동결(凍結)됐다. 안방과 작은방에 놓인 석유난로의 가동 시간도 줄였다. 낮에는 가급적 난로를 켜지 않았고 오전 시간과 해거름부터 밤이 이슥해질 때까지만 난롯불

1970년대 주유소 풍경은 요즘 주유소와 확연히 달랐다.

을 밝혔다. 그마저도 상시 가동을 자제하고 '1시간 작동, 30분 정지'라는 원칙을 지켜 기름 소모량을 조금이라도 줄이고자 지혜를 짜냈다.

여기서 70년대 주유소를 찾는 사람들의 목적을 살펴볼 필요가 있다. 그때 주유소를 이용하는 사람들의 의도는 지금과 확연히 달랐다. 당시 사람들은 자동차 주유가 아니라 석유난로 연료용 기름을 사기 위해 주유소로 몰려들었다. 그 이유는 우리나라 자동차 등록 대수 통계에서 짐작할 수 있다.

#1973년 국내 자동차 등록 대수

1973년 국내 자동차 등록 대수는 17만 대가 채 못 됐다. 국토교통부가 밝힌 2023년 상반기 기준 우리나라 자동차 등록 대수 2천5백75만 대의 150분의 1, 0.67% 수준이다. 1975년 국내 인구 3천4백70만여 명 대비 자동차 보유자가 200명당 1명꼴이었다. 현재의 1.99명 당 1명이 자동차를 소유한 것과 비교하면 격세지감이 아닐 수 없다.

자가운전자 비중이 2023년 상반기 대비 100분의 1에 지나지 않았고 석유난로가 가정 난방의 빼놓을 수 없는 보조재였다는 점

제2차 석유파동의 원인이 된 이슬람 혁명 당시 이란의 수도 테헤란 아자디 탑 앞 시위대 모습. ©wikipedia commons, public domain

에서 당시 주유소의 실태는 지금과 달라도 너무 달랐다는 것을 알 수 있다.

#제2차 석유파동

4년이 지난 1978년 12월 또 한 번의 석유파동이 불어닥쳤다. 이슬람 혁명이 일어난 이란의 석유 수출 금지 조치와 이란-이라크 전쟁의 여파로 산유국들의 석유 감산 정책이 원인이 된 2차 석유파동은 1980년 7월까지 계속됐는데 유가가 2.4배 오르는 등 전 세계적인 경기 침체와 물가 상승 후유증을 낳았다.

1980년 우리나라 자동차 등록 대수는 고작 50만 대를 돌파했을 뿐이라 주유소에는 여전히 가정용 난방 및 취사 보조 연료인 석유를 사러 오는 사람들이 주 고객이었다. 4년 전처럼 주유소마다 기름을 사러 온 사람들로 장사진을 이뤘고, 집집마다 기름을 아끼느라 전전긍긍했다.

어머니는 삼시 세끼 취사(炊事)를 되도록 연탄불에만 의지한 채 석유난로 사용을 자제했고, 겨울철에도 꼭 필요한 경우가 아니면 석유난로를 켜지 않았다.

#플라스틱 석유통과 깔때기

고향집 석유난로를 떠올리면 지금도 눈에 선한 장면이 있는데, 석유난로에 기름을 채우던 방식이다. 석유가 든 기름통 주입구(注入口)는 오른쪽으로 틀면 열리고 왼쪽으로 돌리면 잠기는 마개로 채워져 있는데 석유난로 투입구에 바로 연결하면 한꺼번에 기름이 쏟아지

위가 넓고 아래가 좁은 용기인 깔때기.

기 때문에 깔때기라는 보조 도구가 꼭 필요했다. 깔때기는 위는 넓고 아래는 좁게 생긴 용기(容器)인데 입구가 좁은 난로 투입구에 석유를 부을 때 없어서는 안 될 필수 생활 도구였다.

입이 커다란 플라스틱 깔때기를 석유난로 투입구에 꽂고 기름통을 두 손으로 받쳐 든 뒤 조심스레 기울이면서 석유를 조금씩 부어 나가 연료통이 다 찰 때까지 기다려야 했다. 고향집에서 쓰던 석유통은 10리터용이라 기름이 다 찬 상태에서는 한 손으로 들고 난로 연료통에 기름을 부을 수가 없었다.

이때 조심해야 할 것이 난로 연료통에 기름이 넘치지 않도록 한눈을 팔지 말아야 하는 점이다. 난로 투입구 옆으로 기름 양을 표시한 눈금이 있는데 이 눈금이 거의 다 올라간 지점에서 주유 행위를 중단해야 한다.

또 하나, 다른 한 명이 주유를 거들어야 할 경우도 있다. 깔때기 다리가 석유난로 투입구에 꽉 끼지 않고 헐거울 때인데 한 명은 깔때기가 흔들리거나 쓰러지지 않게 손으로 쥐고 있고, 나머지 한 명이 기름을 부어야 했다. 요즘 석유통에는 주입구에 플라스틱 주유 호스가 달려 있어 깔때기가 필요 없다.

초중고생일 때 자주 드나들었던 고향 동네 주유소는 모습은 많이 바뀌었지만, 아직도 그 자리에 그대로 있다.

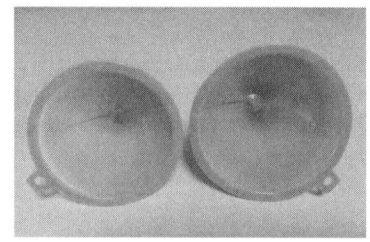

70년대 석유난로에 기름을 채우기 위해서는 깔때기가 꼭 필요했다.

#석유난로와 보리차, 가래떡

가정집에서 자취를 감춘 지 오래된 석유난로에 대한 추억은 또 있다. 겨울이면 안방 석유난로 위에 보리차를 끓이는 양은 주전자가 늘 놓여 있었다. 추운 겨울날 따뜻한 보리차는 몸을 녹이는 훌륭한 음료였는데 구수한 맛이 일품이었다. 보글보글 보리차 끓는 소리가 정겨웠고 주전자에서 모락모락 피어오르는 김이 방 안 가득히 퍼져 나가 천연 가습기 효과도 있었다.

차(茶) 주전자로 끓인 보리·옥수수차.

설 명절 때 동네 방앗간에서 뽑은 가래떡이나 가래떡을 채 썬 떡국떡을 석유난로 위에 올려놓고 바싹바싹하게 구워 꿀에 찍어 먹으면 말 그대로 꿀맛이었다. 연탄 난방 시대에 석유난로는 여러모로 의미가 깊고 고마운 존재였다.

요즘도 재래시장에 가면 석유난로를 쉽게 볼 수 있는데 그때마다 기억 저편 한 곳에 아련히 살아 숨 쉬는 고향집 석유난로가 생각난다.

③ 윗목과 아랫목

#심술궂은 윗목 추위

고향집 안방과 작은방의 윗목 추위는 사납고 끈질겼다. 수은주(水銀柱)가 뚝 떨어지는 영하의 날씨에 칼바람까지 쌩쌩 부는 날이면 윗목의 추위도 심술이 심해지고 가족들은 몸을 움츠리며 아랫목에 깔아 놓은 이불 속으로 발을 디밀기 바빴다.

"아이고 추버라, 와 이리 춥노."

본격적인 겨울이 닥치면 입에 달고 산 이 말의 징후(徵候)는 그전부터 모습을 드러내는데 그전은 가을의 끝자락이다. 가을의 숨이 넘어갈 즈음, 난방용 연탄아궁이도 늦봄부터 시작된 긴 잠에서 깨어나 기지개를 켰다.

#늦가을의 스산한 기운

기와집의 겨울은 빨리 찾아오고 길었다. 만추(晚秋)의 스산한 기운이 가장 먼저 인기척을 내는 곳은 안방과 작은방의 윗목이었다. 겨울의 시작을 알리는 입동(立冬)의 그림자가 보이기도 전에 성급하게 안방을 무단 침입한 그 기운

낙엽이 우수수, 떨어지는 늦가을의 정취가 깊어지면 안방과 작은방의 윗목에도 스산한 기운이 느껴졌다.

은 고집이 세고 야무졌다. 기운의 다른 이름은 상강(霜降)인데 된서리가 내리기 시작하는 절기라는 별칭답게 기세등등하고 매서웠다. 낮에는 얌전하다가도 밤만 되면 오싹할 정도로 기온을 아래로 잡아당겨 서릿가을이라는 또 다른 이름으로도 불렸다.

된서리가 내리기 시작하는 상강(霜降, 음력 9월 10일)을 전후로 심한 일교차 때문에 환절기 감기에 걸리기 쉽다.

이 무렵 감기가 스멀스멀 고개를 쳐드는 것도 두 자리를 넘나드는 낮과 밤의 일교차 때문이다. 희한한 것은 겨울의 한복판보다 이때, 선득선득한 기운이 뼈저리게 시려오는데 환절기 특유의 심한 기온 차가 낳은 체감온도의 충격 때문이 아닐까 싶다.

#기지개를 켜기 시작하는 아궁이

해가 지고 어둑어둑해지면 안방과 작은 방의 윗목에서는 한기(寒氣)가 불청객처럼 다가오고 넉 달 남짓 계속될 장기전을 치러야 할 아궁이도 만반의 채비를 서둘렀다. 연탄불의 열기를 쬔 기억이 가물가물한 아궁이가 실전 감각을 되찾기 위해서는 부지런히 몸을 놀려야 하는데 그것은 뜨거운 열과 하루빨리 친해지는 반복훈련이었다.

연탄의 소비도 이때부터 늘어나기 시작한다. 김장과 함께 1970년대 가정집 월동(越冬) 준비의 양대 축인 연탄을 비축하는 시기도 이 무렵이다. 겨울나기의 필수 자원 식량인 연탄은 손수레 떼기로 주문해서 장만하는데 동네 연탄집의 대목은 이때부터 시작해 겨우내 계속된다. 연탄아궁이가 2개인 안방과 1개인 작은방의 겨울나기용 연탄은 대략 250~300장이었다.

#찬밥 신세인 윗목과 사랑받는 공간 아랫목

또 하나 희한한 것은 똑같은 방 안에 윗목과는 정반대의 얼굴을 한 공간이 있다는 점이다. 윗목과 대비되는 아랫목이라는 공간인데 위아래 상반되는 글자처럼 두 공간의 성격은 극과 극처럼 달랐다.

연탄아궁이가 24시간 쉬지 않고 불을 피우는 온돌 난방 구조에서 아랫목은 아궁이와 거리가 가깝고 윗목은 아궁이와 거리가 멀다. 연탄이 제 몸을 불살라 뜨겁게 달군 방바닥의 혜택을 오롯이 아랫목이 차지하는 이유다. 연탄불의 열기는 온돌 난방의 이치상 아궁이와 잇닿아 있는 아랫목에 집중될 수밖에 없고 거리가 떨어진 윗목은 찬밥 신세일 수밖에 없다.

아랫목과 가까운 윗목 가장자리는 어설프게나마 뜨뜻미지근한 온기(溫氣)가 남아 있지만 아랫목에서 멀어질수록 한기가 세져 오래 앉아 있을 수가 없었다. 온돌 난방이 가동되는 내내 윗목은 홀대받는 공간이었다.

#아랫목의 과열(過熱)과 그 흔적

부엌과 쪽문으로 연결되는 안방 아랫목에는 바닥이 식지 않도록 늘 두툼한 솜이불을 깔아 놓았고 작은방 아랫목에도 마찬가지였다. 아랫목 이불 아래 방바닥에 손바닥을 대면 따뜻한 기운이 느껴졌고 아궁이와 가까울수록 그 기운은 뜨거워졌다. 어쩌다 아궁이 문을 활짝 열어 놓고 잠든 날이면 아랫목이 너무 뜨거워 새벽에 깨는 경우도 더러 있었다. 그런 날엔 요를 뚫고 나온 방바닥의 열기를 이기지 못해 몸에 땀이 배기 마련이라 덮고 있던 이불을 발로 걷어차기 일쑤인데 이튿날 배앓이를 하거나 감기에 걸려 고생하는 일도 있었다.

부엌으로 연결되는 쪽문과 가까운 아랫목을 자세히 보면 노란 장판이 유달리 거무튀튀하게 보이는 곳이 눈에 띄는데 연탄불이 만들어 낸 뜨거운 열기를 날마다 하루 종일 집중적으로 가장 많이 쏘인 징표(徵標)다. 어머니는 가끔 이곳에 누워 한참 동안 허리를 지지곤 했는데 어린 나는 지진다는 말의 의미를 나중에야 알았다.

#아랫목의 다양한 쓰임새

아랫목의 쓰임새는 여러 가지였고 겨울 한철 톡톡히 몸값을 해냈다.

방 안에 있을 때 식구들은 누가 시키지도 않았는데 아랫목으로 몰려들었다. 자연스레 한곳에 모인 식구들은 TV를 시청하거나 책을 읽고 신문을 보고 뜨개질을 했다. 밖에서 놀다가 집에 들어오거나 외출했다 귀가하면 득달같이 이불을 깔아놓은 아랫목으로 가 추위로 언 몸을 녹였다.

밥그릇 보관

안방 아랫목은 또 행여 밥이 식을까, 이불 아래에 밥그릇을 보관하는 자리였다. 전기밥솥을 장만하기 전 어머니는 식구 수대로 금방 푼 밥그릇을 아궁이와 가장 가까운 아랫목에 묻고 이불을 덮었다. 형들과 아랫목에서 장난을 치다가 실수로 이불을 걷어차거나 이불에 쓸려 밥그릇 뚜껑이 열리는 난감한 일도 자주 있었다. 다행히 밥그릇 안의 밥알 덩어리가 밖으로 쏟아지지 않으면 맨 윗부분 밥만 살짝 걷어 내고 새 밥을 채우는 식으로 어머니의 잔소리를 피할 수 있었다.

밥그릇에 담긴 밥알 덩어리가 통째로 방바닥에 쏟아지기도 했는데 그런 때에는 어쩔 수 없이 어머니께 이실직고하고 밥을 새로 퍼 담을 수밖에 없었다. 어머니의 등짝 스매싱으로 대가를 치렀음은 물론이다.

삼시 세끼 식사와 낮잠의 공간

삼시 세끼 식사도 아랫목에서 했다. 깔아 놓은 이불을 치우고 아랫목에 밥상을 폈는데 바닥이 너무 뜨거우면 방석을 깔고 앉기도 했다. 휴일이나 겨울방학 때 낮잠을 자는 자리도 아랫목이었다. 뜨끈뜨끈한 아랫목에서 한잠 자고 일어나면 몸이 가뿐하고 기분도 좋아졌다.

방구들이 제대로 열(熱)을 받으면 펄펄 끓는다는 어른들 표현이 실감 날 정도로 아랫목은 뜨거웠다.

연탄 난방 시절 아랫목은 겨우내 존재감을 드러내는 고맙고 소중한 공간이었다.

④ 군밤, 군고구마, 어묵탕

#길고 지루했던 겨울밤

　겨울의 시작을 알리는 입동(立冬)이 지나고 해가 짧아지면 밤의 인기척도 빨라졌다. 50년 전 1970년대 초반이나 지금이나 다를 바가 없다. 오후 5시를 넘어가면 해가 뉘엿뉘엿 떨어지면서 어둑어둑해졌다. 겨울밤이 고향집에 머무는 시간은 길었고 지루했다.

　찬 바람이 불고 고향집 안방과 작은방 윗목에 한기(寒氣)가 돌 무렵이면 형들과 내가 똑같이 떠올리는 먹거리가 있었다. 뜨끈뜨끈한 군밤과 군고구마, 길쭉한 어묵과 무, 대파를 넣고 끓인 어묵탕인데 모두 추운 겨울밤을 견디게 하는 든든한 위로의 음식이자 간식거리였다.

　밤이 일찍 찾아오는 겨울엔 저녁 식사 시간도 빨랐다. 초저녁에 밥상을 물리고 맞는 밤의 시간은 더디게 흘러갔다. 밤이 이슥해질 즈음 일찍감치 뜬 밥술의 기운이 슬슬 풀어지면서 배에서 꼬르륵 신호가 울리면 형들과 나는 가위바위보를 했다. 꼴찌가 군밤과 군고구마를 사러 가야 했다. 군밤만 살 때도 있었고 군고구마만 살 때도 있었다.

2023년 늦가을, 종로3가에서 우연히 마주친 군밤 노점(露店). 밤 굽는 방식도 옛날과 달리 가스를 동력으로 한 기계식이었다.

#군밤과 군고구마 사러 가기

　겨울밤의 바깥 날씨는 추웠고, 바람은 매서웠다. 대문 밖을 나서면 몸이 덜덜 떨렸다. 군밤과 군고구마 장수는 동네 어귀 한길에 있었다. 집에서 한길까지는 150m 남짓으로 먼 거리는 아니지만 춥기도 하고 성가시기도 해 한달음에 내달려 갔다 오곤 했다.

　군밤과 군고구마는 한 명의 행상꾼이 같이 팔았는데, 굽는 방법이 달랐다. 군밤은 손수레 아래를 뚫어 설치한 연탄불 위에서 석쇠로 구웠고, 군고구마는 드럼통을 개조해 만든 구멍 뚫린 원기둥 모양의 철판 속에 고구마를 잔뜩 집어넣고 장작불로 구웠다.

　잡지 종이로 만든 봉지에 담은 군밤 한 봉지와 군고구마 한 봉지를 들고 집에 오자마자 간식 파티가 펼쳐졌다.

#군밤의 매력 포인트

　겨울밤 별미(別味)인 군밤은 여러모로 매력덩어리였다. 툭 갈라져 입을 벌리고 있는 껍질은 뜨거웠지만 벗기기 쉬웠고 노르스름하게 익은 군밤 알갱이를 씹을 때 느껴지는 무르지도, 딱딱하지도 않은 식감에 금방 구운 고소한 향까지 입안에 더해져 먹을수록 입맛이 당겼다. 삶은 밤을 먹을 때 감수해야 하는 알갱이 부스러기 걱정을 할 필요도 없었다.

노점에서 파는 포장된 군밤 한 봉지를 사 집에 와 뜯어 보니 씨알이 너무 작아 실망스러웠다. 도토리보다 조금 큰 군밤 9개에 3,000원이나 해 속았다는 기분이 들었다. 이쯤 되면 상술(商術)이 아니라 사기(詐欺)가 아닐까. 살기가 어려웠어도 1970년대 옛날 인심이 훨씬 더 훈훈했다.

군밤을 구우면 처음의 맨살이 도톰하게 부풀어 올라 알갱이가 탐스럽고 빛깔도 고와 시각적 임팩트도 뛰어났다. 과일과 달리 밤은 평소에 먹을 일이 별로 없고 특별한 때만 먹었다. 기제사(忌祭祀)나 명절 제사 때 음복(飮福)으로 먹는 생밤, 추석 연휴나 가을 운동회 때 먹는 삶은 밤, 겨울밤에 간식으로 먹는 군밤, 음력 정월 대보름 세시풍속인 부럼 깨물기용 밤 정도다. 먹는 때가 정해져 있고 먹는 방법도 다 다르다는 게 흥미로웠다.

형들과 군밤을 까먹다 보면 마음에 온기(溫氣)가 넘쳤고 잠시나마 추위를 잊을 수 있었다.

#먹음직스러운 군고구마의 속살

껍질째 장작불로 구운 군고구마는 뜨거웠다. 손을 호호 불어 가며 군고구마 껍질을 벗기면 수확 후 한 번도 노출되지 않은 속살이 진노랑 빛깔로 드러났다. 장작불의 열기가 빚어낸 속살의 인상은 강렬했고 단숨에 시각을 자극하며 군침을 돌게 했다.

불기운을 고스란히 받아들여 먹음직스럽게 잘 익은 군고구마를 한 입 베어 물면 군밤에서는 느낄 수 없었던 센 단맛이 입안에 가득 퍼지는데 그 여운이 길어 감칠맛이 돌았다. 군밤이 고소했다면 군고구마는 감미로웠다.

에어프라이어로 구운 군고구마.

#김치를 올려 먹는 군고구마의 또 다른 맛의 세계

금방 구운 군고구마가 너무 뜨거워 껍질을 까기가 번거로울 때는 다른 방법으로 먹기도 했다. 군고구마를 양손에 쥐고 반으로 뚝 잘라 티스푼으로 파먹는 식이었다.

군고구마는 그냥 먹어도 맛있었지만, 시큼한 김치 한 조각을 올려 먹으면 또 다른 풍미(風味)가 느껴졌다. 군고구마 특유의 강한 단맛과 퍽퍽한 뒤끝을 김치의 짠맛과 매콤하고 아삭한 식감이 어루만져 더욱 편안한 맛의 세계를 음미할 수 있었다.

군고구마는 가끔 동치미 국물과 함께 먹은 기억도 난다. 군고구마를 두 개쯤 먹고 나면 속이 뜨뜻해지면서 포만감도 들어 겨울밤 간식으로는 그만이었다.

#속을 따뜻하게 녹여 준 어묵탕

매서운 추위를 잊게 해 준 겨울밤 군것질거리로 어묵탕도 빼놓을 수 없다. 어릴 때 먹었던 어묵은 길쭉한 타원형으로 생겼는데 우리 집에서는 오뎅이라고 불렀다. 어묵탕은 어머니가 손수 끓였는데 멸치와 다시마로 우려낸 육수(肉水)에 여러 개의 어묵과 큼지막하게 썬 무, 대파, 후추가 들어갔다. 어묵탕은 오래 끓일수록 국물 맛이 개운해 속이 풀렸고 어묵의 몸집도 부풀어 올라 식욕을 돋웠다.

마트에서 파는 어묵과 무, 대파를 썰어 넣고 끓인 어묵탕.

젓가락으로 어묵 몸 가운데를 꾹 찔러 양념간장에 찍어 한 입 먹으면 세상 부러울 게 없었다. 어묵탕의 국물은 뜨끈뜨끈하면서 시원해 속을 녹이는 데 그만한 것이 없었다. 대나무 꼬챙이에 꽂아 길거리 포장마차에서 파는 어묵이 옛날에 먹었던 어묵과 비슷한데 국물 맛도 그때와 별반 다르지 않다.

군밤과 군고구마는 요즘도 여전한 겨울철 길거리 간식으로 자주 볼 수 있고 어묵탕은 술안주로 인기가 높다.

⑤ 만둣국과 감자수제비

#겨울철 별미이자 단골 메뉴

몸이 으스스하고 입맛이 없는 겨울날 자주 해 먹은 음식이 있었다. 만둣국과 수제비는 한겨울 우리 식구들에게 입 호강의 행복감을 선사한 별미(別味)였고 동짓날 먹는 동지 팥죽도 1년에 한 번 즐기는 특별한 먹거리였다.

내가 어릴 때 우리 식구들은 유난히 밀가루 음식을 좋아했다. 마땅한 반찬거리가 없는 날, 만둣국과 수제비는 밥상에 오른 단골 메뉴였다. 한파(寒波)가 기승을 부리는 엄동설한(嚴冬雪寒)이면 어머니는 어김없이 만둣국이나 수제비를 끓였다. 네 식구가 아랫목에 둘러앉아 후후 불어 가며 먹는 만둣국과 수제비의 맛에는 잊을 수 없는 추억이 서려 있었다. 만둣국과 수제비는 어머니의 음식이자 우리 형제들의 음식이었고 겨울철 고향집 풍경을 소환하는 정겨운 음식이기도 하다.

학창 시절을 보낸 고향집의 겨울철 별미였던 만둣국. 점심때 자주 가는 단골 식당에서 주문한 수제 만둣국.

우리 집에서는 만둣국과 수제비를 손수 만들어 먹었고 형제들 모두 도우미로 나섰다. 만둣국과 수제비는 둘 다 수수하고 털털한 음식이지만, 레시피는 사뭇 달랐다.

#까다롭고 손이 많이 간 만둣국 조리법

만둣국을 준비하는 과정은 까다로웠고 손이 많이 갔다. 조리법의 첫 순서는 밀가루 반죽이다. 반죽을 치대고 만두피를 만들고 만두를 빚는 일에는 어머니는 물론 두 형과 나까지 손을 보탰다. 조리법을 기억나는 대로 재구성하면 이렇다.

네 식구가 먹을 만큼의 양을 가늠해 밀가루 포대에서 밀가루를 종기로 퍼 양푼에 담은 뒤 물을 붓고 주걱으로 휘휘 저었다. 이때 밀가루 양과 물의 비율이 중요한데 밀가루가 많으면 반죽이 뻑뻑했고 물이 많으면 멀겠다. 밀가루와 물의 양은 어머니가 정했다.

밀가루와 물이 알맞게 섞여 차지고 끈끈한 점성(粘性)의 기본 형태가 갖춰지면 밀가루 초벌 반죽을 대형 쟁반으로 옮겼다. 밀가루 반죽을 옮기기 전 쟁반 위 구석구석에 밀가루를 골고루 뿌려 놓는데 반죽이 쟁반과 엉겨 붙는 것을 막기 위해서다.

중노동이나 다름없었던 반죽 치대기

이제부터 밀가루 반죽의 점성을 끌어올리는 고단한 작업이 시작되는데 두 손으로 반죽을 쥐고 치대는 일이다. 이때 반죽을 주무르는 손아귀의 힘을 영리하게 부려야 하는데, 너무 힘이 들어가면 손가락과 팔이 저리고 너무 약하면 반죽이 탄력을 잃게 된다.

반죽을 치대는 일에는 품이 많이 들었는데 멀리는 허리에서부터 어깨와 팔을 거쳐 두 손아귀로 이어지는 착실한 연속 동작이 필요해 길고 지루한 중노동(重勞動)이나 다름없었다. 3형제가 반죽 한 덩어리씩을 맡았다.

반죽의 중요성과 만두피 만들기

반죽은 두 가지 측면에서 중요했다. 하나는 반죽의 완성도가 떨어지면 만둣국을 끓일 때 만두피가 터질 우려가 있다는 것이고, 다른 하나는 덜 치댄 반죽은 찰기가 모자라 만둣국의 맛을 그르칠 수 있다는 것이다.

반죽이 다 된 뒤에는 만두피를 만들 차례다. 일정량의 반죽을 떼 낸 다음 도구를 사용해 얇게 밀고 동그랗게 만두피를 떠내야 했다. 반죽을 미는 도구는 다듬잇방망이였고 만두피를 떠내는 데에는 주전자 뚜껑이 동원됐다.

만두 빚기와 만두소

이제 만두를 빚는 일만 남았다. 어머니가 미리 준비해 둔 만두소를 숟가락으로 떠 만두피 위에 올린 뒤 만두피를 반달 모양으로 접은 다음 두 손으로 만두피를 만지작거리며 만두 모양을 완성하는 식이다.

'빚다'는 만들어 낸다는 타동사인데 만두를 빚다 말고도 여러 가지 용례(用例)가 있다. 가령 '물의를 빚다', '차질을 빚다', '갈등을 빚다'에서는 부정적인 의미로 쓰이고 '술을 빚다'는 밥과 누룩을 버무려 술을 담근다는 뜻이다. 그런가 하면 진흙으로 도자기를 빚는다는 표현도 있다. 새삼 우리말의 미학적 가치를 엿볼 수 있는 어휘가 아닐 수 없다.

만두소에는 잘게 썬 김치와 으깬 두부, 부추, 다져서 익힌 돼지고기 따위가 들어갔다. 집집마다 만두소 재료는 조금씩 달랐다. 만두를 잘 빚으면 예쁜 딸을 낳는다는 말이 있는데 형들이나 나나 만두를 빚을 때마다 만만한 일이 아니라는 것을 실감했다.

쟁반 위에 펼쳐진 만두를 보면 누가 빚은 것인지 금방 티가 났다. 만두소를 넣고 반으로 접은 만두피 둘레를 손가락으로 꾹꾹 누른 모양이 질서 정연하고 만두피 양 끝이 야무지게 서로를 감싸고 있는 만두는 어김없이 어머니의 작품이었다.

#어머니표 만두 쟁탈전
 형들과 내가 빚은 만두는 만두피 가장자리가 들쭉날쭉하고 만두피 양 끝이 어설프게 맞물려 만두가 끓는 동안 다 풀어지곤 했다. 만두 빚는 솜씨야 두말할 나위가 없는 어머니표 만두가 압도적으로 많았다.

 만둣국은 늘 냄비째 밥상에 올려졌는데, 3형제는 어머니표 만두를 서로 집어 먹겠다고 기(氣) 싸움을 마다하지 않았다.

 어머니와 나, 형들의 체취가 깃든 만둣국을 먹는 시간은 언제나 행복했다.

#단순한 수제비 조리법
 반죽하고 만두피 만들고 만두를 빚기까지 품이 많아 가는 만둣국과 달리 수제비 조리법은 단순했다. 반죽 작업을 마치면 수제비를 조리할 준비가 다 끝난 것이나 다름없었다. 열심히 치댄 반죽 덩어리를 조금씩 떼 내 냄비에 넣고 끓이면 그만이었다. 반죽 요령은 만둣국 때와 똑같다.

만둣국과 함께 수제비는 추운 겨울을 버티게 해 준 고마운 음식이었다.

끓는 물에 수제비용 반죽 조각을 투하하는 방법은 두 가지였다. 한 입에 들어갈 분량의 반죽 덩어리를 손가락으로 떼 낸 다음 양손 엄지와 검지로 주무르고 눌러 편평하게 펴서 넣기도 했고, 한 움큼의 반죽 덩어리를 숟가락 위에 얹고 다른 숟가락 옆 날을 이용해 자르듯이 툭툭 내리쳐 냄비에 떨어뜨리기도 했다. 그런데 우리 집에서 숟가락 치기라고 부른 이 방법은 호락호락하지 않았다.

#감각이 필요한 숟가락 치기
그 이유는 반죽 덩어리의 점성 때문에 맨 숟가락으로는 잘 분리되지 않아 숟가락에 물을 묻혀 가며 작업을 해야 해 번거로웠고, 자칫하면 물을 머금은 반죽과 숟가락이 달라붙어 떼 내기가 쉽지 않은 등 몸으로 익힌 나름의 감각이 필요했기 때문이다.

얼마 전까지만 해도 밀가루 음식을 좋아한 나는 언젠가 옛날 생각이 나 숟가락 치기를 한번 시도해 봤는데 역시 마음먹은 대로 되지 않았다.

감자와 호박을 넣고 끓인 감자수제비는 만둣국과 함께 추운 겨울을 버티게 한 고마운 음식이었다.

7.
골목길 오디세이

① 우산 수선(修繕) 장수와 엿장수

#맨땅의 자유로(自由路), 골목길

1970년대 고향집 동네 골목길은 아이들의 놀이터이자 모든 이들에게 개방된 열린 공간이었다. 골목길을 드나드는 데에는 어떤 제약도 없었고, 누구라도 언제든지 왔다 갔다 할 수 있는 맨땅의 자유로(自由路)였다. 사정이 그렇다 보니 그곳에서는 온갖 광경이 무시로 펼쳐졌고, 신기한 것과 웃기는 것 볼썽사나운 것과 흥미진진한 것 등 볼거리도 많았다.

#날마다 보는 행상(行商)꾼들

골목길 있는 곳에 주택가가 있고 주택이 있는 곳에 골목길이 있던 당시에는 이 동네 저 동네를 떠돌며 물건을 파는 행상꾼과 생활용품 수선(修繕) 장수들이 날마다 찾아왔는데, 그들의 일거수일투족이 눈과 귀를 즐겁게 했다. 기억나는 대로 행상꾼들을 나열해 보면 우산을 고치는 우산 장수, 엿장수, 칼을 갈아 주는 칼 장수, 고물(古物) 장수, 뻥튀기 장수, 막대형 얼음과자인 아이스케키 장수, 멍게 해삼 장수, 찹쌀떡 장수, 메밀묵 장수, 홍게 장수가 있었다.

#특수 활동차, 서커스단 홍보 풍물패, 차력사(借力師)

골목길엔 행상꾼만 드나든 게 아니었다. 여름철이면 어김없이 출동하는 방역차, 수시로 출몰하는 환경위생(衛生)차, 매일 정해진 시간마다 급히 왔다가 급히 사라지는 청소차도 있었고 계절이 바뀔라치면 짜잔, 하고 나타나는 서커스 곡마단 홍보 풍물패도 아이들을 몰고 다녔다. 골목길은 아니지만 동네 공터에서는 비정기적으로 차력사(借力師)가 등장해 신기한 마술을 선보이기도 했다.

#맑은 날 출동하는 우산 수선(修繕) 장수

1970~80년대 초에는 일회용 비닐우산이 널리 유통됐던 시대라 수명이 긴 천 우산은 귀했다. 일회용 비닐우산을 고쳐 쓰는 사람도 있었지만, 우산 장수가 다루는 물건은 주로 천 우산이었다. 물자가 귀하고 소득수준이 지금과는 많이 다른 때라 고쳐 쓸 수 있는 물건이면 무엇이든 고쳐 쓰던 시절이었다. 집집마다 고장 나거나 망가진 우산이 한두 개씩은 있었다. 우산 장수는 요일을 정해 이 골목 저 골목에 진(陣)을 치고 몇 시간이고 고장 난 우산들을 고쳤다.

천 우산 철제 뼈대. 1970~80년대에는 우산살이 부러지거나 휘어지면 우산 수선 장수에게 맡겨 고쳐 썼다.

천 우산은 대개 우산살인 철제 뼈대가 부러지거나 휘어지고, 방수 천이 찢어지거나 군데군데 구멍이 뚫리는 일이 많았다. 우산 장수가 뜨는 날이면 수리가 필요한 동네의 우산이 죄다 모여들었다. 부러진 우산살을 새 살로 교체하고 휘어진 살을 바로 잡고 구멍 난 우산 천을 때우거나 깁는 광경이 신기해 우산 장수 주변에는 늘 아이들이 늘어서서 구경하곤 했다.

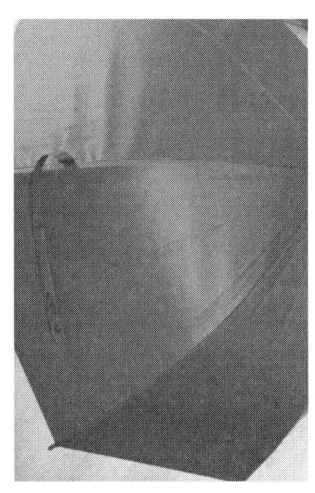

천 우산의 천은 방수 처리돼 있는데, 낡아서 구멍이 뚫리거나 찢어지면 우산 장수에게 맡겼다.

일회용 비닐우산 장수에게 비 오는 날이 대목이라면, 우산 고치는 수선 장수에게 대목은 날씨가 맑은 날이었다. 우산 장수의 손을 거친 천 우산은 거짓말처럼 멀쩡하게 살아났다. 우산 장수의 손은 약손이었다.

#길거리 음식의 대명사, 엿

엿장수는 동네 행상꾼 중 아이들에게 가장 인기가 많았다. 군것질거리가 별로 없던 그때의 아이들에게 엿은 인기 만점이었다. 곡식을 엿기름으로 삭힌 뒤 자루에 넣어 짜낸 국물을 고아 굳힌 엿은 단맛의 결정판이자 끈적끈적한 식감(食感)이 도드라지고 맛이 뛰어나 아이들이 좋아했다. 엿에 들어가는 곡식은 찹쌀, 멥쌀, 옥수수, 보리 따위인데 단단하게 굳힌 갱엿과 물컹물컹한 물엿으로 구분된다. 엿의 종류는 아주 많았다. 엿 가운데 단맛이 으뜸이라는 쌀엿과 옥수수엿, 고구마엿, 호박엿, 보리 엿, 무엿, 흰 가락엿, 깨엿, 땅콩엿, 검은콩 엿 등이 있다. 참깨와 호두, 생강, 잣, 대추가 들어간 약엿도 있었다는데 먹어 본 적은 없다.

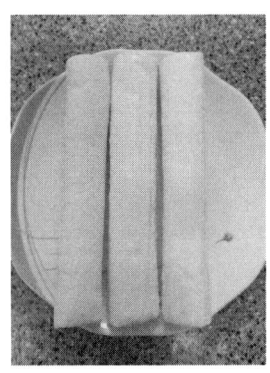

엿장수에게 고물을 주고 자주 바꿔 먹은 흰 가락엿.

가락엿은 갱엿을 뽑을 때 공기를 집어넣어 길쭉하고 가느다랗게 굳힌 것인데, 엿 속에 구멍이 숭숭 뚫려 있는 이유다. 엿을 부러뜨린 속이 수수깡을 닮았다. 골목길 엿장수에게 고물을 주고 바꿔 먹은 엿이 바로 가락엿이었다. 가락엿끼리 달라붙는 것을 방지하기 위해 엿판 위에 밀가루가 넓게 깔려 있었다.

#엿치기

가락엿과 관련한 재미난 일화가 생각난다. 대표적인 것이 엿치기다. 엿치기는 엿끼리 서로 박치기를 시키면 두 동강이 나 속이 드러나는데, 구멍 수나 구멍의 크기에 따라 승부를 결정짓는 게임이었다. 이기는 사람이 엿을 따 먹는 놀이로 친구들과 자주 한 기억이 난다. 엿이 너무 딱딱하게 굳었을 때는 엿장수 가위로 내리쳐 두 동강을 냈다.

흥미를 끌기 위한 마케팅 차원에서 엿장수가 아이들을 상대로 치르는 경우도 많았다. 아이들이 이기면 가락엿 하나가 보너스로 주어졌고, 엿장수가 이기면 보너스가 없었다.

#엿장수 마음대로

가끔 가락엿 대신 호박엿으로 바꿔 먹기도 했다. 호박엿은 물엿인 조청에 호박 진액(津液)을 넣고 고와 굳힌 것이라 물컹물컹한데, 엿장수가 어떻게 자르느냐에 따라 엿의 크기가 달라졌다. '엿장수 마음대로'라는 말은 아마 여기서 유래된 게 아닌가 싶다.

땅콩의 고소한 풍미를 느낄 수 있는 땅콩엿.

#엿장수의 가위질

가위질은 엿장수를 상징하는 현란한 손놀림의 다른 이름이다. 엿장수는 쇳소리가 나는 가위질로 자신의 존재감을 드러냈다. 동네 골목길 어귀에서 쩌렁쩌렁한 가위질 소리가 메아리치면 고물 하나씩을 손에 든 아이들이 우르르 몰려 나갔다. 아이들에게 엿장수의 가위질 소리는 달콤하게 들렸고, 군침을 돌게 했다.

엿장수 가위.

손님이 별로 없을 때, 엿장수는 오랫동안 갈고닦은 가위질 솜씨로 신명 난 전통 가락을 찰진 소리로 연주했다. 그 가락은 대개 품바타령이었고 이따금 유행가(流行歌)를 섞어 춤사위까지 펼치기도 했다.

#엿과 바꿔 먹었던 고물(古物)

아이들이 엿장수에게 가지고 가는 고물은 주로 헌 고무신이나 낡아 너덜너덜해진 운동화, 찌그러진 그릇과 냄비, 낡고 고장 나 못 쓰게 된 장난감, 헌 옷 등이었다. 엿과 바꿀 마땅한 물건이 없는 아이들은 한 움큼의 구슬을 가져가기도 했는데, 퇴짜를 맞기 일쑤였다. 운 좋게 인정 많은 엿장수를 만나면 땅콩엿 한 조각을 얻어먹으며 즐거워했다.

갱엿이나 물엿이나 엿을 먹고 나면 이빨에 엿 찌꺼기가 쩍쩍 달라붙거나 끼어 있는데, 엄지와 집게손가락으로 꺼내 다시 먹곤 했다. 그 시절 엿은 길거리 음식의 대명사였다.

#합격을 기원하는 합격 엿

요즘에도 입시 철이면 합격을 기원하는 수험생과 학부모들의 감성에 기댄 합격 엿이 맞춤형 상품으로 쏟아지는 모습을 종종 본다. 끈적끈적하고 치아에 달라붙는 엿처럼 떡하니 시험에 붙으라는 소망이 담긴 마케팅 상품인 셈이다.

#엿이나 먹어라

엿과 관련해 우리가 일상적으로 사용하는 언어 습관도 있다. 우리가 잘 아는 '엿이나 먹어라'라는 표현이다. 상대에게 욕을 하고 싶거나 골탕을 먹이고 싶을 때, 또는 못마땅할 때 꺼내는 은어(隱語)인데, 정확한 출처는 밝혀진 바가 없다.

엿은 요즘에도 있지만 엿을 먹을 일은 거의 없다. 추억의 음식 중 세월의 풍화(風化)에 휩쓸려 간 가장 쓸쓸한 이름이 아닐까 싶다.

② 길거리의 육체 예술가, 칼 장수

#부엌칼의 생명은 칼날

"칼 갈아요, 칼. 칼이나 가위 갈아요."

칼 장수 아저씨의 목소리는 낮게 깔린 중저음이지만 힘이 있었고, 리듬감도 묻어났다. 1970년대 동네를 도는 행상꾼 중 칼 장수는 주부들이 반긴 칼갈기의 장인(匠人)들이었다. 가정 부엌살림 중 식재료를 다듬고 준비하는 데에 가장 중요한 도구가 칼이었다. 이른바 부엌칼로 불리는 식칼. 공산품(工産品)의 질적 수준이 지금만 못한 데에는 식칼도 마찬가지였다. 식칼의 생명은 칼날인데, 칼날이 서고 날카로워야 제 몫을 다 했다. 어머니는 칼날이 무뎌져 칼이 안 들면 정기적으로 식칼을 칼 장수에게 맡겼다.

어머니들의 부엌살림 도구 1호 식칼. 식칼은 대파와 당근, 양파 등 각종 채소를 자르고 써는 필수 도구다.

#부엌살림 도구 1호, 식칼의 다양한 용도

대파와 양파, 쪽파, 무, 김치, 감자, 당근, 소고기, 돼지고기, 오이, 호박 등 온갖 식재료를 자르고 썰 때 사용하는 식칼은 어머니들의 부엌살림 도구 1호였다.

식칼의 용도는 다양했다. 채소나 고기를 자르고 써는 것뿐 아니라 쇠고기나 돼지고기를 다지거나 소량의 마늘을 빻을 때도 쓰였다. 고기를 다질 때는 칼날을 사용하지만, 마늘을 빻을 때는 식칼 자루 머리가 동원됐다.

#식칼과 절구

식칼 자루 머리 부분은 둥글넓적해 네댓 개의 마늘을 빻기에 적당했다. 다량의 마늘을 빻을 때는 절구를 이용했다. 옛날 절구와 절굿공이는 맷돌처럼 돌로 만든 것이라 여간 무겁지 않았다. 어릴 때 몇 번 들어 봤는데, 낑낑대며 땀을 뻘뻘 흘린 기억이 생생하다. 요즘 가정에서 쓰는 절구와 절굿공이는 나무 재질이라 크기도 작고 옮기기도 편하고 사용하기도 편하지만 쓸 일이 별로 없다. 절구통에 넣고 빻는 식재료는 마늘이 대표적인데 마트에서 파는 다진 마늘로 대체된 지 오래이기 때문이다. 다진 생강도 마트에 가면 널려 있다. 가정에서 절구질할 일이 거의 없는 것도 시대상의 산물이라 여겨진다.

#칼날 세우기와 숫돌

식칼의 재질은 스테인리스라 시간이 지나면 칼날이 무뎌지거나 칼날의 이가 빠져 자르고 썰기가 불편했고 억지로 힘을 주다가 손을 다치는 일도 있었다. 칼날을 갈고 다듬어 예리하게 세우는 칼 갈기는 얼핏 별것 아닌 것처럼 보이지만, 숙련된 솜씨가 필요했다. 칼 장수는 칼날을 숫돌에 갈았다. 숫돌은 강철로 만든 칼이나 가위 등 연장을 갈아서 날을 세우는 데 사용되는 돌이다.

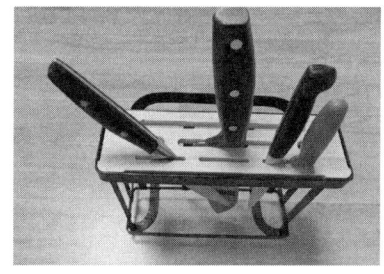

식칼 등 다양한 종류의 칼을 보관하는 칼꽂이.

선사시대 때부터 존재했던 것으로 알려진 숫돌은 푸른빛이 도는 청숫돌과 흰빛이 나는 백 숫돌이 있다. 돌 재질의 거친 정도에 따라 거친 숫돌, 중 숫돌, 완성 숫돌로 구분된다. 가정용 식칼을 가는 데에는 주로 중 숫돌이 사용됐다.

#칼날 갈기의 미학(美學)

칼 장수는 숫돌과 칼 몸통에 물을 뿌려 가면서 칼날을 가는데, 칼날이 앞을 향하도록 한 채 두 손으로 칼 전체를 옆으로 꽉 쥐고 밀고 당기기를 무한 반복한다. 칼을 갈면서 칼 장수는 수시로 칼날 상태를 점검하는데 칼날의 한쪽 면이 만족스러우면 칼을 뒤집어 반대편 칼날을 갈기 시작한다. 만족스러운지 그렇지 않은지를 확인하는 방법은 칼날 끝에 손가락 끝을 대 보는 촉감이다.

칼날을 갈 때는 칼자루를 한 손에 쥐고 나머지 손의 엄지를 제외한 네 손가락 혹은 엄지와 새끼손가락을 뺀 세 손가락을 펴 칼 몸통에 댄 채 칼날 부분이 숫돌에 밀착되게 밀고 당겨야 한다. 칼날의 반대 면을 갈 때는 칼을 옆으로 180도 뒤집어 칼자루를 다른 손으로 바꿔 잡고 이전과 같은 요령을 되풀이하면 된다. 칼날의 경사진 곳 전부가 숫돌에 닿은 채 앞뒤로 이동할 수 있도록 기울기를 잘 맞추는 것이 포인트다.

#칼 갈기와 힘의 강약 조절

칼 장수가 칼을 밀고 당길 때 들어가는 힘은 강약 조절이 중요한데, 그 비결은 숱한 시행착오 끝에 몸으로 익힌 칼 장수만의 감각으로만 알 수 있다. 칼을 가는 데 필요한 힘은 허리를 축으로 양팔과 양손 세 군데에서 나오는데, 출처가 세 곳인 이 힘들이 조화롭게 어우러져야 체력 안배에도 성공하고 칼날 세우기에도 성공한다.

숫돌에 칼을 갈아 본 사람은 알겠지만, 칼을 가는 행위에는 생각보다 많은 체력이 소모된다. 칼 장수는 칼을 가는 도중에 손끝으로 칼날을 한 번씩 만져 보면서 그 느낌에 따라 칼 몸통에 물을 조금씩 뿌려 준다. 물을 뿌리는 때와 물의 양을 조절하는 것도 오랜 훈련에서 감각적으로 익힌 내공(內工)에서 나오는 것이다.

#움푹 팬 숫돌 몸체와 고인 물의 정체성

칼 장수는 식칼뿐 아니라 가정에서 쓰는 가위도 많이 다뤘다. 날을 세우는 기본적인 요령은 칼과 같지만, 가위의 경우 두 개의 날을 서로 벌려 갈아야 해 더 까다로웠다. 칼 장수가 칼이나 가위를 갈고 있을 때 숫돌을 자세히 들여다보면 숫돌 가운데가 움푹 팬 모습이 눈에 띈다. 오랜 세월 칼과 가위를 가느라 희생한 숫돌 몸체의 흔적이다. 숫돌과 칼 몸통에 뿌린 물은 숫돌 가운데에 고여 있는데, 칼날을 갈수록 숫돌과 쇠 기운이 물에 스며들고 물빛에도 숫돌과 쇠의 색깔이 침투한 기미가 보인다.

#길거리 육체 예술, 칼 갈기

숫돌과 물, 칼 장수의 몸과 감각적인 판단력에 힘입어 칼날이 새 생명을 얻는 칼 갈기는 길거리의 육체 예술로 손색이 없었다.

1970년대에 주택가를 돌며 장사한 칼 장수는 인기가 많았고 벌이도 괜찮은 편이었다. 요즘도 하루 종일 칼로 생선 손질을 하는 생선 시장에 가면 한 모퉁이에 자리를 잡은 칼 장수가 단골들이 맡긴 생선 칼을 가는 모습을 종종 볼 수 있다. 옛날처럼 손과 숫돌이 아니라 기계로 가는 방식만 바뀌었다.

세월의 흐름에 떠밀려 칼 갈기도 이제는 기계가 떠맡는 시대가 됐다. 옛날식 수제(手製) 칼 갈기는 지금도, 앞으로도 보기 드물 것 같다.

③ 고물(古物) 장수

#불시에 나타나는 고물 장수

"고물 삽니다, 고철이나 폐지 삽니다. 헌책이나 그릇, 냄비도 삽니다."

칼 장수가 정해진 요일에 동네를 찾았던 것과 달리 고물(古物) 장수는 불시(不時)에 불쑥 골목에 나타났다. 손수레를 끌고 다니는 고물 장수는 낡고 망가져 못 쓰게 된 온갖 물건들을 취급했지만, 새것이나 다름없는 멀쩡한 물건들을 손에 넣는 운 좋은 경우도 더러 있었다.

서울 동대문구 서울풍물시장에 가면 온갖 진기한 옛날 물건들을 만나 볼 수 있다.

엿장수에게 갖다주고 엿으로 바꿔 먹는 물건들이 환금성(換金性)이 미미한 것이었다면, 고물 장수에게 내다 파는 물건들은 비교적 환금성이 괜찮은 편이었다. 액수가 많건 적건 고물 장수에게 내놓는 물건들은 다 돈이 되는 것들이었다. 고물이라는 글자 그대로 사고파는 물건이 자유로웠다.

#고물 장수 등장의 시그널, 놋방울 소리

엿장수의 등장을 알리는 시그널이 가위질 소리였다면 고물 장수의 시그널은 놋쇠로 만든 놋방울 소리였다. 고물 장수가 놋방울을 흔들 때마다 짤랑짤랑 쇠붙이 부딪히는 소리가 났다. 손수레를 끌고 느릿느릿한 걸음으로 동네를 돌던 고물 장수는 고물을 든 손님이 찾아오면 걸음을 멈췄다.

고물 장수에게 가지고 가는 고물은 각양각색(各樣各色)이었다. 엿장수에게나 가지고 갈 만한 시시껄렁한 물건에서부터 용돈벌이가 될 만한 것들, 제법 수입이 쏠쏠한 것들이었는데 아주 드물게 나중에 진귀한 예술품으로 밝혀지는 물건들도 섞여 있었다.

#각양각색의 고물들
옛날 기억을 더듬어 생각나는 대로 그때의 고물을 주워섬겨 보면 잡다한 쇠붙이 종류의 고철(古鐵)을 비롯해 신문 폐지(廢紙), 헌책, 깨진 그릇과 냄비, 다 쓴 공책, 잡지, 빈 병, 철 지난 교과서와 참고서, 옛날 계산기인 주판(籌板), 찌그러진 세숫대야, 양은그릇, 놋그릇, 녹슬고 금 간 수저, 헌 구두, 가죽 제품, 해진 옷가지, 고장 난 탁상시계, 촉이 부러진 만년필, 구리가 들어 있는 전기선, 망가진 전기스탠드와 트랜지스터라디오, 수명이 다한 석유풍로(風爐), 다리가 부러진 의자 등이 있었다.

#환금성 높은 고물과 방치된 예술품
우리 집에서는 주로 서너 달 치의 신문과 1년 치 잡지 따위가 쌓일 때마다 고물 장수에게 넘겼는데, 수입이 꽤 짭짤했던 것으로 기억한다. 고물 장수가 선호한 물건은 고철과 전깃줄, 놋그릇이었다. 환금성이 높아 돈이 됐기 때문이었다. 가정에서 많이 쏟아져 나오는 빈 병과 폐지, 헌책도 고물 장수가 반기는 물건이었다. 덩치가 큰 가정용 전기제품이나 석유풍로도 고물 장수의 괜찮은 벌이였으나 흔한 매물(賣物)은 아니었다.

옛날 중학교 수학 교과서.

흔치 않게 예술품이나 문화재가 고물 장수의 손에 넘어가는 일도 있었다. 집 안 다락방에서 먼지를 덮어쓰고 방치되다시피 한 것들로 서예 작품과 고서(古書), 산수화, 도자기 따위가 그랬다. 이런 물건 중 훗날 고가(高價)의 호가(呼價)를 기록해 화제가 되는 일도 있었다. 고물 장수에게 물건을 넘긴 사람이나, 고물 장수나 당시에 그 가치를 알 리가 없었던 것은 물론이다.

#고물값 산정 방식

고물 장수가 고물값을 매기는 방식은 대략 세 가지였다. 내놓는 매물(賣物) 중 상당수는 고만고만한 것들이라 저울로 무게를 달아 값어치를 평가하는 경우가 제일 많았다. 물건 상태가 양호하거나 고물을 사고파는 가게인 고물상들이 군침을 흘릴 만한 것들, 전기제품 등은 손님과 흥정해서 값을 매겼다. 무게를 달기도 그렇고 흥정 대상도 아닌 물건들은 고물 장수가 눈대중으로 가치를 정했는데 이런 사례도 꽤 있었다.

#운수 좋은 날

고물 장수는 해거름이면 하루 장사를 마무리하는데 손수레가 돈 되는 물건들로 가득 채워진 날에는 놋방울 소리를 쩌렁쩌렁하게 울리며 콧노래까지 흥얼거리곤 했던 모습을 여러 번 봤었다. 그런 날, 단골로 거래하는 고물상으로 손수레를 끌고 가는 발걸음이 가벼웠을 고물 장수는 일당(日當)을 챙긴 뒤 분명 이름 모를 대폿집에서 막걸리 한 사발(沙鉢)을 기분 좋게 들이켰을 것이다.

이제는 낡고 못 쓰게 된 물건뿐 아니라 멀쩡한 물건들을 내다 버리는 경우도 많은데, 폐기물 처리 비용을 떠안고 버려야 하는 시대라 격세지감(隔世之感)도 이만저만이 아니다.

④ 찹쌀떡과 메밀묵, 홍게 장수

#겨울밤과 찹쌀떡

1970년대 겨울의 밤은 유달리 일찍 찾아왔다. 해가 뉘엿뉘엿 지기 시작하면 어머니는 밥솥에 밥을 안치고 찌개를 끓이고 나물 반찬을 만드느라 분주했다. 동네 골목길에서 친구들과 놀다가도 어둑어둑해지면, 누가 먼저랄 것도 없이 모두 자기 집으로 돌아갔다. 그 무렵 아이들에게 해 질 녘은 일과(日課)가 끝나는 신호였다.

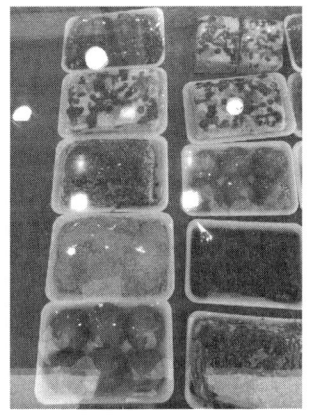

찹쌀떡은 70년대 겨울 밤참으로 인기가 많았다. 찹쌀떡과 시루떡, 인절미, 퓨전식 백설기 등 다양한 떡 종류.

일찌감치 저녁밥을 먹고 작은방에서 학교 숙제를 끝낸 다음 안방으로 건너와 가족들과 함께 흑백 TV를 보느라 시간 가는 줄 모르고 있을 때쯤, 골목 너머에서 거부할 수 없는 유혹의 소리가 메아리쳐 울려왔다.

#3음절 두 단어의 마력(魔力)과 찹쌀떡 쟁취 작전

"찹쌀떡~ 메밀묵~"

3음절의 두 단어는 묘한 울림이 있었다. 겨울밤의 정적을 깨는 그 울림에는 희한하게도 군침을 돌게 하는 마력이 있었고 그럴 때마다 나와 형들은 슬그머니 어머니의 눈치를 보며 이제나저제나 했다. 어머니의 표정을 번갈아

살피던 중 마침내 큰형이 우리끼리만 통하는 무언(無言)의 신호, 눈짓을 막내인 나에게 보냈다.

그럴 때 내가 닫힌 어머니의 마음을 여는 방법은 딱 한 가지였다. 저녁밥을 시원찮게 먹어 아까부터 배에서 꼬르륵꼬르륵 소리가 난다며 어리광을 부리는 것이었다. 너희 속셈을 뻔히 다 안다는 듯, 알 듯 모를 듯 한 미소를 짓고 난 어머니는 '오늘만'이라는 단서를 붙이고서는 지갑에서 지폐 한 장을 꺼내 건네주곤 했다.

#특별한 군것질거리, 찹쌀떡

나무통을 어깨에 멘 찹쌀떡 장수도 이런 집 안의 분위기를 알고 있었는지, 그때까지 골목길을 떠나지 않고 3음절의 두 단어를 나지막하지만 감질나게 외치고 있었다. 나와 형들은 메밀묵보다 찹쌀떡을 좋아해 찹쌀떡 한 봉지를 사서 나눠 먹었다. 돌이켜 보면 그 맛이 특별히 뛰어나서라기보다는 야심(夜深)한 시간에 어머니를 졸라 쟁취한 특별한 밤참이라는 점에 의미를 뒀던 게 아닐까 싶다. 특별한 밤참이라고 이름을 붙인 이유는 쫀득쫀득하고 말랑말랑한 찹쌀떡 특유의 식감 때문이다.

우리 형제들이 찹쌀떡을 먹을 때면 어머니는 꼭 동치미 국물을 한 그릇 떠와 내밀었다. 급하게 찹쌀떡을 먹다 보면 목이 막히고 체할 수 있다는 염려에서였다. 떡을 뺀 지 얼마 되지 않아서인지 떡고물이 잔뜩 묻은 찹쌀떡에서는 온기(溫氣)가 느껴졌고 제법 큼지막하기도 해 먹고 나면 나름 포만감에 기분이 좋아졌다. 찹쌀떡의 맛은 고소하고 찰졌다. 어머니의 찹쌀떡 인심은 후(厚)하지도 박(薄)하지도 않았다.

#이름만 영덕 대게인 홍게

한겨울 저녁 무렵 골목길 어귀에는 홍게 장수도 자주 나타났다. 홍게 장수가 끌고 다니는 손수레에는 빨간 홍게가 가득 실려 있었고, 게를 찌는 대형 찜기에서는 김이 무럭무럭 났다. 손수레 한쪽에 영덕 대게라고 손으로 쓴 글씨가 크게 적힌 나무판이 걸려 있었는데, 5마리에 얼마, 10마리에 얼마라고 명시돼 있었다. 가격을 보면 영덕 대게일 리가 없는 데도 구경꾼들이 모여들었고, 영덕 대게가 아니라는 점은 구경꾼들도 모를

대게 전문점 수족관의 홍게(위)와 킹크랩(아래).

리 없을 터였다. 그런데도 모양과 크기가 비슷해 이름만 영덕 대게인 홍게는 싼값에 먹을 수 있어 인기가 많았고 잘 팔렸다.

#구매 욕구를 자극하는 홍게의 유인책

알고도 속아 준 것인지, 모르고 속은 것인지는 알 수 없으나 싼 가격에 더해 홍게 장수 손수레 찜기에서 피어오르는 김과 찌는 과정에서 코끝을 취하게 하는 홍게 냄새는 홍게냐, 대게냐의 뻔한 진실 논쟁과 상관없이 분명 구매 욕구를 자극한 강력한 유인책(誘引策)이 아니었을까 짐작된다.

홍게는 개체 수가 압도적으로 많아 대게나 꽃게보다 훨씬 싸다. 크기와 모양이 대게를 쏙 빼닮아 대게로 속여 파는 경우가 많다고 한다. 지금은 암컷의 연중 포획이 금지돼 있으나 1970년대에도 그랬는지는 알 수가 없다. 홍게의 표준명은 '붉은 대게'다. 껍질이 단단하고 살이 통통하게 오른 놈은 박달 홍게라고 부른다는데, 이놈은 상품 가치가 높아 홍게 중에서도 귀한 대우를 받는

다고 한다. 홍게 중에 살이 별로 없고 물렁물렁한 놈은 속칭 물 게로 통하는데 그 시절 길거리 홍게 장수가 취급한 홍게가 그렇지 않았나 싶다.

#홍게탕

싼 게 비지떡이라고, 몇 번 먹어 본 홍게는 살이 물렁물렁하고 먹을 게 별로 없었다. 가위로 홍게 다리 껍질을 횡으로 길게 자른 뒤 젓가락을 집어넣어 다리 살을 빼 먹곤 했는데, 애쓴 보람을 느끼기에는 살점이 부실했다. 아쉬움을 달랜 방법도 있었는데, 홍게 딱지 뚜껑을 벗겨 내고 그 안에 숟가락으로 밥을 꾸역꾸역 욱여넣은 뒤, 딱지에 붙은 살과 잘 섞어 먹는 식이었다. 짭조름한 홍게 육즙이 밥알에 배 맛이 괜찮았다.

남은 홍게는 된장을 풀고 고춧가루를 넣어 끓인 홍게탕으로 만들어 먹었다. 홍게탕에 밥을 말아 먹으면 그런대로 맛이 났다. 싼 게 비지떡도 다 쓸모가 있었다.

#멍게 해삼 장수

요즘처럼 여름철에는 멍게 해삼 장수도 종종 볼 수 있었다. 손수레에 멍게 해삼을 싣고 동네 어귀에 진을 친 멍게 해삼 장수는 잔 소주와 멍게 해삼을 썰어 팔았다. 퇴근길 직장인이나 동네 아저씨들은 선 채로 멍게 해삼을 안주 삼아 잔 소주 몇 잔을 들이켰고, 나도 친구들과 가끔 멍게와 해삼을 주문해 초장에 찍어 먹었던 모습이 눈에 선하다. 멍게는 흐물흐물해서 부드러운 식감과 함께 입안을 맴도는 바다향이 입맛을 돋웠고, 딱딱하면서 찰진 해삼은 씹는 맛이 그만이었다. 어릴 때 맛을 들인 멍게와 해삼은 지금도 좋아한다.

손수레에서 트럭으로 바뀐 길거리 홍게 장수는 요즘에도 드물게 볼 수 있지만, 멍게와 해삼을 파는 행상꾼은 포장마차로 대체된 지 오래다. 길거리 음식 문화도 많이 달라졌다.

⑤ 뻥튀기와 강정

#먹거리, 볼거리의 천국 재래시장

고향집 앞 골목길은 자동차가 드나들 정도로 제법 넓었다. 그 길을 따라 150m 남짓 걸어가면 버스가 다니는 아스팔트 대로(大路)가 나왔고 대로를 건너면 재래시장 입구였다. 지금이나 그때나 재래시장은 먹거리와 볼거리의 천국이다. 육류와 생선류, 채소류, 건어물, 군것질거리 따위의 먹을거리와 식당들이 즐비했고 간장 가게, 참기름 가게, 쌀가게, 떡집, 고추 가게, 신발 가게, 옷 가게, 서양식 여성 옷 전문 양장점, 한복 가게, 수선 가게, 구두 가게, 서양식 일용잡화 전문 양품점, 모자 가게, 실 가게, 철물점, 전자기기를 수리 판매하는 전파상, 열쇠 가게, 그릇 가게, 액세서리 가게, 땅에 물건을 놓고 파는 각종 좌판점(坐板店)과 포장마차 등 세상 물건과 음식이 전부 모여 있었다.

시중에서 유통되는 다양한 강정류.

#1970~80년대 국민 간식 뻥튀기

아직도 명맥을 이어 가고 있는 고향 동네 전통 재래시장에는 진기한 볼거리도 많았는데, 특히 기억나는 것 중의 하나가 뻥튀기 장사였다. 장터 한구석 늘 정해진 자리에서 장사하는 뻥튀기 장수는 아이 어른 할 것 없이 남녀노소가 눈도장을 찍는 인기 만점의 볼거리였다.

압착 기계로 눌러 만든 접시 또는 쟁반 모양의 뻥튀기.

뻥튀기는 쌀이나 옥수수, 보리 따위의 곡물과 바짝 말린 떡국용 떡을 밀폐된 용기 안에 넣고 가열하여 튀긴 음식인데 내가 살던 동네에서는 튀밥이라고 했다. 쇠로 된 뻥튀기 기계 속에 곡물을 넣고 열과 압력을 이용해서 튀긴 뻥튀기는 1970~80년대 국민 간식이었다. 뻥튀기 장수는 시장터뿐 아니라 동네 공터에서도 볼 수 있었다.

#순서를 기다리는 긴 깡통 대열(隊列)

누구나 튀밥을 주전부리로 즐겨 먹던 시절이라 뻥튀기 장수 앞에는 쌀이나 옥수수 등 곡식을 튀기려는 사람들이 줄 서 있었다. 다들 생업(生業)에 쫓기고 시간이 없는 장삼이사(張三李四)들이라 곡식을 담은 큰 깡통들이 길게 줄지은 모습은 당시에 흔한 풍경이었다. 깡통 순서대로 뻥튀기 장수만 아는 표시를 해 뒀는데, 그 표시를 확인하고 뻥튀기를 찾아가곤 했었다. 어릴 때 나도 어머니 심부름으로 뻥튀기 장수를 자주 찾았었다.

튀밥은 곡물의 종류에 따라 쌀 튀밥, 옥수수 튀밥, 보리 튀밥, 떡국 튀밥 등 여러 가지가 있었다. 입이 심심할 때 주전부리로 먹기 딱 좋은 군것질거리로 맛도 있고 먹는 재미도 쏠쏠했다. 튀밥은 입맛이 없고 허기질 때도 편하게 먹을 수 있는 훌륭한 간식거리였다.

#뻥튀기의 원리와 미학적 가치

뻥튀기의 원리는 미학적 가치가 충분해 흥미진진한데, 고온(高溫)과 고압력(高壓力)을 이용한 대략적 과정을 살펴보면 이렇다.

1) 쌀 등 곡물을 넣은 원통 모양의 뻥튀기 기계에 공기가 들어가지 않도록 밀폐 고정한 뒤 화롯불 위에 올린다.
2) 손잡이를 잡고 돌리면 위아래로 원운동을 하며 돌아가도록 제작된 뻥튀기 기계 손잡이를 돌리면서 가열해 용기 내부 압력을 상승시킨다.
3) 밀폐된 뻥튀기 기계에 열을 가할수록 용기 속의 압력이 올라간다.
4) 뻥튀기 기계 뚜껑에는 시간을 재는 타이머가 달려 있는데, 적정 시간에 도달하면 뻥튀기 기계 뚜껑에 기다랗게 생긴 둥근 철 그물망을 갖다 대고 걸쇠를 뚜껑 고리에 걸어 열어젖힌다.
5) 그 순간 '펑' 하는 폭발음 소리와 함께 하얀 연기가 뿜어져 나오면서 뻥튀기가 쏟아져 나온다. '펑' 소리는 아주 컸는데 귀청이 멍멍할 정도의 굉음(轟音)이었다.
6) 펑 소리가 나는 이유는 용기 안의 공기가 팽창하면서 높아진 압력이 바깥으로 갑자기 한꺼번에 방출돼 외부 공기와 크게 충돌하기 때문이다. 용기 안 곡식의 낱알에 남아 있던 물기도 압력의 방출과 동시에 급격한 속도로 기체로 변하는데, 뚜껑을 여는 순간 뿜어져 나오는 하얀 김의 정체이기도 하다.
7) 뚜껑이 열리면서 뻥 튀겨진 곡물은 그 크기가 헐크처럼 몸집이 수배로 부풀어 오르고 씹으면 바삭바삭 소리가 나면서 먹기 좋은 간식이 된다.

#뻥튀기의 비법, 감미료

뻥튀기 장수는 뻥튀기 기계 뚜껑을 열기 전 "뻥이요!" 소리를 힘차게 외쳐 주위를 환기(喚起)시키는 배려도 잊지 않았다.

깜빡 잊은 게 하나 있다. 뻥튀기 장수가 곡물을 뻥튀기 기계 안에 넣을 때 사카린 따위의 감미료(甘味料)를 추가하는데 튀겨진 곡물에서 단맛이 나는 이유다.

#뻥튀기의 3대 특징

뻥튀기의 원리에 비추어 뻥튀기의 특징은 세 가지로 요약할 수 있다.

첫째, 뻥튀기가 세상 밖으로 나오는 순간 '펑' 하는 소리의 전율,

둘째, 시야를 가리는 뿌연 연기의 아득함,

셋째, 갓 튀겨진 뻥튀기의 달고 부드러운 맛

#뻥튀기 관전의 하이라이트

뻥튀기 관전의 하이라이트는 뻥튀기 장수가 뻥튀기 기계 뚜껑을 열기 직전 2~3초간의 짧은 적막(寂寞)에 숨어 있다. 적막의 수명은 아주 짧지만, 적막이 깨지기 전까지 구경꾼들은 누가 시키지도 않았는데 두 손으로 귀를 막고 숨을 졸인다. 숨을 졸이는 이유는 곧 귀청을 때릴 벼락같은 굉음의 위력이 얼마나 대단할지, 앞을 가리는 연기는 어떤 모습으로 나타날지를 두고 혼자 상상을 하며 즐거워하기 때문이다.

#명절 필수 음식 강정

뻥튀기 하면 또 강정을 빼놓을 수 없다. 옛날 명절 필수 음식으로 명성이 높았던 강정은 쌀 튀밥에 조청을 묻히고 밀대로 밀어 사각형 형태로 잘라 만든 것이다. 쌀강정, 콩강정, 깨강정, 땅콩강정이 그런 것들이다. 깨강정과 콩강정은 볶은 깨와 볶은 콩을 이용해 만들고, 땅콩강정은 쌀강정 위에 땅콩을 얹은 것이다.

쌀 튀밥으로 만든 전통 한과(漢菓)의 하나인 유밀과(油蜜果).

고향집에서도 명절 때마다 쌀강정과 콩강정, 깨강정을 주문 제작해 제사상에 올리고 두고두고 가족들이 나눠 먹었다. 전통 한과(漢菓)인 유밀과(油蜜果)도 강정의 한 부류인데 제사상에 자주 오르는 제수(祭需) 음식이었다. 유밀과는 밀가루나 찹쌀가루를 꿀과 설탕과 섞어 반죽한 다음 타원형으로 빚어 기름에 튀겨 낸 뒤 알록달록한 식용색소를 입힌 것이다.

수요가 여전한 튀밥과 달리 강정의 인기는 예전만 같지 않다.

뻥튀기 장수 앞에는 늘 구경하는 아이와 어른들이 몰려 있었고, 펑 소리가 날 즈음에 모두 귀를 막고 곡물이 뻥튀기로 변신하는 광경을 숨 졸이며 지켜보곤 했다. 나도 친구들과 어울려 일부러 뻥튀기 현장을 보기 위해 시장터나 동네 공터를 자주 찾았던 기억이 난다.

#여전히 건재한 뻥튀기의 존재감

요즘도 아파트 단지나 주택 단지 부근에서 뻥튀기 트럭 장사를 심심찮게 볼 수 있다. 뻥튀기 과자를 판매하는 가게도 곳곳에 있고 대형 마트 식품매장에서 팔기도 해 뻥튀기 수요가 만만치 않음을 알 수 있다. 영화관에서 파는 뻥튀기인 팝콘은 옥수수를 튀긴 것인데, 튀기는 방식이 옛날 뻥튀기와 달라 모양도 다르고 맛도 다르고 이름도 다르다. 옛날식 옥수수 뻥튀기는 지금도 건재한데, 파는 곳도 많고 호프집에서 서비스 안주로 내놓는 경우도 많다.

뻥튀기 트럭 장사가 판매하는 뻥튀기 중에는 압착 기계로 눌러 만든 뻥튀기도 있다.

옥수수 튀밥. 심심풀이 주전부리로, 호프집 서비스 안주로 존재감이 여전하다.

싼값에 맛있고 배불리 먹을 수 있는 심심풀이 군것질거리 뻥튀기의 존재감은 앞으로도 계속될 것이다.

뻥튀기 가게에서 판매하는 뻥튀기 묶음.

⑥ 서커스 공연

#화려한 진기명기 쇼

1970년대 서커스 공연은 인기가 많았다. 줄타기, 묘기 대행진, 마술(魔術), 말 타고 재주 부리기 등 진귀한 곡예(曲藝)와 동물들의 재주넘기로 꾸며진 서커스 공연이 열리는 날이면 온 동네가 떠들썩했다. 당시에는 동네마다 넓은 공터가 많았는데, 그곳에서 서커스 공연이 펼쳐졌다.

서커스 공연 장면. ⓒBHAVAPRIYA J U/ JUMBO circus @Trivandrum - wikipedia commons, public domain

서커스단의 한자어는 곡마단(曲馬團)인데, 한자를 뜯어 보면 탁월한 번역 조어(造語) 솜씨에 감탄이 절로 나온다. 곡마단을 한자 원어에 충실하게 해석하면 둥근 원형 극장에서 말 타면서 각종 곡예를 선보이는 기예(技藝) 단체를 말하는데 3음절의 한자로 서양에서 유래된 초창기 서커스의 정의를 명쾌하게 규정한 점이 놀랍다. 세월이 지나면서 강도 높은 훈련을 몸에 익힌 단원들이 화려한 볼거리를 개발해 낸 진기명기 쇼로 뿌리내리며 TV 문화가 정착되기 전까지 서민들의 눈과 귀를 사로잡았던 게 바로 서커스단이다.

어릴 때 내가 살던 동네에도 서커스단이 정기적으로 찾아와 공연을 선보였다. 서커스단은 한번 오면 같은 곳에서 3~4일 공연하고 다른 장소로 떠났다.

서커스단은 전국 방방곡곡을 돌아다니며 순회공연을 한 유랑극단(流浪劇團)이었다.

#천막 원형 극장과 얌체족

공연장의 형태는 천막 원형 극장이었는데 천막을 둘러쳐 한시적으로 만든 임시 무대였다. 공연장이 일반 건물이 아니라는 특수성 때문에 천막을 덮어씌운 공간 곳곳에 공짜 입장을 시도하는 얌체족들을 단속하는 경비원들이 버티고 있었다. 눈치 빠르고 몸이 날쌘 아이들은 경비원이 잠시 한눈을 팔거나 잠깐 자리를 비우는 사이 잽싸게 천막 아래 틈새를 파고들어 다른 아이들의 부러움을 사기도 했다.

공짜로 공연을 보고 나온 아이 몇몇은 눈만 껌벅거리는 아이들 앞에서 마치 영웅담을 털어놓기라도 하듯이 자신들이 목격한 신기한 묘기 장면을 침을 튀겨 가며 자랑하곤 했었다.

#서커스 공연 홍보 풍물패

공연이 시작되기 며칠 전 서커스단은 풍물패를 이끌고 동네 골목길 구석구석을 돌아다니며 선전에 열을 올렸는데, 나는 서커스 구경도 좋아했지만, 이 광경을 특히 좋아했다. 광대 복장을 한 남녀 단원을 앞세우고 바람잡이 단원 뒤를 등에 큰 북을 맨 북재비(고수, 鼓手) 단원이 뒤따랐는데 북재비가 다리를 힘차게 내디딜 때마다 쿵쿵, 쿵쿵, 하고 북소리가 크게 울려 흥을 돋웠다. 북재비의 한쪽 다리에는 북채를 움직이게 하는 탄성(彈性) 좋은 끈이 연결돼 있었다. 북재비는 풍물패가 지나갈 때 사람들의 시선을 한 몸에 받았는데 발을 굴리며 북을 치는 모습이 신기하기도 하고 우스꽝스럽기도 해 웃음소리가 끊이질 않았다.

북재비 뒤에는 내 또래 아이들이 졸졸 따라다니며 낄낄대고 떠들었는데 그 모습은 풍물패가 동네를 떠날 때까지 이어졌다. 북재비는 서커스단 공연 홍보의 일등 공신이었다.

#천막 극장의 안과 밖

나는 동네 천막 극장에서 서커스 공연을 두서너 번 본 기억이 있다. 천막 극장은 바깥에서 볼 때 하고 들어갔을 때 느낌이 완전히 달랐다. 천막 극장 안으로 입장하는 순간 웅장한 내부 설치물과 형형색색의 장비, 화려한 분장을 한 단원들의 모습에 더해 쿵쾅거리는 음악 소리에 혼이 나갈 뻔했었던 기억을 지금도 잊지 못한다. 천장 높이 매달린 공중그네와 높이가 십수 미터는 되고도 남을 철제봉(棒), 입에 문 막대기 위에 접시를 놓고 돌리기에 바쁜 단원과 말을 타고 물구나무서기를 한 채 달리고 있는 단원이 보이는가 하면 저쪽 구석에서는 솜뭉치에 붙은 불을 입안에 머금었다가 막 내뿜는 불 쇼 묘기로 사람들을 놀라게 하는 모습도 눈에 들어왔다.

#외발자전거 묘기와 공중그네

겨우 정신을 차리고 공연 보기 좋은 자리에 앉아 한숨을 돌리려는 찰나, 건장한 남자 단원이 나와 외발자전거를 신나게 타면서 천막 극장 가장자리를 따라 곡선을 그리며 질주했다. 그 무렵 나도 두발자전거를 탈 때라 자전거라면 나도, 하고 혼자 어쭙잖은 객기(客氣)를 속으로 부리다가도 막상 외발자전거를 제 몸 다루듯 하는 모습을 보고서는 기가 죽을 수밖

외줄 위에서 묘기를 부리고 있는 서커스 단원들. ⓒjennybento - wikipedia commons, public domain

에 없었다.

내 입을 떡 벌어지게 만든 장면은 그때부터였다. 남녀 한 쌍의 단원이 고개를 높이 쳐들어야 보이는 서로 다른 공중그네에 매달려 좌우로 20~30m 거리를 엇갈리게 왔다 갔다 하는가 싶더니 별안간 훌쩍 날아올라 견우직녀 상봉하는 모습을 연출하는데, 정신이 아찔해지고 식은땀이 다 나 혼이 났던 기억이 생생하다.

허리를 뒤로 완전히 꺾은 연체 곡예 묘기.
©Dominic Deusdedith - wikipedia commons, public domain

#다양한 서커스 묘기
내 기억에 남아 있는 서커스 공연의 묘기를 꺼내면 대충 다음과 같다.

- 외발자전거 연기자가 한술 더 떠 외줄 위에서 자전거 타기
- 여러 개의 접시나 공, 모자를 공중으로 던지고 받아 내기를 밥 먹듯 하는 저글링
- 인간 사다리가 따로 없는 인간 탑 쌓기
- 누워서 발로 통을 돌리거나 위로 띄우는 통 돌리기
- 짙은 화장에 다부진 몸매의 한참 위 누나뻘 되는 여자 단원이 봉에 매달려 위로 올라갔다가 내려오면서 이상야릇한 춤사위를 연출하는 묘기
- 지금의 기계체조에서나 볼 수 있는 동작을 자유자재로 구사하는 링 묘기
- 멀찌감치 떨어진 단원의 머리 위에 얹힌 사과를 겨냥한 칼 던지는 묘기
- 지름 1m 크기의 불타오르는 원형 구조물 속을 통과하는 고난도 불 쇼 묘기

- 사람인지 연체동물인지 헷갈리고도 남을 연체(軟體) 곡예

#불가사의(不可思議)한 연체 곡예

연체 곡예는 몸을 비틀거나 꼬아 인체 유연성의 극한을 추구하는 서커스 기술인데, 세 가지 유형이 있다. 바닥에 앉아 상체를 앞으로 굽힌 상태에서 머리를 가랑이 사이로 통과시켜 엉덩이와 마주 보는 희한한 자세, 허리를 뒤로 완전히 꺾어 엉덩이에 갖다 붙이는 자세, 두 다리 사이로 머리를 내민 뒤 바닥에 앉는 자세가 그것이다.

장대와 의자를 이용한 진귀한 묘기. ⓒjennybento – wikipedia commons, public domain

세 자세 모두 인체공학적으로 불가능한 미스터리라는 해석이 설득력이 있는 것 같으면서도, 서커스 단원의 몸도 사람의 몸이라는 부인할 수 없는 사실에 이르면 꼭 그렇지만도 아닐 수 있겠다는 생각도 들었다.

서커스라는 용어가 기억 저편의 보이지 않는 곳으로 밀려난 지 오래지만, 1925년에 창단된 100년 역사의 동춘서커스단은 아직도 활동 중이다. 동춘서커스단에 박수를 보낸다.

인간 탑 쌓기 묘기. ⓒKispados – wikipedia commons, public domain

⑦ 방역차(防疫車)와 환경위생(衛生)차

#특수활동차

여름철만 되면 동네 골목길에 어김없이 출동하는 특수활동차가 있었다. 특수활동차는 특수한 임무 수행을 위해 차체와 장비를 맞춤형으로 제작한 특수 차량을 말하는데, 방역차(防疫車), 청소차(淸掃車), 환경위생(衛生)차, 살수차(撒水車), 제설차(除雪車) 따위를 말한다.

방역차가 동네에 떴다 하면 아이들은 젖 먹던 힘을 다해 방역차 꽁무니를 쫓아다녔다. ⓒFfggss - wikipedia commons, public domain

특수활동차와 아이들이 무슨 상관이 있을까마는, 유독 아이들이 환호한 차가 있었으니 바로 방역차였다. 방역차는 전염병을 예방하기 위해 소독약을 내뿜는 차량인데 임무 특성상 주요 활동 시기가 여름이었다. 1970년대는 사회적 위생 인프라가 취약할 때라 무더운 여름날 불시에 방역차가 동네 어귀에 나타나곤 했었다. 엄밀하게 말하면 옛날 방역차는 트럭 뒤에 방역 기계를 싣고 소독 활동을 했다는 점에서 특수활동차라기보다 특수 업무 수행차였다고 할 수 있겠다.

#방역차 출동의 시그널

방역차는 출동 시 소방차처럼 사이렌을 울리지 않는 대신 멀리서도 들릴 만큼 차체(車體)에서 요란한 소리가 나는 특징이 있었다. 아이들은 놀고 있거나 집에 있다가 붕~ 붕~ 붕~ 소리가 들리면 벼락같이 소리가 나는 쪽으로 후다닥 달려갔다. 방역차에서 나는 소리는 소독약을 발산하는 기계장치가 작동되는 소리였다.

아이들은 그냥 달려가는 것이 아니라 다른 아이들보다 조금이라도 빨리 방역차가 있는 곳에 도착하기 위해 전속력(全速力)을 다해 질주했다. 그 이유는 방역차 꽁무니에서 무지막지하게 뿜어져 나오는 짙고 뿌연 소독약 연기를 가장 가까운 곳에서 선점하고 싶은 욕심 때문이었다.

#자극적인 소독약 냄새와 현란한 기체 군무(群舞)
약품 냄새와 석유 냄새가 뒤섞인 소독약은 묘하게 코끝을 자극하는 매력이 있었는데, 아이들은 소독약 연기와 소독약의 독특한 향에 열광했다. 대기 중으로 춤추듯 빠르고 넓게 퍼져 나가는 소독약 연기를 쫓아 아이들은 저마다 고함을 지르며 방역차 꽁무니를 열심히 따라다녔다. 방역차는 소독약 연기가 동네 구석구석에 빠지지 않고 파고들 수 있도록 천천히 움직였는데, 그 속도를 아이들은 충분히 따라잡았다. 아이들과 방역차의 줄다리기는 방역차가 동네를 떠날 때까지 계속됐다.

특이한 소독약 냄새와 연기 때문에 그 시절 방역차는 아이들에게 인기가 많았다. 기화(氣化)돼 연기로 모습을 바꿔 대기 속에서 현란한 기체 군무(群舞)로 존재감을 발휘하는 소독약은 중독성이 만만찮은 냄새에 힘입어 시각에 이어 아이들의 후각까지 매료시켰기 때문이다.

#방역차의 또 다른 이름, 연막소독차(煙幕消毒車)
방역차는 연막소독차(煙幕消毒車)라고도 불렸는데 아이들끼리는 그냥 소독차라 불렀다. 연막소독은 모기 따위의 해충을 박멸(撲滅)하기 위해 살충제에 석유를 섞어 희석한 용액을 고압(高壓)으로 분출시킨 연기를 통해 소독하는 방식이다.

요즘에는 연막소독 대신 살충제를 물에 희석해 연기와 냄새를 없앤 친환경적인 소독법인 연무소독(煙霧消毒)으로 대체됐다.

#어찌할 수 없는 불청객(不請客), 환경위생차
출동할 때마다 난리굿을 친 방역차와 달리 아이들 모두 고개를 절레절레 흔든 특수활동차도 있었다. 인간의 몸에서 쏟아져 나온 배설물을 수거해 가는 환경위생차가 그랬다.

환경위생차는 재래식 화장실이 보편적이었던 당시에 흔하게 볼 수 있었는데, 집집마다 화장실 바닥에 쌓인 배설물을 치우기 위해 수시로 불렀다. 가정마다 화장실 사정이 달라 환경위생차는 예고도 없이 불쑥 동네에 나타났다.

#환경위생차 출동의 시그널
방역차의 출동 낌새를 차체 소리로 알아차렸다면, 불청객 같은 존재인 환경위생차는 자극적인 거름 냄새로 반갑지 않은 등장을 눈치챘다. 일단 환경위생차가 떴다, 하면 온 동네에 비상이 걸렸다. 비상 전령사는 아이들이었다. 아이들은 똥차 왔다, 경계경보 발동이라고 고래고래 소리치며 어머니에게 알리기 바빴고 식구들은 부뚜막이나 마루에 놓인 음식물을 치우고 장독대 뚜껑을 닫느라 부산을 떨었다.

#부르르 떠는 호스의 몸체와 지독한 암모니아 냄새
환경위생차에는 운전기사와 또 한 명의 남자가 타고 있었는데, 그들은 공무(公務)를 수행하는 지자체 직원들이었다. 직원 둘은 먼저 지름이 5~6cm는 됨직한 굵직한 호스를 차에서 내려 공무 대상 가정의 화장실까지 끌고 가 목표지점 안에 연결했다. 호스가 조준점에 안착하고 난 잠시 후 기계 돌아가는 소리와 배설물이 호스 안으로 빨려 들어가는 소리가 뒤섞여 맹렬하게 동네에 울려 퍼지는데 그때 호스의 몸체는 눈으로 느껴질 정도로 부르르 떨렸다.

기계 소리와 배설물이 빠져나가는 소리는 꽤 성가셨는데 작업 내내 사방팔방으로 퍼지는 암모니아 냄새는 더 성가셨다. 코를 막는 아이들도 있었고, 방문을 꼭 닫고 방에 들어가 환경위생차가 떠날 때까지 밖으로 나오지 않는 아이들도 있었다. 암모니아 냄새는 환경위생차가 떠나고 한참이 지나서야 가셨다.

#출몰 시간이 짧은 청소차와 거북이걸음으로 지나가는 살수차

이틀에 한 번꼴로 아침마다 정해진 시간에 골목 어귀에 나타나 득달같이 임무를 수행하고 떠나기 바쁜 청소차와 한여름 대로변 가장자리를 따라 아주 천천히 지나가며 아스팔트 위에 물을 뿌리는 살수차도 그 시절 익숙한 풍경이었다. 내가 살았던 대구는 눈이 귀해 어릴 때 나는 제설차를 본 적이 없었다.

방역차와 환경위생차는 이제 기억 속에서만 남아 있는 아득한 옛날 풍경이다.

⑧ 약장수와 차력사(借力師)

#울퉁불퉁한 근육질의 남자

70년대 초 학교 수업을 마치고 집으로 오는 도중 이상한 광경을 목격한 적이 있었다. 집 근처 동네 공터를 지날 때쯤이었는데, 사람들이 빙 둘러서 있었고 안에서 연신 기합 소리가 났다. 무슨 일인가 싶어 사람들 틈바구니를 헤집고 고개를 디밀어 보니 건장한 체격의 남자가 맨손으로 벽돌을 깨뜨리는 시범을 보이고 있었다. 그 남자는 웃통을 벗고 있었는데, 울퉁불퉁한 근육이 남달라 보였다. 남자 옆에는 또 다른 남자 한 명이 무어라 열심히 떠들면서 구경꾼들의 흥을 돋우고 있었다.

지구촌에서 가장 힘이 센 괴력의 사나이를 뽑는 철인(鐵人) 대회 장면. ⓒInfoGibraltar - wikipedia commons, public domain

#길거리 행위 예술의 명암

내가 초등학교 4학년 때 처음 본 그 모습은 약장수와 차력사(借力師)가 2인 1조가 돼 신기한 묘기를 펼치는 장면이었는데 그들의 속셈이 검증되지 않은 약을 비싸게 파는 것이라는 사실을 얼마 지나지 않아 알게 됐다. 차력사가 훈련으로 단련된 몸으로 과시하는 무술(武術) 시범과 떠버리 약장수의 가짜 약 판매 선전 선동은 1970년대에 흔히 볼 수 있는 길거리 행위 예술이었다.

근육질의 탄탄한 몸매를 지닌 차력사는 무술 고단자들이 구사하는 다양한 무술과 눈을 혹하게 하는 마술(魔術)로 구경꾼들을 불러 모았고, 약장수는 청산유수(靑山流水) 같은 말주변으로 차력 쇼의 분위기를 한껏 부추겼다.

심심풀이 공짜 눈요기나 할 요량으로 거리의 공연장을 찾은 구경꾼들은 차력 시범과 마술만 보고 가야지, 하다가도 시간이 지나면서 초심(初心)을 잃어버리고 아껴 둔 쌈짓돈이나 얇은 지갑에서 지폐 몇 장을 꺼내곤 했다. 지갑을 여는 사람은 대개 나이 든 아주머니나 연로한 할아버지, 할머니들이었다.

#약장수의 현란한 말재주
구경꾼들의 초심인 돈 안 드는 눈 호강 결심이 무너지는 이유는 정신을 쏙 빼놓는 약장수의 뛰어난 언변 때문이었다. 현란한 말재주에 더해 능수능란한 할리우드 액션을 앞세운 약장수의 계산된 연기(演技) 앞에서 초로(初老)의 아주머니와 노인들은 정신 줄이 나가기 마련이었고 그것은 곧 약장수의 수입으로 연결됐다.

약장수의 수입은 이름 모를 약을 진짜라고 속이거나 약효를 과대 포장해 판매한 불로(不勞) 소득이나 다름없었다.

약장수는 흑심(黑心)을 드러내기 전에 뜸을 들이며 정해진 각본에 따른 요식 절차로 좌중의 분위기를 휘어잡았는데 그 역할은 차력사가 맡았다. 약장수와 차력사는 화창한 날 오후에 주로 동네 공터에 판을 깔고 거리 공연을 펼쳤다.

#차력사의 길거리 퍼포먼스

약장수와 차력사가 동네에 떴다, 하면 사람들이 우르르 몰려들었다. 구경꾼의 유형은 성별과 나이를 가리지 않았다. 돈 한 푼 안 들이고 공짜 공연을 마음껏 즐길 수 있다는 이유와 무료한 오후 한때를 보내기에는 차력사의 길거리 퍼포먼스가 그만이라는 이유가 구경꾼들의 마음을 움직여서일 것이다.

차력사가 내보이는 차력 묘기는 다양했고, 볼만했다. 두 손으로 숟가락 구부리기, 손날로 각목을 부러뜨리고 맥주 병목 깨기, 주먹으로 송판이나 벽돌 깨기, 30개들이 날달걀 한 판을 바닥에 놓고 그 위를 밟고 지나가기, 소형 트럭에 연결한 밧줄을 입에 물고 끌기, 웃통에 빙빙 둘러 묶은 철사 끊기, 작두 날 위에 드러누운 다음 배 위에 얹은 벽돌을 망치로 내려치게 하기, 나무 막대기를 배에 가격해 부러뜨리기 등이었다.

#차력술에 이은 마술 묘기

하나의 묘기가 끝날 때마다 박수갈채가 터졌고, 약장수는 있는 속담 없는 속담 다 끌어다가 구경꾼들의 비위를 맞추기에 바빴다.

차력사는 몇 가지 마술 연기도 선보였다. 입에 넣은 달걀을 등 뒤에서 꺼내기, 커다란 보자기를 펼쳐 아무것도 없다는 사실을 확인시킨 뒤 몇 번 접기를 반복하다 상자 속에 손을 집어넣었다 꺼내는 순간, 살아 있는 비둘기가 날아오르는 깜짝 쇼, 입안에서 종이 노끈 뽑아내기, 불 솜뭉치 입에 넣고 끄기 따위였다.

#약장수의 시간과 사탕발림 카드

마술 묘기가 막바지에 이를 즈음, 약장수는 기다렸다는 듯이 능숙한 솜씨로 자신의 무대를 연출한다. 약장수는 속사포 같은 입담으로 구경꾼들의 시선을 끌어온 다음 '지금부터 여러분이 기다리고 기다리던……'이라고 운을 떼며 사탕발림 카드를 꺼내 들었다.

약장수가 말로 구경꾼들을 홀리는 사탕발림 카드의 내용은 다음과 같다.
- 이 약으로 말할 것 같으면 어디에서도 살 수 없는 희귀한 묘약으로,
- 오늘 딱 하루 여러분에게만 시중 가격의 절반도 안 되는 특별 염가(廉價)로 판매하는,
- 치통, 복통, 두통, 신경통, 근육통 모든 통증을 한 번에 치료하는 만병통치약으로써,
- 약효가 없는 경우 즉각 환불(還拂) 조치해 드리며,
- 20개만 한정 판매하니, 못 샀다 후회 말고 서둘러 구매하시기를…….

#바람잡이 아주머니
약장수는 미끼 상품인 구충제를 잔뜩 꺼내 들고 약을 사는 사람에게는 공짜로 준다는 말도 잊지 않았다. 만성 신경통에 시달리는 노인들은 파격적으로 싼 가격이 구미가 당기면서도 살까 말까 서로 눈치를 보다가 나이 지긋한 중년의 아주머니 한두 분이 아저씨 '나 하나 줘요', '나도요' 하고 달려들자, 너나 할 것 없이 지갑을 열곤 했다. 중년의 아주머니는 약장수와 미리 입을 맞춘 바람잡이였는데, 차림새가 단정하고 행동거지(行動擧止)에서 진정성이 느껴져 노인들이 혹할 수밖에 없었다. 초등학생이 이런 약장수의 치밀한 각본을 알았을 리는 없고, 내 말을 들은 아버지가 껄껄 웃으며 저간의 사정을 들려줬기 때문이다.

#세상에 공짜는 없다
약장수의 교묘한 낚싯밥에 걸려든 사람들은 생각보다 많았는데, 그들은 나

중에 가짜 약인 것을 알고서 뒤늦게 후회하며 얼굴을 붉혔을 것이다. 약장수가 언제 다시 나타날지는 알 수가 없고 소기의 목적을 달성한 약장수가 다시 나타날 리도 없으니, 약값을 돌려받을 일도 없을 것은 자명해 어리숙한 노인네들만 피해를 보는 경우가 잦았다.

　차력술과 마술 묘기를 공짜로 본 대가치고는 피해가 적지 않았고, 세상 물정에 어두운 애꿎은 노인들만 가슴앓이로 속을 끓인 어수룩한 시대상이 낳은 풍경이었다.

⑨ 동네 방앗간

#명절 때 가장 바쁜 곳

명절 때만 되면 동네에서 가장 바쁜 곳이 있었다. 그곳은 하루 종일 드나드는 손님들로 북새통을 이루고 이른 아침부터 밤늦게까지 환하게 불이 밝혀져 있었다. 동네마다 하나씩은 있었던 방앗간 이야기다. 곡물을 가공하는 시설을 갖춘 방앗간의 기능은 먹거리와 직결돼 있어 일상생활에 없어서는 안 될 필수 불가결한 존재였고 주민 모두가 고객이었던 것도 당연한 일이었다.

동네 방앗간은 먹음직스러운 다양한 떡을 찌고 뽑아내는 떡 공장이었다. 방앗간에 가면 백일이나 돌맞이 기념 떡인 백설기와 쌀가루에 콩고물이나 팥고물을 층층이 깔아 시루에 쪄 낸 시루떡은 물론 가래떡과 찹쌀떡, 송편도 구경할 수 있었다.

내가 살았던 고향 동네에도 번듯한 방앗간이 있었다. 평상시에도 방앗간 주인은 바빴지만, 추석이나 설 연휴를 앞두고는 온 가족이 다 동원되고도 손이 모자라 임시로 일용직 일꾼을 급하게 데려다 부리는 모습을 본 기억이 난다.

#양념거리와 떡 공장 겸 주부 사랑방 공간

기계화와 공장화의 시대 흐름에 밀려 지금은 대도시에서 방앗간의 흔적조차 찾아볼 수 없지만 내가 학창 시절을 보낸 1970년대의 방앗간은 가정집 필수 양념거리와 떡과 같은 특별식을 책임지는 시설로 주부들의 사랑방 구실도 한 특별한 공간이었다.

#참깨 볶는 냄새와 희고 긴 가래떡

우리 동네 방앗간은 좁은 골목길을 빠져나가 자동차가 오갈 수 있는 큰길가에 있었다. ○○방앗간이라고 페인트로 큼지막하게 쓴 간판을 단 방앗간이 눈에 들어온다 싶으면 참깨를 볶는 고소한 냄새가 기분 좋게 코를 자극했고 떡 찌는 뿌연 김이 모락모락 피어올랐다. 방앗간 앞을 지나갈 때는 늘 입맛을 다셨고 호스처럼 생긴 쇠 파이프에서 꿈틀대며 빠져나오는 희고 긴 가래떡을 보는 순간 침이 꼴깍 넘어가곤 했었다.

#맵고 따가운 고춧가루의 공격

도로로 나가기 위해서는 방앗간 앞을 통과할 수밖에 없었는데 이따금 여간 고역(苦役)이 아닐 때도 있었다. 주부들이 사시사철 요리에 사용하는 고춧가루를 빻을 때가 그랬다. 영업시간에 방앗간의 셔터 문은 언제나 활짝 열려 있었고 무방비로 개방된 넓은 공간을 유유히 뚫고 나와 사방으로 퍼져나가는 맵고 자극적인 고춧가루 냄새와 따가운 기운이 두 눈을 무지막지하게 공격해 오면 눈물이 샘솟듯 솟아 나오고 참을 수 없는 고통에 시달리기 일쑤였다.

예닐곱 살 때 고춧가루를 빻으러 방앗간에 가는 어머니를 멋모르고 따라나

흰 송편과 모시송편.

먹기 좋게 썬 가래떡.

섰다가 혼쭐이 난 적도 여러 번 있었다.

#방앗간 소리

그런데도 방앗간에 대한 추억은 좋았던 것이 그렇지 않은 것보다 훨씬 더 많다. 나는 방앗간에서 멀찌감치 들려오는 소리가 그렇게 정겨울 수가 없었다. 방앗간 소리에 대한 기억은 이렇다.

짜고 빻고 갈고 볶고 뽑고 찌는 소리였는데 구체적으로 표현하면 다음과 같다.

짜는 것은 참기름과 들기름, 콩기름과 같은 기름류, 빻고 가는 것은 곡물, 고추, 찹쌀, 멥쌀, 보리쌀, 콩, 팥, 대추, 밤, 볶는 것은 참깨, 들깨, 콩, 찹쌀, 멥쌀, 보리쌀, 뽑는 것은 가래떡, 찌는 것은 시루떡이다.

#인상적인 가래떡 자르는 모습

방앗간에서 나는 여섯 가지 소리를 수행하는 장비는 곡물분쇄기와 깨와 콩을 볶는 기계, 기름을 짜는 압축기, 가래떡을 뽑는 떡 기계, 전기와 물, 수증기로 시루떡을 찌는 대형 찜통 등이다. 내가 특히 재미있어한 장면은 방앗간 주인이 하얀 김을 뒤집어쓴 채 먹음직스럽게 실체를 드러내는 가래떡을 가위로 일일이 자르는 모습이었는데 대략 40cm 크기로 잘랐던 게 아니었나, 기억한다.

우리 집에서는 참기름이나 들기름을 방앗간에서 짜서 먹기도 했고, 도로 건너 시장통 기름 가게에서 사다 먹기도 했다. 두세 달에 한 번씩 말린 고추를 가져다가 방앗간에서 고춧가루를 빻았고 추석 명절 때는 갈아 놓은 멥쌀가루를 사다가 집에서 송편을 만들어 먹었다.

#백설기와 시루떡

아버지 생신날이나 특별한 행사가 있을 때는 백설기와 시루떡을 방앗간에 주문 제작해 식구들과 친척, 이웃들과 나눠 먹었다. 백설기는 원래 백일이나 돌맞이 기념 떡인데 아기의 무병장수를 기원하고 집안의 행복을 위하는 데서 유래됐다고 한다. 먹어 본 사람은 알겠지만 찰지고 쫀득쫀득한 식감이 자꾸 손을 가게 하는 떡이다.

고소하고 감칠맛이 뛰어난 시루떡.

쌀가루에 콩고물이나 팥고물 따위를 층층이 깔아 시루에 쪄낸 시루떡은 달고 고소한 감칠맛이 뛰어났는데 백설기나 시루떡 모두 고급 간식거리였고 한 끼 식사 대용으로도 부족함이 없었다.

#꿀에 찍어 먹었던 가래떡

나는 구정(舊正) 때마다 먹을 수 있었던 가래떡을 제일 좋아했었다. 방앗간에서 막 뽑아낸 가래떡을 집에 가져와 10cm 남짓한 크기로 잘라 꿀에 찍어 먹으면 꿀맛이었다. 꿀이 없을 때는 흰 설탕에 찍어 먹기도 했고 아무것도 찍지 않고 가래떡 본래의 심심한 맛을 즐기기도 했다. 대청마루 소쿠리에 받쳐 둔 가래떡이 썰기 좋게 굳어졌을 때 어슷하게 썰면 떡국떡이

쫀득쫀득한 맛이 일품인 찹쌀떡.

됐다.

#한겨울에 구워 먹는 별미, 가래떡

잘라 놓은 가래떡과 떡국떡을 난로 뚜껑 위에 올려 두면 떡의 겉면이 노르스름하고 부드럽게 바삭거릴 정도로 익는데 쫀득한 맛이 살아 있으면서 아삭한 식감에서 우러난 고소한 맛까지 음미할 수 있었다. 가래떡을 구워 먹으며 행복했던 기억을 잊을 수가 없다. 한겨울에 먹는 구운 가래떡은 나의 최애(最愛) 별미였다.

#미숫가루

방앗간과 미숫가루에 대한 추억도 빼놓을 수 없다. 우리 식구들은 미숫가루를 다 좋아했는데 수시로 방앗간을 드나든 기억이 생생하다. 어머니가 집에서 물에 불리고 말린 찹쌀과 멥쌀, 보리쌀을 가져가 볶아서 만든 미숫가루를 두세 숟가락 떠 설탕과 함께 물에 넣고 야무지게 저어 한 컵 마시면 속이 든든했다.

미숫가루와 설탕을 넣고 한 컵 타서 마시면 속이 든든했다. 마트에서 파는 미숫가루.

명절 때만 되면 몰려드는 손님들로 문전성시를 이루며 떠들썩했던 방앗간 모습은 이제 더는 볼 수 없는 흘러간 풍경이 됐다. 세월은 가고 추억만 남았다.

8. 골목길 놀이 문화

① 구슬치기

#연중무휴 놀이터, 골목길 놀이 문화의 종류

고향집 동네 골목길은 연중무휴 놀이터였다. 학교 운동장 말고는 아이들이 딱히 놀 곳이 없던 1970년대에 방과 후 놀이터는 언제나 골목이었다. 학교에서는 학교 친구들과 골목길에서는 동네 친구들과 어울렸다. 골목에서 보내는 시간이 많았고, 그곳에서 벌어지는 다양한 놀이 문화와 신기한 볼거리들이 우리들의 마음을 사로잡았다.

컴퓨터는 물론이고 게임기도 없던 아날로그 환경에서 자란 또래의 아이들에게 야외 놀이문화는 지천으로 널려 있었다. 구슬치기, 딱지치기, 짤짤이, 말타기, 소 타기, 이병 놀이, 술래잡기, 자치기, 공기놀이, 고무줄놀이…….

#개인기가 중요한 개인 종목

그때 놀이 문화는 맨땅인 골목길을 중심으로 펼쳐졌으며 골목길은 언제나 아이들 소리로 넘쳐 났다. 놀이는 둘이 승부를 결정짓는 개인 종목부터 셋 또는 넷이 어울리는 게임도 있었고 대여섯 명을 넘어 두 자릿수 인원이 참여해야 진행할 수 있는 단체 종목까지 이름도, 규칙도, 승부 방식도, 참가 수도 실로 다양했다. 일대일로 맞붙는 개인 종목이면서 서너 명까지 참가 인원을 늘려 확장된 제로섬 게임으로 진행되는 놀이도 있었는데, 구슬치기와 딱지치기, 짤짤이가 그랬다. 자치기와 공기놀이는 둘이 대결하면 이긴 사람이 전리품(戰利品)을 다 챙기는 개인 종목이지만 셋 이상 참가하면 실력에 따라 순위를 가리는 순위결정전 성격이 강했다.

#팀워크가 중요한 단체 종목과 술래잡기

말타기와 소 타기, 이병 놀이는 한두 명의 개인기보다 팀워크가 중요한 단체 종목이었다. 술래잡기는 술래인 한 아이가 숨은 아이들을 찾아내는 게임으로 술래에게 발각되는 아이가 다음 술래가 되는 식으로 반복 진행된다. 개인 종목도 아니고 단체 종목도 아닌 특이한 놀이였는데 술래에게 들키지만 않으면 언제까지고 게임을 즐길 수 있어 아이들이 은근히 좋아했다.

구슬치기에 사용된 모양도 다르고 색깔도 다양한 구슬들.

#상대 구슬 맞히기(알까기)

골목길 아이들 놀이 중 대표적인 개인 종목이 구슬치기와 구멍 넣기다. 구슬치기는 두 종류가 있었는데 상대 구슬 맞히기와 구슬 쳐내기였다.

일명 알까기라고도 한 상대 구슬 맞히기는 가위바위보로 우선권을 정하고 진 사람이 일정하게 떨어진 자리에 구슬을 던져 놓으면 이긴 사람이 시작 지점에서 구슬을 손가락으로 튀겨 상대 구슬을 맞히는 게임이다.

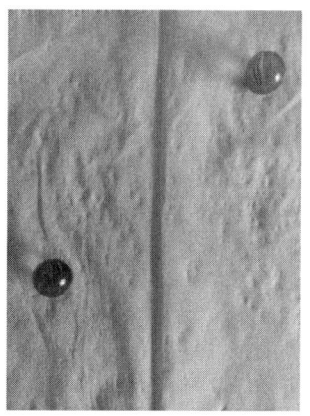

상대 구슬 맞히기는 자기 구슬을 손가락으로 튀겨서 상대 구슬을 맞히는 게임이다.

구슬을 맞힌 사람은 상대 구슬을 차지하고 이전과 똑같은 조건에서 계속 공격권을 행사한다. 상대 구슬을 못 맞히면 그 상태에서 상대방에게 공격권을 넘겨준다. 처음 공격권을 따낸 사람이 한 방에 목표물을 명중시킬 자신이 없으면 상대 구슬에서 멀찌감치 떨어진 곳에 자기 구슬을 흘려보내기도 한다. 명중 확률이 높은 근접 거리에서 공격당해 구슬을 뺏길 우려 때문이다.

#구슬을 튕기는 요령

엄지손가락 첫마디와 중지 손톱 사이에 구슬을 끼우고 중지로 구슬을 밀어치거나 엄지손가락 손톱과 검지 첫마디로 구슬을 누르고 있다가 조준을 한 뒤 엄지손가락을 튕겨 구슬을 상대 구슬 쪽으로 발사해 승부를 겨뤘다.

정확성과 힘 조절, 두 가지 조건이 다 맞아떨어져야 성공하는데 1m 이상 거리에서는 한 번에 맞히기가 어렵다. 아이들 엄지손가락 손톱과 중지 손톱 겉면에 패인 자국과 닳은 흔적이 뚜렷하게 보이는 것도 다 구슬치기 때문이다.

#구슬 쳐내기

구슬치기 중에서 아이들이 선호한 방식은 삼각형 안 구슬을 자기 구슬로 쳐내 따먹는 게임이었다. 분필이나 작대기로 땅바닥에 삼각형을 그리고 그 안에 각자 판돈 성격의 구슬을 태우고 가위바위보로 선(先)을 정해 진행하는 놀이다. 요령은 삼각형에서 멀찌감치 떨어진 곳에 가로로 선을 긋고 그 지점에서 자기 구슬을 손가락으로 튕겨서 삼각형 안 구슬을 쳐내는 식이었다. 구슬을 튕기는 요령은 상대 구슬 맞히기와 같다.

자기 구슬로 목표지점에 몰려 있는 구슬을 쳐내 경계선 밖으로 밀어내는 구슬 쳐내기.

자기 구슬로 삼각형 바깥으로 밀어낸 구슬을 가져가는데, 성공하면 계속 공격권을 행사할 수 있다. 밀어내기에 실패하면 출발 지점에서 상대가 공격한다. 구슬이 모인 과녁 정중앙을 가격하는 정확성과 함께 파괴력이 셀수록 삼각형 안 구슬을 최대한 많이 선 밖으로 밀어낼 수 있다.

자기 구슬과 삼각형과의 거리가 20~30cm 사이일 경우에는 검지 첫마디를 지렛대 삼아 엄지손가락의 힘으로 구슬을 튕겼다. 중지로 구슬을 튕길 때보다 정확도가 높다는 이유에서다. 둘 다 한 차례씩 공격권을 행사한 뒤에는 자기 구슬이 놓인 그 자리에서 목표물을 공략한다.

#구슬 쳐내기 게임의 묘미(妙味)

나는 긴장감이 떨어지고 박진감도 별로인 데다 전리품도 구슬 하나뿐인 상대 구슬 맞히기는 아예 한 적이 없고 오로지 구슬 쳐내기 게임에만 매달렸던 기억이 있다. 맞대결 상대와 숨 막히는 승부를 연속적으로 펼칠 수 있는 점이 매력적이었고, 완승(完勝)하거나 역전승도 가능했고 처음부터 끝까지 아슬아슬한 박빙의 경기 양상을 띠기도 해 흥미진진한 묘미가 그만이었기 때문이다.

#스핀 기술

조준 능력과 정확하고 강력한 튕기기를 겸비해야 하는 구슬 쳐내기 게임에서는 서로 스핀(Spin) 기술을 경쟁적으로 구사했는데 나도 그랬다. 엄지손가락 손톱과 검지 첫마디 사이에 끼운 구슬 몸을 훑어 올리며 튕기는 동작을 취할 때 엄지손가락을 비틀면 발사된 구슬에 강한 스핀이 걸려 파괴력이 증폭되면서 삼각형 안 구슬과 충돌하고 난 뒤 한참 회전을 하고 나서야 멈춘다. 스핀을 세게 걸면 걸수록 삼각형 안 구슬을 쳐내는 데에도 유리했다.

#희비가 엇갈리는 삼각형 안 구슬의 운명

구슬 쳐내기는 각자 한 번에 구슬 10개 정도를 판 돈으로 태웠다. 삼각형 바깥에서 공격해 들어오는 구슬의 요격에 20개의 구슬은 서로 부딪히고 충돌하면서 운명이 엇갈렸다. 처음부터 삼각형 안에서 살아남은 놈도 있지만 삼각형 밖으로 여럿이 떠밀려 난 놈과 튕겨 나간 놈은 모두 죽은 몸이다. 죽을 뻔하다가 운 좋게 살아난 놈들도 있다. 적의 공격에 치명상을 입고 삼각형 대열을 벗어나는 것이 확실해 보이는 순간, 옆에 있던 동료의 몸에 강하게 부딪히며 그게 방패막이 역할을 해 기적적으로 살아남은 놈이다. 이놈과 충돌한 옆의 놈은 운이 더럽게 없는 놈인데 비명횡사하고 말았다.

#자살특공대

삼각형 방어망을 뚫고 들어온 구슬이 공격 후 삼각형 안 다른 구슬의 촘촘한 대오(隊伍)에 갇혀 빠져나가지 못하는 때도 있는데 우리끼리는 자살특공대라 불렀다. 구슬 쳐내기에서는 게임의 특성상 자살특공대가 많이 나왔다. 자살특공대는 본인 구슬이 죽고 공격권도 뺏기지만 삼각형 밖으로 나가떨어진 구슬을 전리품으로 챙길 수 있는 특이한 규칙이었다. 자살특공대 구슬은 판돈에 얹힌다. 자살특공대 규칙은 동네마다 약간씩 달랐다.

#고수익 고위험 게임, 구슬 쳐내기

짧은 시간에 구슬을 많이 딸 수도 있고 잃을 수도 있는 고수익 고위험 게임이라 구슬을 많이 갖고 있고 적극적인 성향의 아이들이 특히 좋아했다. 두 명이 대결하는 일대일 방식이 많았고 가끔 서너 명이 할 때도 있었다. 숫자가 많으면 판돈이 커지는 대신 자칫 자기 순서가 뒤로 밀려 제대로 힘도 써 보지 못하고 닭 쫓던 개 먼 산 바라보는 신세가 되는 경우도 적지 않았다.

② 구멍 넣기

#구멍 넣기 게임과 구멍 파기

구멍 넣기 게임도 아이들에게 인기가 많았다. 구멍 넣기는 맨땅에 구멍을 여러 개 파 모든 구멍 속에 자기 구슬을 가장 빨리 집어넣는 사람이 승리하는 게임이다. 승패에 따라 주고받는 구슬의 수는 사전 합의로 정하기 때문에 게임 때마다 차이가 났다.

게임 이름처럼 내기를 하기 전 구멍부터 파야 한다. 맨땅에서만 가능한 게임으로 신발 앞꿈치나 뾰족한 꼬챙이로 흙을 긁어낸

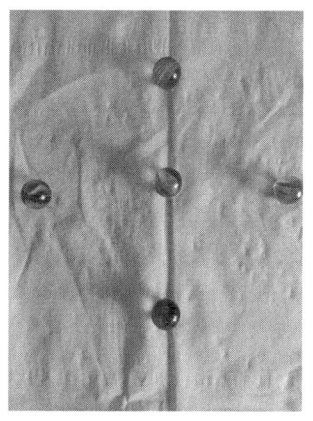

자기 구슬을 5개의 구멍에 먼저 넣는 사람이 이기는 구멍 넣기.

뒤 신발 뒤꿈치를 도구 삼아 구멍을 팠다. 가운데에 하나, 위아래 좌우에 각각 하나씩 모두 5개의 구멍이 필요하다. 구멍과 구멍 사이의 거리는 1m 이내였던 것으로 기억한다.

겨울에 땅바닥이 얼어붙어 구멍이 잘 파지지 않으면 연탄집게를 가져와 모양을 낸 뒤 발뒤꿈치와 앞꿈치로 마무리 손질을 하기도 했다.

#구멍 넣기 게임 방식과 방해 작전

가위바위보로 순서를 정한 다음 이긴 사람부터 게임을 시작하는데 가운데 구멍을 출발점으로 윗구멍에서 시계 방향 또는 시계 반대 방향의 구멍에 차례대로 구슬을 넣어야 한다. 구슬을 한 차례 튕겨 구멍 안에 넣으면 다음 구

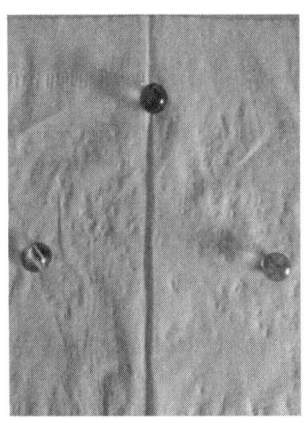

구멍 넣기 게임에서는 구슬을 튕기는 요령이 중요하다. 중지 손톱 위와 엄지손가락 첫마디에 구슬을 끼운 뒤 중지에 힘을 주어 구슬을 공중으로 살짝 띄워 구멍을 향해 날려 보내야 한다.

멍을 공략할 수 있다. 한 번에 넣지 못하면 다음 사람이 공격권을 행사한다. 이런 식으로 한 바퀴 돈 뒤 출발점인 가운데 구멍까지 구슬을 가장 먼저 골인시키는 사람이 승자가 된다.

본인 공격 때 앞에 있는 상대 구슬을 자기 구슬로 맞히면 구멍에 골인한 것으로 간주해 공격을 계속할 수 있다. 둘 또는 서너 명이 주로 맞붙었다.

구멍 넣기 게임은 거리 감각이 뛰어나야 해 구슬을 튕기는 중지를 놀리는 기술이 승부의 관건이었다. 쪼그리고 앉은 자세에서 허리와 고개를 숙이고 구멍을 정조준해 구슬을 튀겨 보내기 위해서는 고도의 집중력이 필요했다. 발사 직전에 실없는 소리로 교란 작전을 펼치는 비신사적인 행동도 마다하지 않았다. 방해가 심하면 서로 다투는 경우도 더러 있었고 구슬치기 때도 그랬다.

#구슬치기와 구멍 넣기 게임의 차이
구멍 넣기 게임을 할 때 구슬을 튕기는 요령은 구슬치기와는 달랐다. 중지 손톱 위와 엄지손가락 첫마디에 구슬을 끼운 뒤 중지에 힘을 주어 구슬을 공중으로 살짝 띄워 구멍을 향해 날려 보내야 한다. 구슬치기가 엄지손가락이나 중지에 힘을 실어 강한 반동으로 세게 튀기는 방식이라면 구멍 넣기는 중지로 구슬을 낮게 깔아 띄운다는 기분으로 미는 기술이 중요하다. 눈으로 구멍까지의 거리를 측정해 적절한 힘과 알맞은 속도로 중지를 내뻗는 감각적인 요령을 터득해야 한 번에 골인시킬 수 있다. 구멍 가까이에서 구슬이 멈춘 뒤 2차 공격 시에는 중지로 가볍게 툭 건드리면 쉽게 구멍에 들어가곤 했다.

#구슬치기의 쾌감과 구멍 넣기의 성취감

구멍 넣기 게임을 해 본 사람은 다 알겠지만, 구멍에 구슬이 빨려 들어가는 순간의 성취감은 이루 말할 수가 없이 짜릿하다. 구슬치기의 매력이 상대 구슬과 부딪힐 때 나는 경쾌한 소리에서 전달되는 쾌감이라면 구멍 넣기는 단숨에 골인하거나 들어갈 듯 말 듯 하다 쏙 들어갈 때의 정복감이다. 어렸을 때 구멍 넣기를 잘한 사람은 골프도 잘 친다는 믿거나 말거나 한 소리를 들은 적이 있는데 나는 골프를 치지 않아 알 도리가 없다.

맨땅이라고는 찾아볼 수 없는 지금의 도시 어린이들에게 구슬치기와 구멍 넣기는 딴 세상 이야기일 것이 분명해 그 옛날 아이들을 울리고 웃겼던 구슬 놀이의 영화(榮華)는 구세대의 기억 속에서만 남게 됐다. 지금도 구슬 놀이가 있다고 들었는데 실내에서 벌어지는 체험교육 목적이라 옛날 구슬 놀이와는 딴판이다.

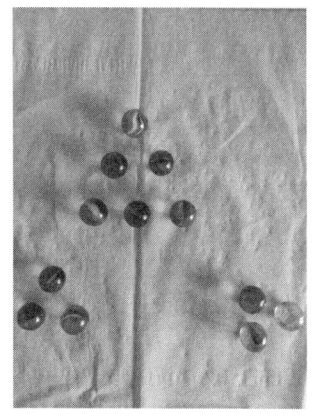

구멍 넣기 게임의 매력은 구슬이 구멍에 단숨에 골인하거나 들어갈 듯 말 듯 하다 쏙 들어갈 때의 정복감에 있다.

③ 짤짤이(上) 게임 방식과 신경전의 유형

#짤짤이와 삼치기, 일이삼

70년대 내가 살던 동네에서는 짤짤이를 삼치기나 일이삼 놀이라고도 불렀다. 아이들끼리 모이면 세 개의 명칭을 혼용하는 일이 많았으나 어떤 이름을 대도 자연스러웠다. 짤짤이는 동전을 뜻하는 은어(隱語)고, 삼치기는 일, 이, 삼 세 숫자 중 하나를 알아맞히는 게임이라서 붙은 이름이다. 서울 등 다른 지역에서는 홀짝 게임이 유행했었는데 짤짤이와 비슷한 유형이지만 승부를 가르는 방법과 경우의 수가 달랐다.

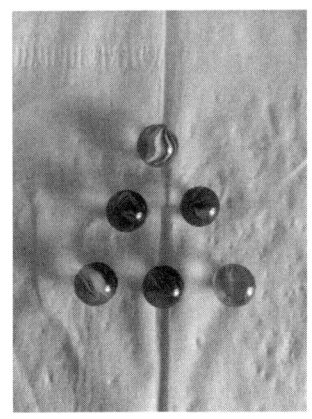

구슬 수를 알아맞히는 게임인 짤짤이는 딜러와 베팅하는 아이와의 숨 막히는 수 싸움이 볼만했다.

#손안에 감춘 구슬 수 알아맞히는 게임

짤짤이는 화투패의 선(先) 또는 카지노 게임의 딜러라고 할 수 있는 아이가 한 손 안에 감춘 구슬의 수를 다른 아이가 알아맞히는 게임인데 일대일로 맞붙기도 하고, 세 명이 어울려 승패를 가리기도 했다. 4명 이상은 할 수 없다. 두 명이든 세 명이든 상관없이 승, 패, 무승부가 분명한 게임이라 아이들이 눈에 불을 켜고 달려들었고 승부의 열기도 뜨거울 수밖에 없었다.

#훈수 두다 쫓겨나는 아이

다른 게임과 달리 유독 구경하는 아이들이 많았고 훈수를 둔답시고 주제넘게 몇 마디 거들다가 망신당하는 일도 적지 않았고, 분위기를 심하게 흐리는 아이는 쫓겨나기도 했다. 짤짤이는 그만큼 아이들 모두에게 관심의 대상이었고, 저마다 판에 끼어 플레이어가 되고 싶어 했다.

짤짤이는 구슬치기, 딱지치기와 함께 내가 골목길에서 아이들과 시간 가는 줄 모르고 즐긴 놀이 중 하나였다. 그중에서도 짤짤이는 가장 좋아하고 잘했던 게임이었다. 짤짤이는 주로 구슬을 갖고 했는데 가끔 동전으로도 했다.

#짤짤이 게임 방식

짤짤이는 선(先)이 손에 쥔 구슬 수를 3의 배수(倍數)로 나누고 남은 수를 알아맞혀 승패를 가리는 게임이다. 가령 한 아이가 1의 2에 구슬 5개를 걸었다고 하자. 선이 쥔 구슬의 수가 6개라면, 3의 배수만큼 제하고 남은 수가 0이라 선이 구슬 5개를 가져간다.

구슬 수가 4개라면 3의 배수에서 1이 남아 선이 내기를 건 아이에게 구슬 5개를 줘야 한다. 구슬이 5개인 경우에는 3의 배수에서 2가 남는데 승자도 패자도 없는 무승부다. 1의 2에서 1은 베팅을 한 아이가 이기는 수, 2는 비기는 수다. 구슬을 한 개나 두 개만 쥐었을 때는 그 수가 정답이다.

#두 명이 할 때와 세 명이 할 때

무승부일 때는 곧바로 다음 게임으로 넘어가는데 처음에 판돈으로 건 구슬을 다음 판으로 이월시키기도 하지만 구슬을 추가로 더 걸어 판을 키우기도 한다. 판이 커지면 커질수록 손실과 이익도 커져 아이들의 신경도 예민해졌다. 일대일 대결이 아니라 3명이 참여했을 때는 베팅 우선권을 가위바위보로 가린 다음 이긴 아이가 자신이 걸 수를 먼저 확정한다. 후 순위 아이는 선 순위 아이가 선택한 수를 피해 자신의 수를 결정해야 한다. 앞 순위 아이가 선

짤짤이는 베팅하는 아이의 전술도 다양했고, 이에 맞선 딜러의 대응책도 다양했다.

택한 이기는 경우의 수는 무조건 피해야 하고 비기는 경우의 수는 후 순위 아이도 선택할 수 있다. 참여 인원이 2명이면 승자독식 게임이지만 3명이면 한 판에서 당첨되는 사람과 낙첨되는 사람이 동시에 나올 수 있는 등 복잡한 상황이 연출됐다.

#딜러와의 신경전과 신경전 유형

가위바위보로 선(先)을 정하고 나면 선이 두 손 안에 여러 개의 구슬을 감춘 채 이리저리 흔들다가 구슬이 든 손만 앞으로 쑥 내미는데, 이때부터 내기를 걸 아이들과 선을 쥔 아이와의 신경전이 펼쳐진다. 신경전은 아이들 성향에 따라 다 달랐는데 그 내용을 소개하면 다음과 같다.

- 선이 두 손을 맞잡고 흔들 때 구슬끼리 부딪치는 소리를 듣고 구슬의 수를 판단하는 현실주의파,
- 구슬 소리만으로는 미덥지 않아 선의 표정을 살펴 결심을 굳히는 심리전을 선호하는 아이,
- 구슬을 거머쥔 선의 손 모양을 보고 구슬 수를 추측하는 매의 눈을 가진 아이,
- 선의 평소 짤짤이 스타일을 파악해 그 스타일에서 예상되는 당첨될 수를 파악하는 학구파,
- 깍지 낀 양손을 비틀어 하늘 높이 쳐든 뒤 양손의 틈바구니를 뚫어져라 쳐다본 뒤 하늘이 점지해 준 숫자에 내기를 거는 운명론 추종파 등이다.

#운명론 추종파와 동전 마음대로파

운명론 추종파는 나름의 합리적인 근거가 있는 다른 네 사례와 달리 무모해 보이지만 의외로 많은 아이가 따라 하는 방식이었다. 운명론 추종파 못지 않게 허황한 방법을 시도하는 아이들도 있었다. 방법은 이랬다.

왼쪽 팔목 위에 10원짜리 동전을 올려놓고 오른손으로 동전 옆 팔목을 탁 쳐서 동전이 땅에 떨어지는 방향을 보고 딜러의 구슬 수를 예상하는 것이었는데 우리는 그런 아이를 '동전 마음대로파'라고 놀렸다. 희한하게도 '동전 마음대로파'를 쫓는 아이들이 적지 않았다.

동전의 방향과 알 수 없는 구슬의 수가 무슨 관계가 있을 리 만무하지만, 이기기 위해서라면 지푸라기라도 잡고 싶은 순진한 동심(童心)이 낳은 고육지책(苦肉之策)이 아니었을까 생각된다.

#맞히려는 자와 속이려는 자

확률 게임이라 어느 쪽이든 족집게처럼 정확할 수는 없었고 그로 인해 구슬 수의 정체가 밝혀지는 순간 희비가 크게 엇갈렸다. 내기에 임하는 아이들의 진지한 얼굴에서는 일촉즉발(一觸卽發)의 긴장감이 묻어나기 일쑤였고, 짤짤이가 펼쳐지는 현장은 맞히려는 자와 속이려는 자간의 숨 막히는 머리싸움을 지켜보는 훈수꾼과 구경꾼 아이들로 넘쳐 났다.

선을 쥔 아이가 구슬을 감춘 손을 활짝 펴고 1초도 안 되는 짧은 시간 내에 벌어지는 광경은 짤짤이 판에 뛰어든 아이 모두를 울리고 웃겼다.

당첨된 아이는 새로 선을 쥐게 되고 갈고닦은 저만의 할리우드 액션과 표정 연기로 다른 아이들 호주머니 속 구슬을 합법적으로 쟁취할 꿈에 부풀어 의미심장한 미소를 짓곤 했다.

　구슬을 딴 아이는 더 따고 싶은 욕심에 용기백배하고, 잃은 아이는 한 번에 만회할 복수심에 불타 눈에 쌍심지를 켜고 달려드는데 피만 안 튀길 뿐이지 전쟁터가 따로 없었다.

④ 짤짤이(下) 딜러의 방어 전략과 경우의 수

#딜러인 선(先)의 작전

내기에 참여한 아이들의 노림수를 따돌리기 위한 선의 전략도 만만찮았다. 딜러인 선의 작전은 이랬다.

구슬 소리로 현혹하기

10개가 넘는 구슬을 펼쳐 보인 뒤 양손에 쥐고 몇 번 흔들다가 승패를 가름할 구슬을 감춘 손을 재빨리 내미는데, 정작 그 속에는 달랑 한 개의 구슬만 들어 있는 때가 많았다. 구슬 소리로 현혹하기인데 여러 개의 구슬 소리로 베팅을 걸 아이들의 상황 판단을 복잡하게 만들어 당첨 확률을 떨어뜨리겠다는 수법이다.

딜러가 손에 감춘 구슬의 수가 8개이면 2(2의 1이나 2의 3중 하나)에 베팅한 아이가 승리자다.

눈속임 작전

손안에 구슬이 1개 또는 2개인데 5개 이상 들어 있는 것처럼 주먹을 쥔 손 모양을 크게 벌려 잡는 수법. 베팅 셈법을 교란하는 눈속임 작전이다.

원하는 만큼의 구슬을 잡는 데 실패한 것처럼 보이게끔 얼굴을 찌푸리거나 고개를 좌우로 갸우뚱하는 수법. 이 경우 베팅을 걸 아이들은 대개 손안의 구슬을 한 개로 예상하는데 그런 사례가 많다는 경험칙에 근거를 두고 있다. 선

(先)인 아이는 바로 이 점을 역이용해 실제로는 2개나 3개를 쥐고 있다.

손 바꿔치기

구슬을 쥔 두 손을 한참 흔들며 구슬 소리가 더 크게 들리는 손을 내미는 척하다가 잽싸게 손을 바꿔치기하는 수법. 구슬을 흔드는 기술과 순간 동작이 빨라야 하는데 구슬이 많은 쪽에 베팅을 유도해 장고(長考) 끝에 악수(惡手)를 두게 하려는 의도다.

깜깜이 베팅 유도

두 손 모두 허리춤 뒤로 감춘 다음 구슬을 흔들지 않고 한 손을 슬쩍 내미는 수법. 베팅에 참고될 만한 구슬 소리나 손동작이 없고 선의 얼굴도 무표정이라 깜깜이 베팅을 유발하는 작전이다.

역(逆) 노림수

자신의 짤짤이 스타일과 다른 행보로 나가는 수법. 선의 평소 승부수가 숫자 3이었다면 1이나 2로 상대 베팅에 맞서는 작전인데 수싸움에 능한 아이들을 다룰 때는 역으로 원래 승부수로 배짱 대결을 펼치기도 한다. 3을 고수한다는 뜻이다. 이런 수싸움은 짤짤이 판에서 흔하고 역의 역을 공격하거나 역의 역에 한술 더 떠 세 번까지 노림수를 피해 베팅하거나 방어 작전을 쓰기도 했다.

노련한 아이가 선을 잡았을 때 방어 전술을 요약하면 두 가지 흐름이다. 자신의 짤짤이 버릇을 역으로 이용하면서 때로는 정면 승부를 거는 등 상황에 따라 유연하게 대처하는 방법이 하나다. 나머지 하나는 구슬 소리와 구슬을 쥔 손의 형태, 손동작과 손을 내미는 속도, 표정 등을 총동원한 베팅 교란 전술이다. 선은 기본적으로 베팅을 건 상대의 당첨 가능성을 무산시키거나 확률을 낮추는 방어자의 입장이지만 구슬 수를 스스로 결정한다는 점에서 공격자보다 유리할 것 같지만 그렇지만도 않다.

#짤짤이 게임의 경우의 수

2명이 겨루는 짤짤이 판에서 베팅을 거는 플레이어가 선택할 수 있는 경우의 수는 모두 6가지다. 1-2, 1-3, 2-1, 2-3, 3-1, 3-2. 앞 숫자가 당첨 숫자, 뒤 숫자는 무효. 3명이 대결하면 후 순위로 베팅하는 아이의 선택권은 4가지로 좁혀지지만, 베팅 참여자가 1명이든 2명이든 당첨 확률은 모두 33.3%로 같다. 다만 선(先) 순위 베팅권을 거머쥔 아이는 자신이 선호하는 당첨 예상 숫자를 선점할 수 있을 뿐이다.

#당첨 횟수와 낙첨 횟수

베팅 인원이 한 명일 때 나올 수 있는 경우의 수는 모두 18가지인데 당첨 횟수가 6회, 낙첨 횟수가 5회, 무효가 7회로 당락(當落)의 단순 비교로만 놓고 보면 선보다 베팅을 거는 아이가 다소 유리하다. 베팅 인원이 2명일 때는 나올 수 있는 가짓수가 12가지이지만 내용은 꽤 복잡하다. 한 명은 당첨되고 한 명은 무효인 횟수가 4회, 한 명은 당첨되고 한 명은 낙첨되는 횟수가 5회, 한 명은 낙첨되고 한 명은 무효인 횟수가 1회, 두 명 다 낙첨되는 횟수가 1회, 두 명 다 무효인 횟수가 1회다. 베팅한 두 명의 당첨과 낙첨, 무효가 같은 판에서 얽히고설켜 선과의 우열을 가리기가 까다롭고 힘들다.

#카더라 통신

결국 짤짤이 판은 베팅하는 플레이어가 한 명이든 두 명이든 아이마다 베팅하는 구슬의 수가 달랐고, 구슬의 수는 판마다 또 달랐기에 누가 유리하고 불리한지를 따지는 일 자체가 별 의미가 없는 셈이다. 그런데도 그때 아이들 사이에서는 선을 잡아야 유리하다거나 먼저 베팅하는 아이가 당첨될 확률이 높다는 식의 카더라 통신이 유행했었다.

게임이 시작되고 어느 정도 시간이 흐르면 짤짤이의 전리품인 구슬로 호주머니가 불룩한 아이와 홀쭉한 아이의 윤곽이 드러나는데, 진짜 승부는 이때부터다. 발동을 거는 쪽은 구슬을 많이 잃은 아이로 선과 단둘이 판을 벌일 때 자주 볼 수 있었다. 약이 오를 대로 바짝 올라 씩씩거리는 아이가 선을 잡은 아이에게 이런 제안을 한다.

#단 한 판의 끝장 승부, 아도 치기
"이제부터 아도 치기로 가자."
아도 치기는 일본어에서 유래돼 구전(口傳)으로 전해 온 말인데 싹쓸이란 뜻이다. 1970년대에 아이들끼리 짤짤이를 할 때 흔하게 사용한 용어로 네 구슬 내 구슬 다 걸고 끝장 승부를 보자고 할 때 던지는 최후통첩성 승부수라고 할 수 있다. 단 한 번의 승부로 상대 구슬을 다 따거나 내 구슬을 다 잃는 다 걸기 승부다.

딜러와 베팅을 거는 아이의 모든 구슬을 다 걸고 단 한 판에 승부를 결정짓는 아도 치기는 짤짤이의 백미(白眉)였다. 아도 치기는 둘이 겨룰 때만 가능했다.

이럴 때 선을 잡은 아이가 보이는 반응은 두 부류다. 딸 만큼 땄지만, 아예 저놈 구슬을 거덜 내 버려 다시는 덤비지 못하게 하겠다는 무시무시한 심보를 드러내는 아이와 애써 딴 구슬을 자칫 한 방에 다 날릴 수 있어 이제 그만하겠다는 아이로 갈린다.

#짤짤이의 백미(白眉), 아도 치기의 현장

아도 치기 승부가 성사되면 선(先)인 아이는 도전한 아이를 초토화(焦土化)시킬 각오로, 도전한 아이는 대역전 드라마의 주인공이 될 각오로 각자 불퇴전(不退轉)의 자세로 진검승부를 펼쳤다. 아도 친다는 소리가 들리면 다른 놀이를 하던 아이들까지 죄다 몰려들어 마른침을 꿀꺽 삼키며 현장을 지켜보곤 했다. 짤짤이를 좋아한 나도 아도 치기를 여러 번 했었다.

짤짤이 운발에 날개가 달려 대박이 터진 날이면 하루에 100개 이상의 구슬을 따기도 했다. 다락방에 고이 모셔 둔 구슬 상자 안에 든 수백 개의 구슬은 아이들의 소중한 놀이 자산이었고 바라만 봐도 배가 불렀다. 짤짤이의 추억이 새록새록 떠오른다.

⑤ 이병 놀이(上) 사회학적 가치와 게임 방식

#냉혹한 승부의 세계, 개인 종목

골목길 놀이는 두 명이 일대일로 하는 개인 종목과 삼삼오오 모여 판을 벌이는 게임, 여덟 명에서 열 명 이상이 돼야 가능한 단체 놀이 등 다양했다. 둘 또는 서너 명이 어울려 진행하는 놀이는 대체로 이기고 지는 데에 따른 물질적 혜택이 주어지거나 대가(代價)를 치러야 해 즐겁게 노는 놀이라기보다는 제로섬 게임 성격이 짙었다.

지면 내가 손해를 보고, 이기면 내가 이익을 보는 정글의 법칙이 적용되는 냉혹한 승부였다. 구슬치기와 딱지치기, 짤짤이가 그런 놀이였다. 셋 다 놀이의 자산을 걸고 내기를 했는데 자산은 구슬과 딱지였다. 딱지는 집에 굴러다니는 두꺼운 종이로 직접 만들었기 때문에 비용이 발생하지 않았지만, 구슬은 문방구에서 돈을 주고 사야 해 구슬치기와 짤짤이 판에 나서는 아이들의 각오는 남다를 수밖에 없었다.

#공동체 생활의 덕목을 익히는 산교육, 이병 놀이

단체놀이도 이기고 지는 승부를 가린다는 점에서는 다를 게 없지만, 물질적 손익을 떠나 놀이 행위 자체에 기뻐하고 실망하고 웃고 떠들면서 공동체 생활에 적응하는 학습 과정이었기에 그 자체가 체험 학습이요 산교육이었다고 할 수 있다. 그런 점에서 단체놀이는 아이들 모두 좋아했고, 남자아이들은 이병 놀이와 말타기, 소 타기에 흠뻑 빠져들었다.

#스토리텔링을 장착한 이병 놀이

놀이의 특징과 놀이에 필요한 규칙의 특성상 셋 모두 남자아이들의 전유물이나 다름없었다. 셋 중 이병 놀이는 전쟁놀이 또는 전쟁 게임이고도 불렀는데 각자 군대 위계질서의 상징인 계급을 달고 맡은 바 임무를 수행하면서 고지를 정복하고 사수해야 하는 흥미진진한 스토리텔링이 깔려 있었기 때문이다. 남자아이들이 특히 열광할 수밖에 없었던 이유다.

#이병 놀이의 사회학적 가치와 군대적 특성

이병 놀이에는 다른 놀이에서는 찾아볼 수 없는 두드러진 사회학적 가치가 내재해 있었다. 대원들 간의 협동심과 작전 수행 능력, 몸을 사리지 않는 과감한 희생정신과 책임감, 문제해결 능력, 리더십, 순발력, 통찰력 등 사회생활에 필요한 기본 소양과 덕목을 기를 수 있었다는 점에서 단순한 놀이를 넘어 골목길에서 몸으로 부대끼며 배우는 산교육이었다고 할 수 있다.

거기에 더해 명령과 복종, 은폐 엄호 능력, 계급별 임무와 권한, 적 후방 침투, 백병전, 기습 작전 따위의 군대적 특성도 두루 담겨 있어 남자아이들이 좋아할 수밖에 없었다. 이병 놀이의 또 다른 특징은 거친 몸싸움과 치열한 눈치싸움이 불가피하다는 점이다.

#이병 놀이의 팀 편성과 전봇대

공격팀과 수비팀 두 팀으로 편을 갈라 진행하는 전쟁 게임이다. 참가 인원이 10명은 돼야 가능한 놀이로 편을 가르기 전 양 팀의 대장을 먼저 뽑는다. 대장 둘이 돌아가면서 자기 팀으로 끌어들일 대원들을 한 명씩 지명한다. 눈치 빠르고 몸을 잘 숨기면서 달리기도 잘하고 몸싸움에도 능한 아이를 선호했다. 행동이 굼뜨고 판단력이 떨어지는 아이는 후순위로 밀렸다.

팀 편성이 끝나면 양 팀 대장이 자기 부대원들에게 계급을 부여한다. 대장 아래 부대장, 중대장, 소대장, 졸병(이병) 순이다. 동네에 따라, 지역에 따라 계급별 호칭과 게임 진행 방식 및 규칙이 일부 달랐다.

양 팀 대장이 가위바위보로 공격팀과 수비팀을 가린 뒤 공격팀은 정복하고 수비팀은 사수해야 할 진지(陣地)가 결정되면 게임은 시작된다. 진지를 상징하는 시설물은 골목길에 흔한 나무 전봇대였다. 공격팀과 수비팀이 작전을 수행하는 활동 영역이 넓고 대원의 숫자도 많아 제한 시간을 정하고 개전(開戰)을 선언하는 데 대략 1시간 남짓으로 못 박았다. 종전 시간이 임박했는데 공격팀의 움직임이 없으면 수비팀에서 큰 소리로 신호를 보내 재촉했다.

#이병 놀이의 진행 방식과 규칙

이병 놀이는 경기 규칙의 특성상 공격팀이 유리했다. 심리전과 머리싸움이 뒷받침돼야 하는 대장의 가위바위보 실력이 중요한 것도 그런 이유에서였다. 각 팀 대장은 부대원들을 한마음 한뜻으로 이끌 통솔력도 있어야 했고 유사시 임기응변 전술과 위기관리 능력도 갖춰야 해 아이들의 신망을 받는 골목대장이 주로 맡았다.

내가 살던 동네의 이병 놀이 진행 방식과 규칙은 이랬다.

활동 범위와 수색 작전

게임의 활동 범위는 수비팀의 진지인 전봇대를 중심으로 반경(半徑)이 동네 어귀에 이르는 곳까지인데 거리로 따지면 대략 100m에서 150m 이내였다.
게임 시작 신호와 함께 공격팀은 작전 수행 범위 내 일정 지역으로 각자 흩어져 은신한다. 10분 후쯤 수비팀이 공격팀 대원들을 색출하는 수색 작전에 돌입한다. 공격팀은 게임 시작 전 미팅을 통해 대장의 비밀 지휘통제소와 대원들이 각자 몸을 숨길 1차 은신처, 공격 포인트가 될 중간 지점 몇 곳을 미리 정한다. 수비팀도 공격팀의 은신처가 될 만한 여러 장소를 추측해 대원들에게 전달한다.

단 한 명만 전봇대를 짚으면 승리하는 공격팀

전쟁의 승패는 공격팀의 경우 대원 중 누구라도 수비팀의 진지인 전봇대를 손이나 발로 터치하면 승리하고 이 순간 전쟁은 끝난다. 공격팀은 대원 4명이 잡혀 아웃되더라도 나머지 1명이 살아남아 전봇대를 터치하면 전쟁에서 승리한다.

아웃시키려는 자와 살아남으려는 자의 대결

수비팀은 공격팀 대원들을 수색해 전원 타진(打盡), 아웃시켜야 이기는데, 방법은 적군의 팔이나 신체 부위를 사전에 정한 규칙에 따른 횟수만큼 손으로 때리는 것이다. 우리끼리 아웃이라고 부른 때리는 횟수는 계급별로 차등화돼 있다. 대장은 20대, 부대장은 15대, 중대장은 10대, 소대장은 8대, 이병은 5대 식이다. 수비팀에서 적군 대장을 잡아 19대까지 때리고 마지막 1대가 남았을 때 대장이 탈출에 성공해 도망가면 체포 작전 실패로 간주한다. 나머지 계급도 마찬가지다.

⑥ 이병 놀이(下) 전봇대 앞 백병전과 다양한 공격 전술

#공격팀이 유리한 이유

공격팀은 4명이 사살되더라도 나머지 한 명이 전봇대를 정복하면 승리하는 반면, 수비팀은 공격팀 전원을 빠짐없이 아웃시켜야 이기는 점, 공격 대원은 적군에게 잡히더라도 규칙에 정해진 아웃 충족 횟수가 채워지기 전에 도망가면 다시 살아난다는 점은 이병 놀이에서 공격팀이 유리할 수밖에 없는 이유다.

#합동 작전

공격팀 대원 한 명이 적군에게 잡혔을 때 뒤따르던 동료의 도움으로 아웃될 위기에서 벗어날 수도 있고, 반대로 수비팀 대원 한 명이 적군을 잡았을 때 동료의 가세로 임무를 성공적으로 완수하는 사례도 있다.

#승부처는 전봇대 앞

게임의 규칙대로라면 공격팀이 쉽게 이길 것으로 보이는데 실제 상황에서는 그렇지만도 않다. 서로 뺏고 지켜야 하는 전봇대 앞에 수비팀 대원 한 명이 보초(步哨) 근무를 서고 있기 때문이다. 진짜 전쟁의 승패는 전봇대 앞에서 결정되고 전봇대를 둘러싸고 매번 사활을 건 치열한 백병전이 펼쳐질 수밖에 없다. 전봇대 수호 특명이 수비팀 중에서 완력이 세고 체격 조건이 뛰어난 아이에게 떨어지는 것도 그런 까닭에서다.

#전봇대 앞에서 펼쳐지는 백병전 양상

전봇대 앞에서 벌어지는 불꽃 튀는 백병전은 전쟁놀이의 하이라이트인데,

그 상황을 재구성하면 이렇다.

어림잡아 수비팀 진지 5m 앞까지 접근한 공격팀 대원과 전봇대 수호 병사가 대치하며 팽팽한 신경전에 들어간다. 마침내 전투 의욕을 가다듬은 공격팀 대원이 돌격 앞으로, 구호와 함께 전봇대를 향해 돌진하고 수비팀 병사는 온몸으로 방어벽을 친다. 수비팀 병사는 쳐들어온 적군의 몸을 붙잡고 아웃 요건을 충족시키려 안간힘을 다하고, 공격하는 병사는 아웃되기 전에 전봇대를 짚으려 발버둥을 치는데 승부의 키는 힘의 차이다.

밀고 나아가려는 자와 버티면서 밀어내려는 자와의 힘 대결인데 십중팔구 힘센 아이가 이기게 된다. 막으면 살고, 막지 못하면 죽고, 뚫으면 살고 뚫지 못하면 죽는 백병전의 특성상 둘 다 가벼운 부상이 불가피하다. 가벼운 부상은 주로 팔과 다리에 생긴 타박상과 찰과상이다.

#기습 공격
전봇대 앞 수비 병사 뒤로 살금살금 다가가 기습 공격할 때도 있다. 적막을 가르고 맹렬하게 달려 들어가는 공격 병사가 제자리에서 돌아서 얼떨결에 방어 자세를 취하는 상대의 몸을 체중을 실은 어깨로 강하게 들이받아 고꾸라뜨리는 전술인데, 기습 공격의 장점이다. 전봇대 후면 경계를 소홀히 한 수비 병사의 허를 찰나에 찌른 공격 병사는 승리의 영웅이 되고, 전쟁은 종료된다.

#협공(挾攻) 작전
적의 수색망을 따돌린 공격 대원 여럿이 한꺼번에 전후좌우에서 전봇대로 뛰어들 때도 있다. 찾아내려는 자와 들키지 않으려는 자와의 1차 승부에서 기선을 제압한 공격팀이 수적 우세와 대원들의 사기(士氣)에서 앞서 승부는 보나 마나다. 전봇대 앞 수비팀 숫자와 공격팀 숫자가 동수(同數)인 경우에도 공격팀에게 유리한 전쟁놀이의 아웃 규칙상 수비팀이 이길 공산(公算)이 크지 않다.

#대장의 작전 지시 방법

모든 작전은 발로 뛰고 숨고 도망가고 쫓아가고 몸싸움을 벌이는 식으로 이뤄졌다. 핸드폰이 없던 시절이라 대장의 작전 지시는 오직 한 가지 채널로만 전달됐다. 대장이 숨어 있는 후방의 비밀 은신처에 연락병 임무를 맡은 대원이 수시로 오가며 하달된 작전 명령을 전방에 은신한 대원에게 전달하는 방식이다. 최악의 경우 대장이 아웃되는 비상 상황이 발생할 수도 있는데 그럴 때는 부대장이 대장 역할을 대신하기로 사전에 약속해 두지만 실제로 일이 터지면 마음먹은 대로 되지 않는 경우가 다반사(茶飯事)였다.

#대장의 은신처와 경계병의 임무

공격팀 대장의 은신처를 눈에 잘 띄지 않는 건물 지하 계단 공간이나 공터에 쌓아 놓은 벽돌 더미 뒤, 공사 현장의 창고 안 등 지나치기 쉬운 장소로 정한 것도 그런 이유에서였다.

만약의 경우를 대비해 대장 은신처가 가시권에 들어오는 곳에 대원 한 명이 대기하는 일도 있었는데 경계 근무는 주로 졸병이 섰다. 대장이 적군에게 사로잡혔을 때 자신을 희생양 삼아 대장의 탈출을 돕는 일이 졸병의 임무였다.

이병 놀이는 동네 골목길을 무대로 벌어지는 아이들의 다양한 놀이 중 참여 인원도 가장 많았고 활동 범위도 가장 넓었으며, 놀이 방식과 규칙도 가장 복잡했고 체력 소모도 가장 심했으며, 소요 시간도 가장 긴 인상 깊었던 놀이로 뇌리에 강하게 남아 있다.

⑦ 자치기

#막대기와 나무토막

골목길 놀이 중 막대기와 나무토막이 도구인 놀이도 있었는데 자치기란 이름의 놀이였다.

자치기는 막대기로 나무토막을 쳐서 날아간 거리를 따져 승부를 겨뤘다. 자치기라는 놀이 이름은 길이의 단위인 자(尺, 자 척)에서 나왔는데 자를 재서 더 먼 거리를 기록한 사람이 이기는 방식에서 명명(命名)됐다.

자치기를 표현한 삽화. ©The Strand Magazine - wikipedia commons, public domain

막대기의 길이가 1자의 기준인 30cm 정도인 것도 그래서였다.

막대기는 채라 불렀고 나무토막은 알이라고 했는데 알의 길이가 막대기의 3분의 1인 10cm가량 됐다. 막대기는 긴 직사각형 형태인데 나무토막 타격 시 접촉면을 최대한 확보할 요량(料量)에서 비롯됐다. 막대기와 달리 나무토막은 양 끝이 뾰족한 모양이다. 끝을 뾰족하게 처리한 것은 바람의 저항을 적게 받아 멀리 날아가도록 하기 위해서였다.

#자치기 방식

게임은 나무토막의 한쪽 끝부분을 막대기로 건드리듯 톡 내리쳐 살짝 튀어 오르게 한 뒤 힘껏 쳐 멀리 날려 보내는 식이다. 타격은 반지름 10cm 크기의 원을 그리고 원 안에 나무토막을 놓고 시작한다. 나무토막이 땅에 떨어지기 전에 수비수가 잡으면 아웃이고 공수가 교체된다. 수비수가 나무토막을 잡지 못하고 땅에 떨어지면 포인트가 올라간다. 포인트는 원의 중앙 지점에서 낙하지점까지의 거리를 말하는데 공격권을 뺏길 때까지 계속 공격을 이어갈 수 있다. 공수 교대 시에는 먼저 공격한 아이의 나무토막 낙하지점을 표시하기 위해 작은 돌을 내려놓았다. 이런 식으로 공격과 수비를 몇 차례 반복한 다음에 획득한 최종 거리를 따져 승부를 가렸다.

나무토막 띄우기

나무토막을 멀리 날려 보내기 위해서는 두 가지 기술이 뒷받침돼야 한다. 첫째는 막대기로 스윙하기 알맞은 높이로 나무토막을 띄워 올리는 요령이다. 땅에 놓인 상태에서 나무토막을 가격해도 되지만 공중으로 띄웠을 때보다 비거리가 나지 않아 사실상 사용하지 않는 방법이다. 나무토막이 비행하지 않고 땅에 깔려서 나아갈 때는 아웃으로 간주한다.

1차 타격과 2차 타격

나무토막의 한쪽 끝을 막대기로 툭 건드려 위로 뜨자마자 바로 스윙해도 되고, 위로 뜬 나무토막을 막대기로 한 번 더 띄워 올려 휘둘러도 되는데 둘 다 정교한 타격 타이밍 기술이 필요하다. 나무토막을 공중으로 띄운 뒤 헛스윙하면 아웃이고 공중에 뜬 걸 다시 띄운 다음에 헛스윙해도 아웃이다. 1차 타격 시 헛스윙하는 경우가 적지 않았고 2차 타격 시 헛스윙하는 경우는 더 많았다.

1차 타격 때는 주로 한 손만 사용했고, 2차 타격 때는 양손을 다 사용하는 경우가 많았다. 한 손만으로 1차 타격을 하는 아이들은 타격의 정확성 제고

(提高)를 그 이유로 들었는데, 내 생각으로는 공중에 뜬 나무토막의 높이가 낮아 두 손을 다 사용하기에는 불편했고 자칫 스윙하기도 전에 나무토막이 땅에 떨어질 염려가 컸기 때문이 아닐까 여겨진다.

2차 타격은 나무토막을 두 번 띄울 수 있는 기술의 정확성에다 타격 자세를 무너뜨리지 않고 스윙하는 정교한 감각까지 겸비해야 해 까다롭고 어려운 공략법이었다. 그러나 2차 타격은 1차 타격보다 더 높은 위치에서 풀 스윙을 할 수 있어 나무토막의 체공 시간이 길고 비거리도 멀리 나와 아이들은 2차 타격 시도를 선호했는데 선호한 만큼 헛스윙 확률도 높았다. 실속파 아이들은 안정적인 쇼트 게임 위주로 게임을 펼쳐 나갔는데, 쇼트 게임은 1차 타격을 말한다.

#또 다른 타격 방법

전혀 다른 타격 방법도 있었다. 한 손에 나무토막을 쥐고 다른 손에 막대기를 쥔 상태에서 나무토막을 공중으로 띄운 뒤 타격하는 것이다. 야구에서 야수의 수비 훈련을 위해 코치가 쳐 주는 펑고와 같은 요령이다. 땅에 놓인 나무토막을 띄워 올려 타격할 때보다 쉽고 양손 풀 스윙을 할 수 있다는 게 장점이다. 헛스윙이 아웃인 것은 마찬가지다. 타격 방법은 경기 전 서로 합의에 따라 결정한다.

#자치기의 거리 상한선과 홈런

자치기에는 비거리 상한선이 있었는데 상한선에 먼저 도달하는 아이가 승리하는 방식이었다. 가끔 2차 타격의 타이밍이 절묘하게 맞아떨어지고 풀 스윙의 힘이 제대로 실리면 한 번에 상한선을 넘어가기도 했다. 우리는 이것을 홈런이라고 불렀다. 홈런이 나오면 게임이 종료되고 새로 승부를 시작했다.

공이 아니라 나무토막이라 웬만해서는 홈런이 나오지 않았다.

#지역마다 다른 경기 방식

다른 놀이와 마찬가지로 자치기도 동네에 따라, 지역에 따라 경기 방식이 일부 달랐다. 예컨대 공격수가 친 나무토막을 수비수가 잡지 못했을 때 포인트가 주어지는 대신 수비수가 나무토막을 집어 타석을 향해 다시 던지면 공격수가 맞받아쳐 기록한 거리를 포인트로 인정하는 식이다. 승부를 결정짓는 홈런을 인정하지 않는 지역도 있었다.

수비수가 땅에 떨어진 나무토막을 잡아서 시작 지점을 향해 던졌는데 공격수가 맞히지 못하고 원 안에 들어가면 아웃 처리하는 규칙을 적용하는 지역도 있었다.

공격팀 3명, 수비팀 3명씩 편을 갈라 팀플레이로 진행하는 방식도 있다. 공격은 한 명씩 나서고 수비는 3명이 다 출전하는데 각자 정해진 수비 위치가 있다. 한 명이 살아 나가면 다음 사람이 계속 공격하고 비거리를 더해 포인트를 정한다. 공격팀 3명 모두 아웃을 당하면 공수가 교체된다. 일대일 경기에 비해 박진감이 떨어지고 경기 시간도 오래 걸려 성질 급한 아이들은 외면했다.

#자치기와 야구

자치기는 재미 삼아 겨루기도 했지만, 구슬이나 딱지를 전리품(戰利品)으로 내걸고 진검승부를 펼친 적도 종종 있었다. 물체를 맞히는 타격 감각과 체중을 막대기에 싣는 운동신경이 필요한 게임이었다. 자치기를 잘하는 아이들은 야구도 잘했다.

⑧ 딱지치기

#원초적인 힘의 대결, 딱지치기

딱지치기는 두 장의 딱지가 맨몸으로 겨루는 원초적인 힘의 대결이다. 서로 몸 대 몸으로 부딪쳐 버티든지, 엎어지든지, 선을 지키든지, 선 바깥으로 밀려나든지, 한순간에 삶과 죽음이 엇갈린다. 딱지의 운명을 좌우하는 힘은 딱지의 힘인가, 딱지 주인의 힘인가, 둘 다의 힘인가, 그도 저도 아니면 또 다른 힘의 작용인가.

딱지는 종이가 두꺼울수록 타격감이 뛰어나고 무게중심이 잘 잡혀 전투 능력이 우수하다. 중국집 홍보 전단지로 접은 딱지.

#딱지치기 힘의 실체

나는 딱지치기의 힘은 딱지 자체의 힘과 딱지 주인의 힘, 제3의 힘 셋 다 영향을 미치는 복합적인 산물(産物)이라고 생각한다. 제3의 힘은 운(運)발과 같은 눈에 보이지 않는 힘을 말한다. 딱지의 힘은 딱지의 크기와 딱지의 중량감에서 나오는데 그 힘의 정체는 결국 딱지의 재료인 종이의 재질과 크기에 달려 있다.

#수동적인 딱지의 운명

종이가 질기고 크면 놀이 도구로 변신한 딱지의 체격도 우람하고 장대(壯大)한데 그것은 딱지 주인의 마음이 결정할 일이다. 종이의 재질과 크기는 딱지 스스로 어찌할 수 없다는 점에서 딱지의 운명은 지극히 수동적이라 할 수 있다. 운명이 주체적이지 못한 점은 인간도 마찬가지라 딱지 또한 자기 처지를 슬퍼할 이유는 없을 것이다.

딱지 주인의 힘은 상대 딱지를 내리치는 물리적인 힘에 기술적인 요령이 더해졌을 때 완성된다. 완성된다는 의미는 힘이나 기술에만 기댔을 때는 반쪽의 성과만 발현돼 상대 딱지의 기(氣)를 제압해 때려눕히는 소기의 목적을 달성할 수 없다는 뜻이다.

#딱지치기 힘과 미학적 요소
손으로 후려칠 때 딱지에 전달되는 힘은 손만의 힘일 수는 없다. 그 힘은 멀게는 발바닥에서부터 무릎과 허리를 지나 어깨와 팔을 거쳐 손으로 이어지는 유기적인 신체 구조가 협동 단결해 만들어 내는 총화(總和)이기 때문이다. 손의 힘에만 의존해 세게 가격한다고 능사가 아닌 것도 그런 이유에서다. 딱지치기 힘에도 조화와 균형이 한 덩어리가 된 미학적 요소가 녹아 있는 것이다.

딱지치기 힘의 또 다른 필수 요소인 기술은 딱지 주인의 타격 감각과 운동 신경에 의해 저절로 위력을 발휘한다. 감각과 신경은 마음먹고 달려든다고 모습을 드러내는 것이 아니라, 타고난 것이라 딱지 주인도 딱지도 선택의 여지가 없는 하늘의 뜻이니 일종의 복(福)이라고 할 수 있겠다.

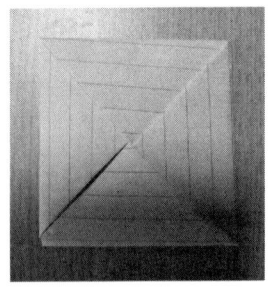

노트 종이로 만든 딱지.

기술의 핵심은 타격 행위에 육체적인 힘의 안배와 딱지가 손을 떠나 땅으로 날아가는 타이밍, 상대 딱지의 급소를 공격하는 정교한 조준 능력이 필수적인데 그것은 딱지 주인의 손목 스윙에서 비롯된다.

#제3의 힘

제3의 힘은 딱지 주인과도 딱지와도 관계없는 상대 딱지가 놓인 땅바닥의 컨디션이나 바람의 방향과 세기 따위의 자연적 요소. 상대 딱지가 울퉁불퉁하게 튀어나온 굴곡진 땅 위에 놓여 있을 때 외부의 힘은 용수철 효과에 힘입어 반발력을 상승시켜 뒤집힐 확률이 높고, 편평하거나 물기를 머금은 땅 위에 얹혀 있을 때는 외부의 힘을 끌어안아 반발력이 약해져 버틸 확률이 높다.

바람이 상대 딱지에 가해지는 외부의 힘과 같은 방향으로 불 때 엎어질 확률이 높고 바람의 세기가 강할수록 그 확률은 더욱 높아지는 이치다.

#예술 게임인 딱지치기와 딱지종이

이처럼 딱지치기 놀이에는 힘과 기술, 자연적 변수가 연계된 미학적 가치가 내재해 있어 딱지치기는 단순한 놀이 이상의 매력을 지닌 맨땅에서 벌어지는 예술 게임이라 할 만하다.

집에 굴러다니는 종이로 만들 수 있어 비용이 들지 않는다는 점, 서로의 힘과 기술의 우위를 공정하게 비교할 수 있다는 점, 스스로 제어할 수 없는 자연의 힘의 영향을 공평하게 받는다는 점은 아이들을 딱지치기 대결 현장으로 이끄는 강력한 유인책이 아니었나, 생각된다.

딱지종이로는 두꺼운 마분지를 선호했고 빳빳한 잡지 종이도 인기가 많았으며 공책 종이로도 딱지를 접었다. 종이 구하기가 여의찮을 때는 신문지를 사용하기도 했는데, 찰기가 떨어져 몇 차례 공격하고 공격당하다 보면 찢어

타격감이 떨어지는 신문지 딱지.

지거나 접힌 부분의 모양새가 흐트러져 전투력이 저하돼 기피 대상이었다.

#승부 방식

딱지치기의 승부 방식은 다음과 같다.

- 땅바닥에 놓인 상대 딱지를 쳐서 뒤집으면 승리.
- 원이나 사각형 모양으로 일정한 크기의 경계선을 그린 뒤, 그 안에서 상대 딱지를 쳐서 뒤집거나 선 밖으로 밀어내면 승리.
- 상대 딱지를 공격했는데 내 딱지가 상대 딱지 위에 얹히면 패배로 간주. 내 딱지보다 상대 딱지의 몸집이 크고 우수할 때 자주 일어난다. 선 안에서 겨루는 방식일 때는 정면승부를 피하고 경계선 쪽으로 상대 딱지를 유도해 스스로 선을 벗어나는 실수를 유도하는 방법이 현실적이고 승산도 있다.
- 뒤집거나 밀어내거나 두 방식 다 이기면 상대 딱지를 차지하고 계속 공격권을 갖는다. 게임 시작 전 가위바위보로 선공(先攻) 여부를 가린다. 서로 뒤집지 못하면 뒤집는 사람이 나올 때까지 한 번씩 공격을 주고받는다.

#뒤집기 요령

뒤집는 요령은 여러 가지다.

- 내 딱지로 위에서 상대 딱지를 덮치듯이 후려갈겨 뒤집는다. 일명 배치기다. 내 딱지가 상대 딱지보다 두껍고 더 무거울 때 효과가 있는 타격 방법이다. 내 딱지의 몸집이 압도적으로 우위일 때는 힘으로 밀어붙이는 우격다짐 방식 대신 상대 딱지 옆 땅바닥을 세게 쳐 약을 올리기도 한다. 뿌연 흙먼지가 나면서 바람이 일어나는데 그 바람의 기운이 상대 딱지를 들어

올려 뒤집는 일이 종종 있다.

- 상대 딱지 옆면에 바짝 붙인 한쪽 발 안쪽을 지렛대 삼아 상대 딱지의 또 다른 옆면을 빗겨 올리듯이 때려 뒤집는다. 가격했을 때 상대 딱지에 밀착시킨 내 발 안쪽 면에 상대 딱지의 옆면이 부딪혀 꺾이는 반동을 이용하는 원리인데 그냥 내리치는 것보다 뒤집힐 확률이 높다. 발 기술이 좋은 아이들이 유리하다.

#밀어내는 방법

밀어내는 방법은 단순한데 상대 딱지 옆구리를 집중적으로 공략하는 식이다. 조심할 것은 탄착점을 잘못짚어 밀어내기에 실패하고 내 딱지가 선 밖으로 나가면 진다는 점이다.

#맨땅의 격투기, 딱지치기

딱지치기는 딱지 대 딱지 간의 뒤집고 밀어내고 뒤집히고 밀리는 격투기 같은 놀이라 체력 소모가 상당한데 한번 승부를 펼치고 나면 온몸이 땀에 젖고 팔과 어깨가 욱신거려 운동 효과도 좋았다. 승패 방식도 군더더기가 없이 깔끔해 다툴 일도 없었고 좁은 공간에서 딱지 두 장만 있으면 즐길 수 있는 스트레스 해소용 놀이로는 그만이었다.

딱지치기는 두 장의 딱지가 맨몸으로 겨루는 원초적인 힘의 대결이다.

딱지치기는 초등학교 때 학교에서도 했고 골목길에서도 했고 집 마당에서도 한, 때와 장소를 가리지 않은 전천후 놀이였다.

⑨ 말타기와 마부 놀이(上)

#말타기 기수는 뜀틀 체조선수

한 아이가 빠른 속도로 달려가더니 바로 앞에 허리를 구부린 아이의 등허리를 두 손으로 강하게 짚은 반동을 이용해 뛰어올랐다. 또 다른 아이도 맹렬한 기세로 달려가다가 조금 전 아이와는 다르게 손을 짚지 않고 그대로 공중으로 날아올랐다.

대기하던 세 아이도 차례대로 이런 장면을 반복하며 먼저 안착한 동료의 허리춤 뒤에 바짝 붙어 앉았다. 다섯 아이는 모두 뜀틀 체조선수 같았다.

골목길 놀이 중에 유별나게 격렬하고 스릴감이 넘치는 단체 놀이가 있었다. 말타기라는 놀이인데 전리품을 걸고 승부를 겨루거나 게임 자체를 즐기는 다른 놀이와는 성격이 전혀 다른 다소 난폭한 놀이였다. 한쪽에서는 유쾌, 통쾌, 상쾌한 쾌감과 박진감을 만끽하는가 하면 반대쪽에서는 육체적 고통과 심한 스트레스에 시달려야 하는 거칠고 우악스러운 놀이였다.

우리나라에서는 추억의 놀이가 된 말타기는 외국에도 있다. 터키 아이들이 말타기 중인 모습. ©Dosseman - wikipedia commons, public domain

#말뚝박기가 전투적으로 진화한 말타기

우리의 전통 놀이인 말뚝박기와 비슷하나 전승(傳承) 과정에서 공격적이고 자극적인 요소가 가미돼 아이들을 열광시킨 말타기로 정착됐다. 공격적인 몸놀림과 파괴력, 순간 스피드와 점프력, 체공력이 중요해 단체 놀이 중 가장 남성적인 게임이었다.

말 타는 장면을 전투적으로 해석해 승패를 가리는 게임으로 발전시킨 놀이인데 여러 명이 허리를 굽혀 대오를 지은 상대 팀 아이들의 등허리에 올라타면서부터 게임이 시작된다. 엉덩이와 하체로 찍어 누르기, 치열한 몸싸움과 버티기로 특징되는 말타기에서는 크고 작은 부상이 속출했다. 특히 말이 된 아이들의 허리에 부담이 많이 갔다.

#기수와 말, 마부 편성

말타기 놀이에는 8명에서 10명 정도의 인원이 필요했다. 두 팀으로 편을 가른 뒤 양 팀 대표가 가위바위보로 공격과 수비를 정했다. 공격은 말 타는 쪽 즉 기수(騎手)가 되고, 수비는 말과 마부(馬夫) 역할을 맡았다. 놀이 장소는 골목길이나 동네 공터였다. 마부는 담벼락에 등을 기대 서 있고, 맨 앞의 말이 허리를 굽혀 마부의 가랑이 사이에 머리를 들이밀면 그다음의 말은 자기 앞의 말을 상대로 똑같은 자세를 취했고, 나머지 말들도 동일 요령으로 대오(隊伍)를 이루었다.

#선봉 기수의 중요성과 마지막 기수의 임무

공격팀 선봉(先鋒)의 역할은 막중했다. 초반에 기선을 제압해 수비팀 대오를 흩트려야 했고, 마부와 가위바위보로 승부를 가리는 생사여탈권(生死與奪權)도 쥐고 있었다. 몸이 날래고 체격 조건이 뛰어나 말들의 엉덩이와 머리 사이의 취약한 부분을 한 방에 공략해 대오를 무너뜨릴 수 있는 결정력과 함께 가위바위보 수읽기에도 능해야 했다.

마지막 기수의 역할도 중요했다. 앞선 기수들과의 치열한 공방으로 지칠 대로 지쳐 가까스로 버티고 있는 수비팀 대오의 허약한 연결고리를 정확하게 겨냥한 끝내기 승부수를 성공시켜야 했기 때문이다.

#기수들의 파상공세와 말들의 처절한 저항

대오를 무너뜨리려는 기수들의 파상공세와 머리와 목, 등과 허리에 계속되는 하중(荷重)에서 오는 증가 일로의 통증을 젖 먹던 힘까지 짜내 악으로 깡으로 버텨 내야 하는 말들의 처절한 저항. 말타기는 남자아이들의 공격 본능과 승부 근성, 고통을 참고 견디어 역전 드라마를 쓰고야 말겠다는 불굴의 투쟁 정신이 배어 있는 손에 땀을 쥐게 하는 진검승부였다.

#말타기는 몸과 몸이 부딪히는 육박전

말타기의 승부 방식은 몸으로 몸을 공격하고 몸으로 몸을 방어해야 하는 원초적인 육박전(肉薄戰)이라 승자와 패자의 명암이 크게 엇갈렸다. 육박전의 내용이 공격하는 쪽은 공격만 하고, 방어하는 쪽은 방어만 해야 하는 일방적인 게임이라는 점에서 수비팀의 공격 전환은 절실했다. 승부 방식은 이랬다.

#말타기의 승부 방식

- 기수 중 단 한 명이라도 신체 일부가 땅에 닿으면 패배하고 공수가 바뀐다.
- 반대로 방어하는 말 중 무릎이 땅에 닿거나 손으로 땅을 짚으면 지고, 수비 대오가 무너져도 진다. 수비팀이 지면 다시 수비 대오를 형성한 뒤 기수들이 처음부터 공격을 새로 시도한다.
- 기수가 다 올라탔는데 승패 요인이 발생하지 않으면 맨 앞 선봉 기수와 마부가 삼세판 가위바위보로 승부를 결정한다. 가위바위보 대신 묵찌빠로 가름하기도 했다. 이긴 팀은 계속 공격을 이어 갈 수 있다.

#기수들에게 유리한 말타기

일방적인 육박전인 게임의 특성상 기수들이 유리한 데다 연달아 공격권을 행사하면 말들의 체력이 고갈되고 육체적인 고통이 심해 전세를 뒤집기가 어렵다. 수비팀은 1차나 2차 방어 때 공격권을 뺏지 못하면 계속 시달리기 십상이다.

이기고 지는 데 따른 보상과 대가가 혹독해 기수들과 말들은 첫 번째 기수가 올라타는 순간부터 사활(死活)을 건 격렬한 전투가 불가피하다. 공격팀과 수비팀이 5명씩 짝을 이룬 말타기 전투 요령은 다음과 같다.

#공격팀의 전투 요령

기수들은 달려가는 탄력을 살려 말 등허리를 두 손으로 강하게 압박한 뒤 뛰어올라 말들의 연결고리나 허리 부분을 엉덩이와 허벅지의 힘으로 찍어 누른다. 연결고리는 앞말 가랑이 사이에 끼인 뒷말의 머리와 목 부위다. 연결고리 공략은 주로 덩치가 좋은 말을 상대할 때 사용한다. 체격이 왜소해 보이는 말은 허리 부분이 집중 공격 대상이다.

피터르 브뤼헐(1527~1569), 아이들의 놀이, 패널에 유화, 118×161cm, 1560, 오스트리아 빈 미술사박물관 소장. ©wikipedia commons, public domain
브뤼헐은 현재 네덜란드인 브라반트 공국 출신으로 북유럽 르네상스 풍속화의 대가(大家)로 명성을 떨쳤다. '눈 속의 사냥꾼(1565)'과 '농가의 결혼식(1568)' 등 농촌 생활을 정교한 묘사로 재현한 풍속화로 유명하다.

무릎으로 내려찍기

기수 중 도움닫기 실력이 뛰어나고 점프력이 우수한 아이는 말 등허리를 짚지 않고 그대로 올라타는데 대개 선봉 기수가 그런 경우다. 선봉 기수는 빠르고 높고 멀리 날아오른 체공력을 최대한 활용해 양 무릎으로 말의 허리를 내려찍기도 하는데, 이 공격이 탄착점에 제대로 꽂히면 대개의 말은 주저앉고 만다. 무릎 찍기는 성공 가능성이 큰 대신에 위험부담도 컸다. 공격당하는 말이 무릎이 허리에 닿는 순간 몸을 비틀고 흔들면 기수의 무게중심이 흔들려 균형을 잃고 땅바닥으로 떨어질 수 있기 때문이다.

취약 지대, 두 번째 말과 세 번째 말

기수들은 착지한 뒤 중간 위치에 있는 두 번째 말과 세 번째 말에 걸쳐 자리를 잡고 앉아 밑에 깔린 말의 목과 등, 허리에 전달되는 하중이 최대화되도록 엉덩이에 힘을 잔뜩 준다. 수비팀의 대오가 주로 두 번째 말이나 세 번째 말에서 무너지는 이유다.

기수들은 안착한 다음 밑에서 버티고자 하는 말의 저항 의지를 꺾기 위해 허벅지와 무릎으로 말 허리를 강하게 압박한다.

마지막 기수의 승부수

마지막 기수는 연이은 공격과 허리로 파고드는 하중의 증가로 체력이 고갈되기 직전인 세 번째 말을 겨냥해 승부수를 던진다. 승부수는 높이 뛰어올라 세 번째 말에 올라탄 동료 기수의 등 위를 덮치는 방법이다. 이 작전은 가뜩이나 상대 기수들이 짓누르는 무게에 안절부절못하는 세 번째 말의 급소를 가격하는 효과가 있어 승산이 높다. 급소는 세 번째 말의 후들거리는 다리다. 마지막 기수의 몸무게는 무거웠다.

⑩ 말타기와 마부 놀이(下)

#수비팀의 전투 요령

수비팀의 전술은 몸부림 작전으로 요약된다.

말들은 요란하게 몸을 흔들고 비틀어 등허리에 올라탄 기수들을 땅에 떨어뜨리려 안간힘을 쓴다.

몸부림의 타이밍

발버둥 친다는 표현이 딱 맞는 말들의 몸 흔들기는 기수가 안착한 다음에는 별 실효성이 없고, 등허리에 착지하는 순간에 맞춘 타이밍이 중요하다. 기수가 무게중심을 잡기 전에 거세게 상체를 흔들면 몸의 균형이 무너진 기수가 왼쪽이나 오른쪽으로 고꾸라질 확률이 높기 때문이다.

기습 작전

감각이 뛰어난 말들은 기수가 착지하기 직전 잽싸게 허리를 낮추거나 집게발로 등 높이를 올려 기수의 착지 타이밍을 뺏은 뒤 좌우로 몸을 흔들어 자빠뜨리기도 한다. 이 방법은 기수의 착지 리듬과 균형감각을 뒤흔드는 기습작전이라 성공 확률이 상당히 높다. 말들이 애용하는 전술인 이유다.

장기전 대비

상대 기수들의 집중 공략 대상인 두 번째 말과 세 번째 말에 체력이 좋고 뚝심이 뛰어난 아이들을 배치해 장기전에 대비한다. 장기전을 버텨 내면 승률이 50%인 가위바위보 승부로 끌고 갈 수 있어서다.

말들의 최후 반격

마지막 기수까지 다 올라탔을 때 말들은 한꺼번에 최후의 몸부림으로 반격을 시도한다. 기수 등 위에 엎어져 있는 아이를 떨어뜨리기 위한 작전인데 일치된 움직임으로 흔들기에 나서면 의외로 효과가 있는 방법이다.

#말타기 게임이 끝난 후 광경

말타기 싸움이 절정에 이르면 비명을 지르는 아이, 악을 쓰는 아이, 심지어 통증을 참지 못해 소리 내어 우는 아이도 있었다. 한 차례 전쟁이 끝나면 말들은 몸 이곳저곳이 욱신거려 기진맥진했고, 기수들도 있는 힘, 없는 힘 다 쓰느라 맥이 풀리곤 했다. 땅바닥에 널브러진 짝 잃은 운동화, 옷에서 떨어져 나간 단추, 호주머니에서 빠진 구슬 따위도 말타기 게임이 끝나면 흔하게 볼 수 있는 광경이었다.

#소 타기라고도 한 말타기

무너뜨리려는 기수와 떨어뜨리려는 말들 간에 펼쳐지는 말타기는 몸으로 싸우는 전쟁이었다. 내가 어린 시절과 학창 시절을 보냈던 대구 지역의 일부 동네에서는 말타기를 소 타기라 부르기도 했다. 아마도 또 다른 말타기 놀이인 마부 놀이와 차별화하기 위해 아이들이 지어낸 이름이 아닌가 짐작된다.

#마부 놀이

마부 놀이는 마부와 말 2인 1조 또는 마부와 말 둘이 3인 1조로 짝을 이뤄 기수들의 공격을 막아 내는 게임이다. 말타기와 비슷한 점도 일부 있었지만, 다른 점이 더 많았다. 마부 놀이는 기수 숫자에 제한이 없고 말이 한 명이고 말과 마부가 계속 움직일 수 있다. 마부는 한 명일 수도 있고 두 명일 수도 있다.

#마부 놀이와 말타기의 차이

마부 놀이는 말이 뒷발길질로 올라타려는 기수를 견제할 수 있고 견제 과정과 착지한 후에도 승부가 나지 않으면 말 등에 올라탄 기수와 마부가 가위바위보로 승부를 가린다. 한 명이 올라탈 수도 있고 두 명이 올라탈 수도 있다. 가위바위보로 이긴 순서대로 편을 가르는데 꼴찌부터 두세 명이 말과 마부가 된다. 기수들의 공격 순서는 없고 먼저 기회를 포착한 기수가 올라타는 식이다.

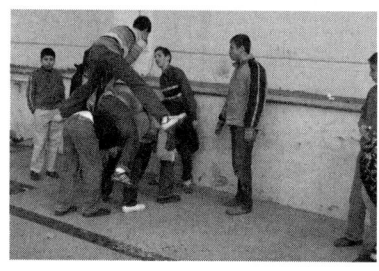

동료 기수의 몸 위를 덮치는 승부수를 던진 마지막 기수의 모습. ⓒDosseman - wikipedia commons, public domain

#마부 놀이의 승부 방식

승부 방식도 말타기보다 다양하다.

- 말의 발길에 기수가 차이면 기수가 말이 되고 말은 마부가 된다. 마부는 기수로 신분이 바뀌어 공격할 수 있다. 마부가 둘인 경우는 마부끼리 가위바위보로 선임자를 정한다.
- 올라타는 과정에서 말의 발길에 차여도 마찬가지다.
- 등에 올라탄 기수를 말이 몸을 흔들어 떨어뜨릴 수 있고 기수는 힘으로 눌러 말을 쓰러뜨릴 수 있다. 기수가 말에서 떨어지면 말이 뛰고, 말이 쓰러지면 기수들이 계속 공격을 이어 갈 수 있다. 기수가 말에서 떨어지고 말이 쓰러지면 아웃이 되는 것은 말타기와 같다.

#말 지킴이이자 방어 겸 공격 루트의 가이드, 마부

　3인 1조인 경우 말이 두 마부의 허리춤 사이에 머리를 들이밀고 허리를 숙이는 자세를 취하면 게임이 시작된다. 움직이면서 방어를 할 수 있어 말과 마부의 호흡이 잘 맞아야 한다. 마부는 기수들의 움직임을 예리하게 포착해 말이 선제 발길질로 기수를 제압할 수 있도록 이끌어야 한다. 허리를 숙인 말의 가시권이 들쭉날쭉할 수 있어 마부가 즉흥적으로 소리를 질러 코치하는 타이밍에 승부가 엇갈리는 수가 적지 않다. 호시탐탐 공격을 노리는 기수들의 일거수일투족은 말보다 마부가 파악하기 더 쉽다.
　말 지킴이와 방어 겸 공격 루트의 가이드이기도 한 마부의 역할이 중요한 이유다.

#올라타기가 쉽지 않은 마부 놀이

　말이 계속 움직이는 데다 뒷발에 차이면 아웃이기에 기수가 성공적으로 말 등에 올라타기가 쉽지 않다. 가까스로 한 명이 올라타더라도 또 다른 기수가 올라탈 가능성은 높지 않아 말이 쓰러질 확률이 낮지만, 고개와 허리를 숙인 자세로 쉬지 않고 몸을 놀려야 해 체력 소모가 심하다. 반면 어렵사리 등에 올라탄 기수는 지그재그로 움직이면서 몸을 이리저리 흔들어 대는 말의 거친 공세적 방어에 신체 균형을 잃고 땅에 떨어지는 경우가 많다.

#말과 마부에게 유리한 마부 놀이

　말타기가 기수들에게 유리한 게임이라면 마부 놀이는 말의 체력만 뒷받침된다면 말과 마부에게 유리하다고 할 수 있다. 말은 또 움직일 수 있는 게임의 특징을 이용해 올라타기를 시도하는 기수의 낌새를 눈치챈 다음 갑자기 방향을 틀어 기수가 땅바닥에 곤두박질치게 만드는 재치를 발휘하기도 했다. 움직이는 말 위에 올라타는 방식이라 기수가 말 등에 가하는 충격도 말타기보다 훨씬 덜했다.

#장기 체력전

대신에 기수들은 말 주위를 빙빙 돌면서 뒷발길질의 사정권에서 벗어난 채 방어 위주의 작전을 펼치며 장기 체력전을 유도할 수 있어 꼭 불리한 것만도 아니다. 장기전이 무한정 지속되는 것을 방지하기 위해 제한 시간을 두는데, 정해진 시간이 초과하면 기수 대표와 마부가 가위바위보로 최종 승부를 가린다.

#말의 한쪽 눈 가리기

기수들이 말 등에 올라타는 성공률을 높이기 위한 마부 놀이 규칙도 있다. 마부가 말의 한쪽 눈을 손으로 가리고 진행하는 방법이다. 고개를 숙인 말 시선의 각도가 뒤집히어 가뜩이나 동체(動體) 분간이 까다로운데 한쪽 눈이 가려져 측면 공격에 취약할 수밖에 없다. 기수들이 말의 측면을 집중적으로 공략하는 이유다. 기수들은 측면 공격을 시도할 아이를 돕기 위해 여러 명이 사방에서 말을 에워싸고 페이크 동작을 유인책으로 자주 사용했다.

측면 공격에는 공격 타이밍과 함께 숙련된 기술이 필요했는데 체형이 마르고 키가 큰 편이 아니면서 몸이 날랜 아이들이 유리했다. 마부 놀이를 잘하는 아이들이 말타기도 잘했다.

말타기보다 박진감이 떨어지고 눈치작전이 팽배해 공수 전환의 속도가 느릴 수밖에 없어 지루한 감이 많다는 이유로 아이들이 선호하는 편은 아니었다.

9.
군것질의 추억

① 달고나(포또 띠기)

#맛과 재미가 치명적인 달고나 게임

1970년대 초 방과(放課) 후면 아이들과 삼삼오오 어울려 자주 들르는 곳이 있었다. 그곳에 가면 입이 즐거워지고 기분도 좋아지고 잘만 하면 군것질거리도 공짜로 생겼다. 넷플릭스 드라마 〈오징어 게임〉의 인기에 힘입은 복고풍 놀이로 새삼 주목받고 있는 달고나 이야기다. 초등학생치고 달고나를 모르는 아이는 없었고 맛과 재미가 거부할 수 없이 치명적이라 하루가 멀다 하고 달려가곤 했었다.

설탕을 녹인 뒤 소다를 넣어 부풀린 달고나. ⓒRuth Hartnup - wikipedia commons, public domain

달고나라는 이름은 열을 가한 설탕은 단맛이 더 강해져 '설탕보다 더 달구나'라는 데서 유래됐다고 알려졌다.

#달고나의 흡인력

달고나의 매력이 치명적인 이유는 설탕이 유발하는 단맛의 유혹에 취하면서 보너스가 걸린 게임까지 덤으로 즐길 수 있었고 게임에서 이기면 경품까지 탈 수 있었기 때문이다. 어느 것에도 뒤지지 않는 주전부리이자 놀이 겸 게임인 속성을 동시에 장착한 달고나는 다른 놀이와 확연히 구별되는 흡인력을 지니고 있었다.

만드는 방법이 간단한 것도 아이들이 달고나를 좋아한 이유였다. 국자에 노란 설탕을 넣고 연탄불 위에 올려 젓가락으로 저으면서 녹인 설탕물에 베이킹소다를 넣어 부풀리면 바로 먹을 수 있었다. 녹이고 젓고 부풀리는 시간이 아주 잠깐이라 성질 급한 아이들의 비위에도 딱 맞았다.

#먹자파(派)와 게임파(派)
군것질거리이면서 아이들 게임의 방편(方便)이기도 한 달고나의 존재감은 여기서부터 분출된다. 불기운을 덮어쓰고 액체로 변한 설탕이 소다를 머금어 먹음직스럽게 부풀어 오른 달고나를 아이들은 두 가지 방식으로 소비했다. 이른바 먹자파(派)와 게임파(派)로 나뉘었다.

#스스로 만들어 먹는 '먹자파'
먹자파는 다 된 달고나를 국자 채 떠먹거나 젓가락으로 찍어 먹거나 철판 위에 붓고 누르개로 납작하게 누른 뒤 입으로 호호 불며 식혀 가며 먹는 아이들이다. 먹자파는 스스로 달고나를 만들어 먹었다. 게임파는 달고나로 나 홀로 게임을 하는 아이들인데 게임의 내용은 이렇다.

#달고나 게임의 내용
뜨겁고 끈적끈적하고 눅진눅진한 설탕 액을 철판 위에 조심스레 부은 뒤 함석으로 만든 무늬 틀로 꾹 눌러 별이나 하트, 삼각형, 원, 네모, 십자, 숫자 8 등의 다양한 모양을 냈다. 무늬 틀은 주인만 사용할 수 있어 무늬는 주인이 직접 새겼다.

바늘이나 핀 따위로 무늬가 새겨진 윤곽선을 따라 조심스럽게 콕콕 찔러 형상이 부서지지 않도록 신중하게 분리해 떼 낸다. 바늘 작업이 거의 완성됐다 싶으면 두 손으로 떼 내야 했는데, 다 된 밥에 코 빠뜨릴까, 염려한 나머지 마지막에 혀로 핥아서 분리하는 아이도 있었다.

공짜 달고나와 대형 사탕 경품에 목숨 건 아이들

무늬 모양을 온전하게 떼 내면 달고나 완제품이나 100% 설탕으로 만든, 노란빛이 돌고 속이 다 보이는 대형 사탕을 경품으로 받았다. 대형 사탕은 물고기나 동물을 형상화한 예술 작품처럼 모양이 멋있었고 오랫동안 빨아 먹거나 이빨로 깨뜨려 먹는 재미가 쏠쏠해 아이들에게 인기가 많았다. 대형 사탕이 걸린 문양은 8자처럼 난해한 것이 많아 성공 확률이 거의 없었지만 아주 드물게 신기(神技)에 가까운 솜씨를 발휘하는 아이도 있었다.

희비가 엇갈린 달고나 무늬

무늬의 난이도는 천차만별이었고 그 결정은 주인 마음에 달려 있어 조금 쉬운 무늬가 걸린 아이는 바라는 대로 됐다는 회심(會心)의 미소를 지었고 까다로운 무늬를 받아 든 아이는 어려운 숙제를 풀게 됐다는 속상함에 인상을 찌푸렸다. 주인은 가끔 아이들을 충성 고객으로 확보할 욕심에 특단(特段)의 경품을 내걸기도 했다. 경품은 현금이었다.

주인의 상술(商術)

달고나 게임에서 승리하기란 녹록지 않았다. 처음 찾아온 고객에게는 단골 확보 차원에서 만만한 무늬를 찍어 줬지만, 매상 관리가 중요한 주인으로서는 쉬운 듯 까다로운 문양을 내밀거나 무늬 틀을 느슨하게 눌러 아이들을 골탕 먹이는 일이 잦았다. 달고나에 찍힌 무늬의 윤곽선이 희미하면 경품을 탈 가능성도 희박한데 형상을 분리하기가 어려워 무리하게 힘을 가할 수밖에 없고 그런 경우 십중팔구 문양이 부러지기 때문이다.

쉽지 않은 달고나 게임

형상 분리에 성공한 아이는 "뽑았다!"라고 외치고, 실패한 아이는 "꽝!"이라고 탄식했다. 달고나 게임에서 승리하기 위해서는 바늘이나 핀을 다루는 꼼꼼한 손기술과 평이(平易)하거나 적당한 무늬의 난이도에 더해 선명한 무늬 윤곽선이라는 세 가지 요건이 충족돼야 했다.

오징어 게임에 나왔던 달고나를 상품화한 달고나 판매대. ⓒSharon Hahn Darlin - wikipedia commons, public domain

이기는 날보다 지는 날이 많아도 아이들은 부지런히 달고나 현장을 찾아 공짜 달고나 경품을 기필코 쟁취하고 말겠다는 승부욕(勝負慾)을 불태웠다. 실패해도 달고나 한 개는 먹을 수 있었고 성공하면 달고나 두 개, 운(運)발에 날개가 달린 날이면 경품까지 거머쥘 수 있었다.

#포또와 포또 띠기

내 고향 대구에서는 달고나를 '포또'라고 불렀고 달고나 게임을 포또 띠기라고 했다. 달고나 대신 포또라는 명칭이 아이들 사이에서 널리 통용됐다는 점에서 나름의 이유가 있을 법한데 이리저리 뒤져봐도 궁금증을 풀 수 없었다. 개인적인 생각으로는 연탄불에 녹은 설탕이 소다를 만나 갑자기 확 부풀어 오르는 모양에서 비롯된 게 아닌가, 싶다. 일본어로 '확' 또는 '번쩍'을 뜻하는 의태어가 포또(ぽっと)라 이 말을 끌어다 쓴 것이 아닐까, 조심스럽게 짐작되는데 근거가 없는 억지 해석일 수 있다는 점을 분명히 밝혀 둔다.

#추억의 체험 교실

달고나는 1960년대 초에 길거리 노점상 형태로 처음 등장한 뒤 1970년대 전성기를 거쳐 1980년대 들어 제과 산업의 발전에 따른 먹거리와 군것질거리가 다양화되면서 자취를 감추기 시작했다. 지금은 추억의 군것질거리라는 이름의 체험 교실 형태로 겨우 명맥을 유지하고 있다. 유명 관광지나 문화의 거리, 일부 지자체 향토문화관 등에서 달고나를 체험할 수 있다.

② 눈깔사탕, 풍선껌, 센베이, 양갱(羊羹)

#군것질거리의 선구자, 사탕

아이들의 좋아하는 사탕은 아주 오래전에도 있었고 지금도 있고 앞으로도 그럴 것이다. 사탕의 역사는 기원전 200년경으로 거슬러 올라간다. 가히 군것질거리의 선구자라 할 만하다. 지금은 고인(故人)이 된 어느 재벌 회장은 '입속의 연인'이란 감각적이고 문학적인 표현으로 껌의 매력을 예찬했다. 껌이 입속의 연인이라면 사탕은 입속의 친구쯤은 되지 않을까.

단색조의 옛날 알사탕과 달리 요즘 알사탕은 형형색색이라 빛깔이 곱다.

달콤함으로 상징되는 사탕은 아이들뿐 아니라 남녀노소에게 두루 사랑받는 주전부리라 할 수 있다. 마케팅 대상이 무한 확장적이라 모양도, 색깔도, 맛도, 종류도, 이름도 각양각색인 사탕만큼 다양성을 자랑하는 상품도 드물 것이다.

#사탕의 빛과 그림자

설탕이나 엿, 시럽을 끓여 모양 틀에 넣고 식용색소로 색을 입혀 굳힌 음식인 사탕은 가미하는 재료와 온도, 농도, 끓이는 시간에 따라 각기 다른 모습과 맛을 낸다.

고당도(高糖度) 식품이라 중독성이 있어 잘 먹으면 약이 되지만 과용하면 비만과 당뇨의 원인이 되기도 한다. 자주 깨물어 먹어도 치아 건강에 나쁜 영향을 미칠 수 있다. 저혈당 환자들에게 한두 개의 사탕 섭취는 현기증 완화에 효과가 있고 입이 자주 마르고 침샘 기능이 약한 노인들에게도 도움이 된다.

시중에 유통되는 사탕을 보면 알사탕과 막대사탕, 박하사탕, 목캔디, 군인들 전투식량이었던 건빵과 함께 먹었던 별사탕, 솜사탕, 청포도 사탕, 홍삼 사탕, 누룽지 사탕, 현대식 사탕인 멘토스까지 이루 다 헤아릴 수 없이 많다.

#눈알을 닮은 눈깔사탕

먹거리가 변변치 않았던 70년대에 사탕은 아이들의 대표적인 주전부리였다. 그때는 눈깔사탕이라고 불린 알사탕이 사탕의 대명사였고 지금처럼 종류도 많지 않았다. 눈알을 닮았다고 눈깔사탕이라 부른 알사탕은 크기도 컸지만 단단함의 강도가 대단해 깨물어 먹다가 치아를 다친 아이들도 많았다.

내 기억으로는 1원이면 한 개 또는 두세 개를 살 수 있었던 것 같은데 알사탕을 입에 넣으면 볼록 튀어나온 볼 모습이 우습기도 하고 재미있어 아이들끼리 서로 놀려 대며 깔깔거리곤 했었다. 심심풀이로 가위바위보 게임을 통해 눈깔사탕 내기도 자주 했었다. 그 시절 알사탕은 아이들에게 가장 만만한 군것질거리였다.

#풍선껌과 풍선 만들기

알사탕과 함께 아이들 입을 즐겁게 한 군것질거리가 또 있었는데 풍선껌이다. 껌도 사탕처럼 예나 지금이나 변함없는 기호식품이지만 내가 어렸을 때 풍선껌은 아이들의 놀이 방편으로 인기가 많았다. 입안에 넣고 질경질경 씹는 재미도 있었지만, 혀와 입술로 바람을 불어 넣어 누가 더 큰 풍선을 만들어 내나, 경쟁적으로 내기를 했기 때문이다.

그때 아이들 호주머니에는 풍선껌이 떨어질 날이 없었고 수업 시간에 껌을 씹다 들켜 선생님에게 혼나는 게 두려워 책상 아래 한구석에 몰래 붙여 숨겨 놓았다가 쉬는 시간에 다시 떼내 씹는 아이들도 많았다. 나도 풍선껌을 좋아했지만, 다른 아이들처럼 풍선을 잘 불지는 못했다.

다양한 과일 맛이 나는 풍선껌.

#국민 간식거리 센베이

일본에서 건너온 건과자(乾菓子)인 센베이도 1970년대에 빼놓을 수 없는 군것질거리였다. 밀가루나 찹쌀가루에 달걀과 우유를 섞어 반죽한 뒤 구워 만든 바싹 마른과자인데 김이나 파래 가루를 묻혀 내놓기도 했다. 동네 구멍가게에서 팔기도 했고 손수레 행상꾼들이 골목을 돌아다니며 호객 행위를 하기도 했다.

일본식 건과자(乾菓子)인 센베이.

바삭거리는 식감에 감칠맛이 뛰어나 아이는 물론 어른들도 간식거리로 즐겨 먹었다. 가끔 귀가하는 아버지 손에 봉지가 들려 있으면 십중팔구 센베이였다. 지금도 옛날 과자 전문점에 가면 센베이를 볼 수 있다.

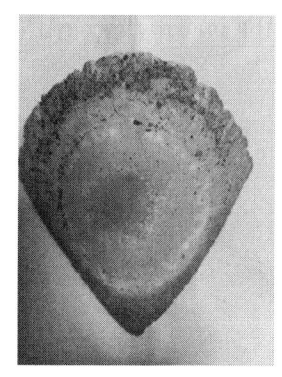

상큼한 파래 맛을 느낄 수 있는 센베이.

#고급 간식거리 양갱

요즘도 여전한 존재감이 있는 양갱(羊羹)은 1970년대 고급 간식거리였다. 양갱은 기원전 중국에서 유래했는데 양의 피로 만들었다는 흔적이 한자어에 남아 있다. 우리가 알고 있는 양갱은 14세기 일본에서 개발한 식후(食後) 음식을 한국인 입맛에 맞게 바꾼 것이다.

양갱(羊羹).

엿과 설탕에 팥, 우무를 넣고 반죽한 뒤 끓여서 식힌 양갱은 길쭉한 직사각형 모양에 반들거리는 검은색을 띠었다. 찰지고 물컹거리는 식감에 단맛이 뛰어났고 영양가도 풍부해 값이 비쌌다. 아이들 푼돈으로는 살 수 없었고 술 한잔 걸친 아버지가 사 오는 날 먹을 수 있었다. 어쩌다 먹을 수 있는 귀한 주전부리라 두서너 입 베어 물고 절반은 아껴 뒀다가 나중에 먹었던 기억이 생생하다.

#별미(別味) 건강식으로 정착한 양갱

시중에 수제 양갱 전문점이 적지 않고 종류도 팥을 비롯해 단호박, 검은 참깨, 밤, 곶감, 대추, 호두, 녹두에 과일까지 다양화된 상품으로 발전한 것을 보면 양갱의 수요가 여전하고 별미(別味) 건강식으로 정착된 사실을 알 수 있다.

센베이나 양갱을 요즘 아이들이 알까, 궁금한 생각이 든 김에 오늘 집에 갈 때는 동네 편의점에 들러 오랜만에 연양갱(鍊羊羹)이나 몇 개 사야겠다.

③ 황도(黃桃), 번데기, 밀크캐러멜, 카스텔라, 크라운산도

#국민 감기약, 판피린 코프

내가 초등학교에 다닐 때인 1970년대에는 감기 환자가 많았다. 환절기가 되면 교실에 빈 의자가 군데군데 눈에 띄었는데 감기 기운이 심해 학교에 나오지 못한 아이들 때문이었다. 영양 상태나 위생 환경이 지금만 못할 때라 바이러스에 대항하는 사회적 면역체계가 허술한 현실적 이유가 컸을 것이다.

그때 감기에 걸리면 집집마다 동네 약국에서 꼭 사는 약이 있었는데 판피린 코프라는 이름의 액상 감기약이었다. 병에 담긴 판피린 코프는 마시는 종합 감기약이었는데 그 시절 국민 감기약으로 불릴 정도로 감기만 걸리면 찾는 필수 의약품이었다. 작은 플라스틱 용기에 판피린 코프를 몇 번 따라 마시고 나면 이상하게 감기 기운이 달아나는 듯했는데, 알게 모르게 감기에 특효약이라는 선입견이 작동된 결과가 아니었나 생각된다.

#아플 때 먹었던 특별식 황도(黃桃)

아이들이 감기에 걸리면 콧물을 흘리고 기침이 났는데, 판피린 코프와 함께 어머니가 특별히 챙겨 준 영양식을 잊을 수 없다. 영양식은 복숭아 통조림인데 식구들끼리는 황도(黃桃)라고 불렀다. 황도는 복숭아의 품종 중 하나로 과실의 살이 노랗고 알찬 데서 붙여진 이름이다. 통조림용 복숭아의 대

단맛이 강한 시럽에 잠긴 복숭아 슬라이스.

명사인 황도는 먹기 좋게 조각난 모양으로 흥건한 시럽에 잠겨 있었고 복숭아 한 입 베어 물고 시럽 한 숟갈을 떠먹으면 꿀맛이었다.

#감기 걸리면 생각난 황도

황도는 감기에 걸리거나 몸살이 심하고 아플 때만 특별히 먹을 수 있는 귀한 음식이었다. 철없는 아이 때라 한겨울에 감기에 걸려 며칠 고생하면서도 황도를 먹을 수 있다는 기대감에 부풀곤 했었다. 황도는 추운 겨울날 먹을 때 제일 맛있었던 기억이 나는데 차가운 시럽의 서늘한 맛에 달짝지근하게 씹히는 복숭아 과실의 부드러운 풍미가 잠시나마 추위를 잊게 해 준 덕분이라 여겨진다.

요즘도 어릴 때 많이 먹었던 황도의 맛을 잊을 수 없어 가끔 호프집에서 맥주 안주로 시키기도 하는데 그럴 때마다 옛날 추억에 잠겨 미소를 짓곤 한다. 치킨이나 골뱅이, 계란말이만큼은 아니지만 맥주 안주로 제법 어울리는 복숭아 통조림은 지금도 흔하게 볼 수 있다.

황도 통조림.

#만만한 길거리 주전부리, 번데기

특별한 날에만 먹을 수 있었던 황도와 달리 길거리 주전부리로 친근하고 흔한 음식도 있었다. 지금은 횟집에서만 볼 수 있는 서비스 안주 번데기 말이다. 번데기는 1970년대와 1980년대만 하더라도 만만한 길거리 간식으로 인기가 많았고 노점상이나 손수레 행상꾼들이 즐겨 파는 대표적인 메뉴였다.

김이 모락모락 나고 따끈따끈한 번데기는 고깔 모양으로 접은 신문 봉지에 담아 한 봉지에 얼마씩 팔았는데 고소하면서 짭짤한 맛이 꽤 중독성이 있었다. 값이 싸고 들고 다니면서 봉지를 입에 대고 번데기 몇 개씩을 틀어넣어 씹어 먹는 재미가 쏠쏠했다. 유원지나 관광지, 시외버스 터미널에 가도 번데기 장수를 쉽게 만날 수 있었다.

길거리 주전부리로 인기가 많았던 번데기.

#단맛과 우유 맛, 향내가 돋보인 밀크캐러멜

밀크캐러멜의 맛도 잊을 수 없다. 해방 후 국내에 처음 출시된 것으로 알려진 캐러멜은 70년대 후반 밀크캐러멜이 등장하면서 캐러멜 시대를 열었다. 담뱃갑보다 조금 작은 직사각형 종이갑(匣) 안에 은박지로 포장한 스무 개가량의 정사각형 캐러멜이 들어 있었고 하나씩 꺼내 까먹었다. 밀크캐러멜은 설탕과 우유, 향료 따위를 섞어 졸인 뒤 굳힌 과자로 딱딱한 듯하면서 이빨로 깨물면 말랑한 특이한 식감이 매력적이었고, 단맛과 우유 맛에 더해 입맛을 돋우는 향내가 아이들의 군것질 욕구를 사로잡았다. 밀크캐러멜은 동네마다 흔한 편의점에서도 팔아 지금도 여전한 존재감을 뽐내고 있다.

밀크캐러멜.

#스펀지케이크, 카스텔라

빵이 식사 대용식(代用食)이기도 한 지금과 달리 단순 간식거리였던 그때 카스텔라도 아이들이 선호한 주전부리였다. 스펀지케이크라는 별칭답게 입에 넣으면 살살 녹아 부드러운 풍미가 혀끝을 거절할 수 없게 자극하는 카스텔라는 동네 제과점이나 가게에서 팔았는데 아이들이 선뜻 사 먹기에는 가격이 만만찮았다. 어머니를 따라 시장에 갔다 돌아오는 길에 일부러 제과점 진열대를 한참 쳐다보고 있으면 그놈 참, 하면서 어머니는 지갑을 열었다.

입에 넣으면 살살 녹아 스펀지케이크라 불린 카스텔라.

#크림의 마력(魔力), 크라운산도

크라운산도라는 이름의 비스킷도 추억의 간식거리였다. 1961년에 처음 출시된 크라운산도는 60년 넘게 사랑받는 식품으로 국내 과자 역사 계보의 한두 손가락 안에 꼽히는 최장수 비스킷이다. 두 개의 비스킷 사이에 크림이 들어간 크라운산도는 샌드위치 쿠키 스타일인데 바삭바삭한 비스킷의

두 개의 비스킷 사이에 크림이 들어간 샌드위치 쿠키 스타일의 산도.

텁텁함을 달콤하고 부드럽고 촉촉한 크림이 눌러 주는 기막힌 조화로 아이나 어른 모두 좋아했다.

먹는 방법도 재미있었다. 샌드위치처럼 비스킷과 크림을 동시에 깨물어 먹는 아이도 있었고 비스킷 하나를 떼 낸 뒤 먼저 크림을 혀로 날름날름 핥아 먹은 다음 비스킷을 씹어 먹는 아이들도 있었다. 혀로 크림을 핥을 때 희한하게도 묘한 기분이 들었는데 크림의 단맛과 부드러운 촉감에 더욱 끌린 것이 그 때문이 아니었나 싶다.

④ 새우깡, 초코파이, 맛동산, 가나 초콜릿

#새우깡 모델

1980년대 초 대학 다닐 때 일이다. 하숙집 1년 후배가 캠퍼스 캐스팅에 발탁돼 새우깡 TV 광고에 출연한 적이 있었다. 남녀 대학생 여러 명이 야외 하이킹 도중 새우깡을 먹으며 즐거워하는 내용이었다. 지성의 상아탑, 대학교에 재학 중인 풋풋한 남녀 청춘들이 새우깡을 먹는 모습을 통해 건강하고 발랄하고 지적인 제품 이미지 효과를 노린 CF였던 것으로 짐작된다.

국내 과자 업계 최장수 브랜드 4총사의 현재 버전.

#대한민국 1호 스낵, 새우깡

이름 모를 평범한 대학생들을 광고 모델로 내세운 새우깡 광고는 참신하고 파격적인 발상이라는 호평 아래 매출과 인지도 상승에 상당한 기여를 한 것으로 기억한다.

내가 새우깡을 처음 먹어 본 것은 초등학교 시절이었다. 새우깡이 대한민국 1호 스낵으로 출시된 때가 1971년 12월이라 아마 초등학교 3, 4학년 무렵이 아니었을까 싶다.

#새로운 스타일의 군것질거리

난생처음 맛본 스낵 과자, 새우깡의 첫인상은 독특했다. 사탕과 빵, 비스킷

대한민국 1호 스낵 새우깡.

따위의 달콤하고 부드러운 맛이 과자 세계의 전부인 줄 알고 있던 나에게 짭짤하고 고소한 맛이 지배한 새우깡은 특별한 존재로 각인(刻印)됐다. 짠맛과 감칠맛이 혀끝을 파고드는 가운데 깨물 때마다 그림자처럼 따라붙는 바삭거리는 고소한 맛은 진한 여운과 함께 중독성이 있었다.

전혀 새로운 스타일의 군것질거리, 새우깡은 출시하자마자 선풍적인 인기몰이로 과자 세계에 새바람을 불러일으켰다. 새우깡은 기름에 튀기는 방식이 일반적이었던 종전 과자와 달리 단맛을 빼고 생새우가 들어간 밀가루 반죽을 열 기운을 뒤집어쓴 소금을 동력(動力) 삼아 굽는 방법으로 제조한 점이 특징인데 이 점이 남녀노소의 입맛을 두루 관통한 국민 주전부리로 자리매김한 비법이 됐다고 할 수 있겠다.

#3대가 즐기는 국민 간식

새우와 깡의 합성어로 순우리말인 브랜드명이 입에 착착 달라붙어 부르기 쉽고 친근한 어감(語感)으로 다가오는 작명(作名) 효과도 새우깡의 인기몰이에 한몫했다는 게 업계의 평가이고 보면 새우깡은 성공할 수밖에 없는 운(運)을 타고난 것이 아니었나, 하는 생각을 해 본다.

출시된 지 반세기를 넘긴 새우깡은 2021년 기준 국내 과자 시장 점유율 선두에 오를 정도로 3대가 즐기는 부동(不動)의 국민 간식 자리를 굳건하게 지키고 있다.

#초코파이의 등장과 다섯 가지의 맛

1974년 국내 과자 업계에 새우깡 못지않은 신데렐라가 등장했는데, 초코파이다. 명칭 그대로 비스킷 겉면에 초콜릿을 입힌 파이인 초코파이는 다섯 가지 서로 다른 식감을 내세워 단숨에 과자 시장을 평정했다.

다섯 가지의 서로 다른 식감으로 단숨에 과자 시장을 평정한 초코파이.

포장을 뜯고 초코파이를 한 입 베어 물면 초코파이 바깥 부분을 둘러싼 스르르 부서지면서 부드럽게 씹히는 초콜릿 외피 맛이 감돌고 이어 말랑말랑한 빵이나 케이크처럼 느껴지는 식감이 뒤따른다. 딱딱한 비스킷에 침투한 마시멜로의 수분 성분 덕분에 촉촉하면서 부드러운 빵의 식감으로 변한 것이다. 마지막으로 쫀득하게 와닿는 감칠맛이 뒤끝을 풍부하게 자극하는데 마시멜로 특유의 식감에서 비롯된 결과다. 부드럽고 촉촉하고 달고 쫀득하면서 초콜릿 맛이 나는 변화무쌍한 맛은 초코파이만의 특징이다.

두세 개 먹으면 요기도 됐던 초코파이.

출시 당시에 한 개 50원이었던 초코파이는 두세 개 먹으면 요기(療飢)도 돼 용돈이 생기면 큰맘 먹고 자주 사 먹었다. 초코파이의 인기는 지금도 여전한데 군부대 최고의 간식으로 알려져 있다.

#과자 시장의 스테디셀러, 맛동산

1975년에 출시된 맛동산도 과자 시장의 스테디셀러다. 설탕과 꿀, 조청 등의 단물인 당액(糖液)에다 땅콩 가루를 고루 섞어 단맛과 고소한 맛을 동시에 즐길 수 있는 과자였다. 중학교에 입학한 해에 처음 먹어 본 맛동산은 땅콩 맛이 강해 진짜 땅콩을 먹는 것처럼 느껴졌는데, 강하게 바삭거리는 맛과 진한 땅콩 맛이 인기의 비결이 아니었나 여겨진다.

과자 시장의 스테디셀러 맛동산.

"맛동산 먹고 즐거운 파티~ 맛동산 먹고 맛있는 파티~"로 유명한 CM송에 땅콩으로 버무린 튀김과자라는 표현이 나오는데, 밀을 곱게 갈아 기름에 튀긴 뒤 물엿 당액(糖液)과 땅콩 가루로 버무린 스낵이다.

#아이들의 최고급 군것질거리, 가나 초콜릿

1970년대 아이들에게 선망의 군것질거리였던 초콜릿에 대한 추억도 빼놓을 수 없다. 맛동산과 같은 해에 출시된 초콜릿인 가나 초콜릿의 인상이 워낙 강렬해 아직도 초콜릿 하면 가나 초콜릿이고 예나 지금이나 존재감이 한결같다. 구한말에 국내에 유입된 초콜릿의 본격적인 대중화 시대를 연 제품이 가나 초콜릿이었다. 1975년 당시 가격이 100원이었는데 아이들에게 최고급 군것질거리로 대접받았다.

1970년대 아이들의 최고급 군것질거리였던 가나 초콜릿. 출시 초기는 포장지 디자인도, 모양도, 맛도 지금과 달랐다.

달콤 쌉싸래한 맛이 균형 있게 잡혀 있고 은은하고 우아한 특유의 향이 거절할 수 없는 매력으로 코끝을 유혹했던 기억을 지금도 잊지 못한다. 가나 초콜릿이 다양한 계층의 입맛과 취향을 사로잡은 고품격 간식으로 자리매김할 수 있었던 비결도 이 점에 있지 않았겠나, 추측해 본다.

#최장수 과자 브랜드 4총사

새우깡, 초코파이, 맛동산, 가나 초콜릿. 국내 과자 업계의 최장수 브랜드 4총사는 50년 전의 기세 그대로 변함없이 마트 과자 진열대의 중심 자리에서 위풍당당하게 고개를 내밀고 있다. 그런 모습을 볼 때마다 반세기 전 군것질하던 어린 시절도 생각난다.

시대에 따라 입맛도 변하고 음식 문화도 달라지는데, 50년 넘게 과자 업계 최강자 자리를 지킨다는 건 분명 예사로운 일이 아닐 것이다.

10.
잃어버린 것에 대하여

① 금산(錦山) 인삼 봇짐장수

#가족 건강 보양 식품이었던 인삼

지금이야 인삼을 마트에서도 살 수 있고 인터넷 쇼핑으로도 손쉽게 구매할 수 있는 편리한 세상이지만, 1960~1970년대만 하더라도 인삼은 귀하디귀한 몸보신(補身) 식품이었다. 당시 인삼은 큰맘 먹고 지갑을 열어야 하는 대표적인 가족 건강 고급 보양 식품이었다. 지금처럼 전국적인 유통망도 없던 시절이라 약재시장이나 산지(産地)에서 직접 구매하거나 집으로 찾아오는 봇짐장수에게서 사는 게 일반적이었다.

마트에서 판매하는 수삼.

#집으로 찾아오는 봇짐장수

봇짐장수는 멀리 타지방으로 가는 시외버스를 타고 시내버스로 갈아탄 뒤 걷고 또 걸어서 일일이 가정방문을 해야 해, 여간 고된 일이 아니었을 것이다. 우리 집에도 때가 되면 봇짐장수가 찾아왔다. 인삼의 고장 금산(錦山) 출신 아주머니였다. 금산에서 내 고향 대구 대명 5동 주택가까지는 151km, 자동차로 2시간 15분이 걸리는 꽤 먼 거리다. 자동차보다 기동력이 떨어지는 시외버스를 이용해 터미널에 내려 시내버스에 다시 올라 동네 어귀에 도착해 우리 집까지 걸어오는 시간까지 계산하면 아마 3시간을 훌쩍 넘는 길고 힘든 여정이었을 것이다. 마흔이 넘은 적지 않은 나이에 무게가 만만찮았을 봇짐까지 머리에 이고, 들기를 반복했을 테니, 육체적인 피로야 말해서 무엇 하랴.

#금산 아주머니와 충청도 사투리

내가 그 아주머니를 처음 본 것은 초등학교에 입학하기 전이었다. 두 달에 한 번꼴로 인삼 꾸러미를 이고 우리 집에 왔는데, 1년에 서너 차례 인삼을 달여 먹었다.

충남 남동부의 금산은 예로부터 인삼으로 유명한 곳이다. 국내에서 생산되는 인삼의 80%가 금산에서 재배될 정도로 금산 하면 인삼이고 인삼 하면 금산이다. 어머니보다 네댓 살 손위인 인삼 장수 아주머니는 1년에 여섯 번이나 우리 집을 드나들어 웬만한 친척 이상으로 가까웠다. 충청도 특유의 구수한 사투리를 느릿느릿하게 구사했는데, 중간중간에 호남 북쪽 말투가 섞인 듯, 안 섞인 듯 들리기도 했다. 전라북도 무주군과 맞대어 있는 지리적인 특성 때문일 것이다. 계셔유, 하고 인기척을 하며 집 안에 들어와서 대청마루 턱에 앉아 봇짐을 풀어 놓고 어머니와 반갑게 이야기보따리를 나누는 모습이 지금도 눈에 선하다.

#작은 손저울과 인삼값 흥정

요즘도 그렇지만 인삼은 무게를 달아 가격을 매기는 방식이라 봇짐장수 아주머니는 늘 작은 손저울을 갖고 다녔다. 무게로 인삼값을 정한다지만, 최종 가격은 흥정에 따라 결정됐다. 우리 집은 단골이라는 혜택에다 봇짐장수의 넉넉한 인심까지 더해져 늘 도매가나 다름없이 인삼을 살 수 있었다. 봇짐장수는 말리지 않은 수삼(水蔘)과 말린 건삼(乾蔘) 두 종류를 취급했는

수삼을 달일 때 꼭 들어간 대추.

데, 어머니는 수삼만을 고집했다. 그것은 우리 식구들이 인삼을 복용하는 방식 때문이었다. 어머니는 흐르는 수돗물에 인삼을 깨끗이 씻은 다음 3분의 2는 대추, 당귀와 함께 약탕기에 넣어 달이고, 나머지 3분의 1은 얇게 채 썰어 꿀에 재어 큰 유리병에 보관해서 한 숟가락씩 떠먹을 수 있도록 준비했다.

#구식 약탕기

요즘은 찾아보기 힘든 질흙으로 만든 구식(舊式) 약탕기에 수삼을 달이는 시간은 꽤 오래 걸렸다. 내 기억으로 한나절은 걸렸던 것 같다. 강불로 시작해 중불로 불기운을 가다듬은 뒤 다시 약불에서 은은하게 몇 시간을 달이려면 보통 정성을 쏟아야 하는 게 아니다. 불 조절에 잠시 한눈을 팔다가는 약탕기 몸통 위에 얹히듯 덮인 얇은 한지 커버가 펄펄 끓는 인삼 수액(水液) 방울 세례에 구멍이 뚫리거나 밀어 올리는 압력에 날아가 버리기 십상이다. 인삼을 달일 때, 어머니의 신경은 온종일 약탕기에 쏠렸다.

#인삼 달인 물의 쓴맛과 사탕의 단맛

다 달여진 인삼 물은 사기로 만든 사발(沙鉢)에 부어 마셨는데, 어린 나에게 그 쓴맛의 느낌은 지독했다. 그럴 때, 어머니는 숨을 참고 단숨에 벌컥벌컥 들이켜야 먹기가 덜 불편하다고 망설이는 나를 다독였다. 사발에 인삼 진액(津液)이 한 방울도 남지 않은 것을 확인한 어머니는 미리 껍질을 벗겨 손에 쥐고 있던 사탕 한 알을 얼른 내 입 속에 넣어 주셨다.

수삼은 재탕(再湯)은 기본이었는데, 어머니는 삼탕(三湯)까지 한 뒤 흐물흐물해진 수삼 알갱이를 버리지 않고 흰 설탕과 함께 우리 형제 앞에 내놓았다. 진액이 다 빠져나간 수삼 알갱이를 설탕에 찍어 먹는 맛도 그런대로 괜찮았다.

#꿀에 잰 수삼

꿀에 잰 수삼은 꽤 오래 먹을 수 있었다. 생각날 때마다 한 숟가락씩 퍼먹는 재미도 있었지만, 달인 수삼 물의 쓰디쓴 맛과 달리 달짝지근한 단맛과 함께 아삭아삭한 식감이 식욕을 돋우었다. 아버지가 특히 좋아하셨는데 몸에 좋은 수삼과 꿀, 둘을 한꺼번에 섭취한다는 충만감이 남다르셨던 게 아닐까, 한다. 아버지는 또 인삼 달인 물을 식혜 냉장고에 넣어 두고 물 대신 자주 마시기도 하셨다.

#인삼 젤리와 인삼 사탕

마음씨 좋은 봇짐장수 아주머니는 우리 형제를 위해 인삼을 조청과 섞어 찐 말랑말랑한 인삼 젤리와 인삼 사탕을 넉넉하게 챙겨 주기도 했다. 어쩌다 수삼을 사지 않을 때도 인삼 젤리와 인삼 사탕 서비스는 그대로였다. 내가 봇짐장수 아주머니를 마지막으로 본 것은 고등학교 1, 2학년 무렵으로 기억한다. 10년 남짓한 인연은 그렇게 어느 날 갑자기 끝났다. 기억에도 선명한 봇짐장수 아주머니가 살아 계신다면 아흔이 훌쩍 넘었을 연세다.

#나의 최애(最愛) 채소, 신선초

식성(食性)이 아직 형성되지 않은 어린 나이에 인삼의 쓴맛에 길든 탓인지, 나이가 들면서 자연스레 약초(藥草)를 좋아하게 됐다. 아무것도 넣지 않고 맨밥에 쌈을 싸 먹는 것을 즐기는 편인데 그럴 때 독특한 쓴맛이 나는 신선초(神仙草)는 나의 최애(最愛) 채소다. 마트에서 수삼을 보면 옛날 생각이 나서 한 팩을 사 냉장고에 넣어 두고 날것 그대로 하나씩 꺼내 씹어 먹는 것도 나의 음식 취미 중 하나다. 요즘에는 인삼 씨를 산속에 뿌려 재배한 장뇌삼을 마트에서 팔기도 하던데, 씨알이 가늘고 작은 데다, 씹을 때 나는 톡 쏘는 향이 별로라 그다지 좋아하지 않는다. 인삼보다 비싸고 효능도 낫다는 홍삼이 대세인 시대이지만, 여전히 수삼이 그립다.

② 일회용 비닐우산

#드라마 슈룹과 우산

2022년 모 케이블 방송에서 방영한 〈슈룹〉이란 드라마를 재미있게 본 기억이 있다. 드라마 제목 '슈룹'이란 말이 너무 낯설어 검색해 보니, 우산의 순우리말이었다. 슈룹의 어원은 정확하게 알려진 바가 없고, 《훈민정음 해례본》에 우산을 닮은 왕실 의장(儀仗)의 하나인 우산 산(繖)을 포함한 한자어 위우산(爲雨繖)과 함께 한글로 슈룹을 병기(倂記)한 기록이 나올 뿐이다. 세자(世子) 자리를 놓고 치열한 차기 대권 경쟁을 하는 왕실 권력의 중심에서 자식들의 우산 역할을 하는 중전(中殿)의 궁정 일기를 그린 사극의 타이틀을 우산의 순우리말 슈룹으로 차용(借用)한 발상이 흥미로웠다.

#패션이 된 우산

우산이 패션의 한 장르가 된 시대라 각양각색의 우산이 즐비한 세상이다. 편의점에서 살 수 있는 투명 비닐우산과 접이식 우산, 장우산(長雨傘)부터 두 번 접을 수 있는 3단(三段) 우산, 골프장에서 사용하는 길이가 길고 폭이 넓은 골프 우산, 고가(高價)의 명품 5단 우산까지 모양과 특징, 크기와 가격이 다양한 우산들이 널려 있다. 모두 다 손잡이에 달린 버튼을 누르면 자동으로 우산이 펴지는 방식이다.

요즘 우산은 색깔과 모양이 다양하고 내구성도 뛰어나 고장도 잘 나지 않는다.

#1970~80년대 초 우산의 대명사, 일회용 비닐우산

지금과 달리 1970~80년대 초만 하더라도 일회용 비닐우산이 우산의 대명사처럼 널리 사용됐다. 그때는 경제 사정이 지금과 많이 달라 식구 수대로 천 우산을 사기가 힘들어 일회용 비닐우산을 주로 애용했다. 일회용 비닐우산은 대나무를 가늘고 길게 쪼개 만든 대나무 살에 푸른색 얇은 비닐을 덧댄 우산이다. 우산 손잡이도 대나무다. 한 손으로 손잡이 부분을 쥐고 다른 한 손으로 손잡이 바로 위에서부터 서서히 밀어 올리면서 우산을 펴는 수동식이다.

말 그대로 일회용이었던 옛날 비닐우산과 달리 요즘 비닐우산은 천 우산처럼 덮개나 우산살 모두 튼튼해 잃어버리지만 않으면 오래 쓸 수 있다.

#우산대 위 철사 고리의 처연한 삶

우산대 윗부분에 대나무 살을 고정하는 철사 고리가 설치돼 있다. 이 고리가 찰칵하고 소리가 나면 우산이 제대로 펴졌다는 신호다. 우산을 접을 때는 엄지손가락으로 이 고리를 힘차게 꽉 눌러야 한다. 고리의 재질이 부러지고 휘기 쉬운 철사라 우산을 펴고 접을 때 딱, 하고 철사 끊어지는 소리가 나거나 우산대 또는 대나무 살에서 철사가 삐져나오는 경우도 많았다. 손재주가 좋은 사람들은 철사 고리를 고쳐 사용하기도 했고,

옛날 비닐우산의 살이 대나무라면 요즘 비닐우산의 살은 알루미늄 소재다.

무시(無時)로 동네 골목길에 나타나는 우산 수리 장수한테 맡기기도 했지만, 대개는 그냥 버렸다.

#일회용 비닐우산의 에피소드

일회용 비닐우산은 말 그대로 내구성이 떨어지는 일회용이라 에피소드도 많았다. 가장 흔하게 벌어지는 일이 비닐로 만들어진 우산 덮개가 바람에 뒤집히는 것이었다. 요즘의 투명 비닐우산과 달리 당시 일회용 비닐우산은 비닐의 두께가 얇고 조악해 비바람이 조금만 세게 몰아쳐도 비닐 덮개 허리가 뒤로 꺾이는 일이 잦았다. 이럴 때는 바람 부는 방향으로 우산을 힘차게 밀면 다시 확 뒤집히며 원래대로 돌아오기도 했다.

그렇다고 비닐 덮개가 늘 원상태로 회복되는 것도 아니었다. 꺾인 비닐 덮개의 허리가 다시 펴지기를 바라는 기대와 달리, 바람의 강도가 너무 세 비닐이 찢어지거나 대나무 살이 부러져 아예 못 쓰게 되는 일도 종종 있었다. 가장 황당할 때는 조마조마한 마음으로 비바람을 뚫고 나가다가 강풍을 만난 대나무 살이 맥없이 부러지면서 비닐도 함께 찢겨 나가는 경우다. 졸지에 우산으로부터 버림받은 신세가 된 꼴인데, 우산을 버리고 우중(雨中) 백의종군하거나 새로 비닐우산을 사는 수밖에 없었다.

#일회용 비닐우산 장수의 대목, 장마철

요즘에는 첨단 기상정보 시스템을 코웃음 치는 기상이변 때문에, 그때는 아날로그식 걸음마 수준의 날씨 관측 때문에 일기예보가 헛다리를 짚는 일이 많았다. 장마철의 기습적인 소나기, 돌발적인 호우(豪雨)는 일회용 비닐우산 장수에게 호재(好材) 중의 호재였다.

그 시절 길을 걷다가 느닷없이 쏟아지는 소나기는 장마철에 흔했다. 이름 모를 집이나 가게 처마 밑, 건물 현관 입구로 뛰어 들어가 잠시 비를 피하다 보면 어디에 있다 나타났는지, 일회용 비닐우산 장수가 모습을 드러냈다. 우산 장수는 우산 대신 우의(雨衣)를 입고 있었는데, 만면에 화색(和色)이 돌며 큰 목소리로 "우산 사세요, 우산, 비닐우산 있어요!" 하고 외쳤다.

편의점에서 언제든지 살 수 있는 천 우산.

#소나기의 습격

비 오는 날은 우산 장수에게 대목이었다. 버스 정류장은 물론이고 극장 앞, 사람들이 붐비는 곳이면 어김없이 비닐우산을 한 아름 든 우산 장수가 호객 행위를 하곤 했다. 초등학교 때 아침에 집에서 나올 때는 비가 오지 않았는데, 하굣길에 갑자기 퍼붓는 소나기를 만나 당황한 경험이 여러 번 있었다. 어린 학생의 호주머니 사정이 뻔한지라 우산을 살 돈은 없고 에라 모르겠다, 책가방을 머리 위로 받쳐 든 채 걸음아 나 살려라 하며 달음박질해 집까지 쏜살같이 달려간 적이 여러 번 있었다. 소나기가 오는 날이면 학교 정문 앞에서 우산을 들고 아들, 딸을 기다리는 엄마들도 여럿 있었다.

#일회용 비닐우산의 목소리

쉽게 망가지고 고장 나는 일회용 비닐우산이지만 천 우산이나 고급 우산이 흉내 낼 수 없는 정감 어린 낭만도 있었다. 일회용 비닐우산을 편 채 위아래로 살짝살짝 흔들면 들썩들썩, 하는 소리가 난다. 비닐이 얇고 가벼워 공기 마찰에 짓눌려 나는 소리다. 희한하게도 그 소리는 따스하고 정겨웠다. 소리로 우산의 존재감을 드러내는, 우산의 목소리로 들렸기 때문일 것이다. 요즘 편의점에서 파는 투명 비닐우산은 플라스틱 뼈대에 비닐도 질기고 두껍고 튼튼해 위아래로 흔들어도 옛날 비닐우산에서 나는 소리를 들을 수 없다.

일회용 비닐우산의 낭만은 우산 위로 투둑, 투두둑 하고 빗방울이 떨어질 때 푸근한 감성으로 다가온다. 빗방울이 우산의 비닐과 만나 들려주는 소리는 기계적인 빗방울 소리가 아니라 자연의 언어라 추억이라는 형용할 수 없는 가치를 우리에게 안기기 때문이 아닐까 싶다.

#일회용 비닐우산과 인정(人情)
일회용 비닐우산의 낭만은 또 있다. 우산 하나로 친구와 둘이 나란히 어깨동무하고 걸어간 기억, 버스 정류장까지 황망하게 비를 맞고 걸어가는 나를 본, 이름 모를 아저씨가 마음씨 좋게 우산을 받쳐 준 기억도 난다. 그때는 우산이 없으면 우산을 씌워 주는 사람도 있었고, 언제 다시 만날지 모를 가게 아주머니가 비닐우산을 빌려주기도 했다.

#머피의 법칙과 우산
지금도 그럴 때가 있지만, 어릴 때도 머피의 법칙은 우산을 소환한 적이 많았다. 비가 오겠거니 해 우산을 들고 집 밖을 나서면 비가 안 오고, 비가 안 오겠거니 해 우산을 안 들고 나가면 비가 오는 경험 말이다.

천 우산이나 비닐우산이나 요새 유통되는 우산은 우산살을 홈에 끼우는 방식이라 덮개와 분리할 수 있다.

누군가 비는 구름이 인간에게 준 하늘의 선물이라 했다.

시인 정호승(1950~)은 비닐우산을 의인화한 감각적인 시어로 비닐우산을 찬미(讚美)했다. 비닐우산이란 제목의 그 시에서 비닐우산은 이렇게 말한다. 비를 맞으며 걷는 일보다 바람에 뒤집히는 일이 더 즐겁고, 바람에 뒤집히다 못해 빗길에 버려지는 일이 더 즐겁고 행복하다.

#죽음으로써 소임(所任)을 다하는 일회용 비닐우산

찢기고 망가지고 부서짐으로써 삶을 다하는 일회용 비닐우산. 일회용 비닐우산은 인간의 감성과 추억을 비와 자연의 언어로 흔들어 깨우는 정서적 영감(靈感)의 옹달샘이라 여겨진다.

1990년대가 되면서 일회용 비닐우산은 자취를 감췄다. 이제는 생활사박물관에나 가야 볼 수 있는 일회용 비닐우산이다. 세월이 흘러도 일회용 비닐우산이 남긴 추억은 그대로다.

③ 만병통치 빨간약

#피지낭종 수술

2021년 가을에 피지(皮脂)낭종 수술을 받았다. 주머니 낭, 종기 종의 한자어 낭종(囊腫)은 주머니 모양의 혹이다. 피지낭종은 표피 바로 아래 진피층의 피지선이 막혀 피부 바깥으로 배출될 분비물인 피지가 쌓여 생긴 혹인데, 양성 종양이다. 악성 종양인 피부암과는 다르며 정확한 원인이 규명되지 않았고, 누구에게나 발생할 가능성이 있다고 한다.

처음에는 통증이 없다가 시간이 지날수록 크기가 점점 커져 통증을 유발한다. 외과적 수술로 치료해야 하는데, 부분 마취 후 피지 주머니를 제거하는 방식이다. 간단한 수술이라 당일 수술하고 당일 귀가하며 샤워 빼고는 일상생활에 아무런 지장이 없다.

내 경우는 왼쪽 겨드랑이 부근에 제법 큰 놈 하나와 오른쪽 눈언저리, 두 군데에 있었는데 모두 수술로 떨어 냈다. 수술 후에는 수술 부위의 상처를 아물게 하는 피부 연고를 일주일쯤 바른 다음 흉터 방지용 흉터 연고를 3개월가량 발랐던 기억이 난다. 눈언저리 쪽 수술 흔적은 육안(肉眼)으로 전혀 보이지 않아 의료 기술도 발달했고, 연고의 품질도 뛰어나다는 사실을 실감했다.

#맨땅과 무릎, 팔꿈치 부상

굳이 피지낭종 얘기를 꺼낸 이유는 연고와 관련해 학창 시절 생각이 났기 때문이다. 1970년대에 초중고를 다닌 사람들은 다 아는 이야기다. 당시 주택가 골목은 비포장 맨땅이 많았다. 내가 살았던 고향집 골목길도 먼지가 풀풀 날리는 맨땅이었다.

골목길에서는 축구처럼 몸이 부딪히는 놀이를 많이 했는데, 넘어지는 일이 많을 수밖에 없었다. 놀다가 넘어지면서 제일 많이 다치는 부위가 무릎과 팔꿈치였다. 무릎이 까지고 팔꿈치가 까지는 부상이다. 반바지 반팔 차림의 여름날, 무릎이나 팔꿈치가 까지면 그 쓰라림과 따가움의 고통은 말도 못 할 지경이다.

#빨간 소독약, 아까징끼와 갑오징어 뼛가루

상처 치료 방법은 단 하나, 빨간 소독약 아까징끼를 바르고 그 위에 갑오징어 뼛가루를 뿌리는 것이었다. 아까징끼는 염증 방지 소독약을 가리키는 일본식 발음인데, 어릴 때 어른들이 그렇게 불렀고, 나나 형들, 내 친구들도 그렇게 불렀다. 빨간 소독약이라고 한 이유는 상처 부위에 약을 바르면 빨갛게 색이 묻어났기 때문이다. 영어로는 머큐로크롬인데, 수은 성분이 함유됐다는 이유로 지금은 시판이 금지된 상태다. 갑오징어 뼛가루는 정약전이 1814년에 저술한 어류 백과사전 자산어보(慈山魚譜)에도 나오는 피부 재생 치료 민간요법이다.

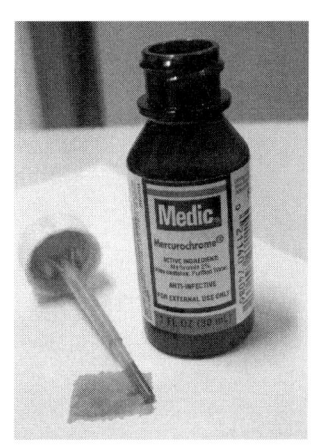

빨간약의 영어 이름 머큐로크롬.
©wikipedia commons, public domain

액체로 된 소독약이 피부에 닿으면 아야, 소리를 내며 인상을 찌푸렸다. 안 그래도 쓰라린 상처가 살을 에는 소독약의 날카로운 기운에 깜짝 놀라 바짝 긴장하기 때문이다.

상처의 정도가 심하면 갑오징어 뼛가루 위에 소독솜을 대고 반창고를 붙이기도 했다. 약국에서 판매하는 그럴싸한 흉터 치료 연고가 없던 시절이라 놀다가 넘어져 다치면 빨간약이 만병통치약으로 통했다.

#무릎과 팔꿈치 수난의 상징, 까만 딱지
  남자아이들의 무릎과 팔꿈치에는 넘어져 까진 피부의 속살 위를 덮은 까만 딱지가 늘 수난의 상징처럼 붙어 있었다. 고무줄놀이하다 고무줄에 걸려 넘어진 여자아이들의 무릎과 팔꿈치에서도 상처가 아무는 징표인 시커먼 딱지를 심심찮게 볼 수 있었다.

  참을 수 없는 고통에 괴로워할 때가 있는데, 딱지가 겨우 아물어 가고 있는 도중에 다시 똑같은 부위를 다쳤을 경우다. 나도 여러 번 경험했는데, 다친 데를 또 다쳤을 때의 통증은 몹시 사나워 참기가 힘들고 통증이 가시기까지 시간도 오래 걸려 이래저래 고생이다. 굳어지던 딱지가 강제 이탈하면서 속피부가 다시 발가벗겨지는 순간, 빛의 속도로 달려드는 통증 감각이 칼로 찌르듯이 공격해 와 정신이 아득해진다. 혼미한 통증의 시간은 길고 또 길었다.

70년대 주택가 골목은 비포장 맨땅이 많았다. 몸싸움이 잦은 공놀이를 하다가 넘어지면 무릎과 팔꿈치가 까지는 일이 잦았다.

  긴바지와 긴팔 차림으로 넘어졌을 때는 그나마 나았다. 무릎이나 팔꿈치가 맨땅에 직접 노출되지 않고, 옷이 방어막 역할을 하기 때문이다. 그렇더라도 피부가 까지는 위험에서 자유롭지는 않았다.

#축구 사랑의 값비싼 대가(代價)

나는 어릴 때 유독 축구를 좋아해 무릎과 팔꿈치를 많이 다쳤었다. 초등학교 저학년 때부터 방과 후면 꼭 운동장에서 아이들과 편을 갈라 축구 시합을 했다. 숫자가 항상 모자라 한 편이 대략 5~6명이었고, 골대도 정규 골대가 아니라 핸드볼 경기에서 볼 수 있는 작은 골대를 사용했다. 골대와 골대 사이의 거리도 짧았다.

운동장도 맨땅이라 상대 아이 발에 걸려 넘어지고, 태클을 당해 넘어지고 밀려서 넘어질 때마다 무릎과 팔꿈치가 남아나지 않았다. 내가 다친 데를 또 다칠 수밖에 없었고 그런 일이 잦았던 것은 하루가 멀다 하고 빠진 축구 사랑이 큰 이유였다.

내 무릎과 팔꿈치를 보면 피부가 여러 차례 벗겨졌다 아문 상처의 흔적이 뚜렷이 남아 있다. 빨간 소독약과 갑오징어 뼛가루도 아마 내 무릎과 팔꿈치 어딘가에 화석(化石)처럼 조용히 숨어 있지 않을까, 혼자만의 추억에 잠긴다. 그래도 그때가 좋았다.

④ 책가방과 교과서 북 커버

#손으로 들고 다녔던 옛날 책가방

옛날 학생용 책가방은 손으로 들고 다니는 손가방, 요즘은 배낭처럼 어깨에 메고 다니는 백팩 타입이다. 책가방의 모양도 달랐고, 가방을 여닫는 개폐 방식도 달랐다. 옛날 책가방은 지금의 백팩처럼 지퍼를 열어 책을 넣고 꺼내는 형태가 아니었다.

천으로 만들어진 1970년대의 옛날 책가방에는 손잡이가 두 개 달려 있었고, 몸통에 달린 갈고리 모양의 쇠고리인 후크를 채우고 벗겨야 해 가방을 여닫는 게 불편했다.

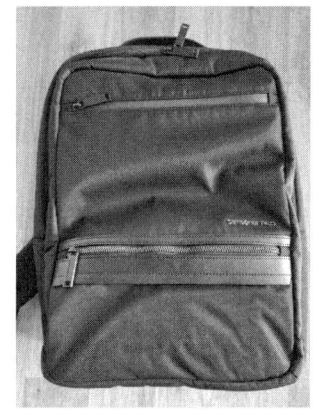

백팩이 대세인 시대다. 초중고생들도 백팩을 책가방으로 사용하고 성인들도 백팩을 애용한다.

후크 대신 열쇠로 자물쇠를 채우듯이 한 쌍으로 된 철 구조물 중 뾰족하게 튀어나온 부분을 움푹 들어간 곳 안으로 집어넣으면 찰칵하고 소리가 나면서 잠기는 형태의 책가방도 있었고, 두 가지 방식을 혼합한 책가방도 있었다.

#만만치 않았던 책가방 무게

등하교 때마다 들고 다니는 책가방 무게는 예나 지금이나 혈기 왕성한 청소년에게도 만만찮았다. 교과서와 참고서, 문제집, 노트, 연습장, 필통 따위의 학습 교재와 도구가 들어 있는 책가방은 무거울 수밖에 없었다.

한 손으로만 책가방을 들고 계속 버티기에는 버거워 양손을 번갈아 가며 들어야 했는데 이도 저도 힘들어 지칠 때면 양 손잡이를 어깨에 걸치거나 한쪽 손잡이만 걸쳐서 가는 일도 있었다. 도시락까지 책가방에 넣고 갈 때는 더욱 무거웠고, 도시락 가방을 따로 들고 가는 학생들도 있었는데 무겁기는 마찬가지였고 번거롭기까지 해 책가방에서 받는 스트레스가 이만저만이 아니었다. 한쪽 손으로만 책가방을 지탱해야 해 어깨로 전달되는 하중(荷重)도 뻑적지근했다.

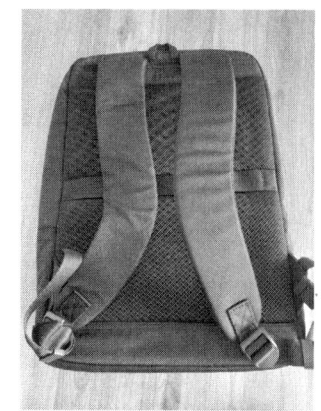

백팩은 양어깨에 가방을 메는 형태라 하중이 손에 집중되는 옛날식 손가방에 비해 부담이 덜하다.

#세월이 지나도 변하지 않는 책가방 무게

딸이 고등학교 다닐 때 딸아이의 책가방을 몇 번 메 본 적이 있는데, 생각보다 훨씬 무거워 깜짝 놀랐던 기억을 지금도 잊을 수 없다. 나 때도 그랬고 지금 아이들 책가방도 무겁기는 여전해, 세월이 아무리 지나도 학생들의 책가방 무게는 변하지 않는다는 사실에 또 놀랐다.

그나마 지금은 책가방의 하중을 어깨와 허리, 다리 세 군데로 분산시키는 백팩 타입이라 한 손으로 무게를 감당해야 했던 옛날 책가방보다는 나아 보였다.

백팩은 기능성과 장식성, 실용성을 두루 갖춘 가방이다.

손으로만 책가방 무게를 짊어졌던 옛날식 책가방은 사라진 지 오래고 이제는 서류 가장 형태로만 손가방이 존재하는 시대다.

#1970년대에 유행한 북 커버

책가방이 손가방이었던 시절을 떠올리면 생각나는 게 하나 있는데, 교과서 북 커버다. 북 커버는 교과서 겉표지를 잡지 종이나 코팅된 종이로 포장하는 것을 말한다. 교과서 표지가 더러워지거나 찢겨나가 손상되는 것을 방지하기 위해서다.

1970년대 초중고생들에게 교과서 북 커버는 거부할 수 없는 학교 문화의 하나였다. 교과서 표지에 오물이 묻어 지저분해지거나 찢어지고 망가지는 것을 예방할 목적도 있었지만, 책 꺼풀을 멋지고 예쁘게 꾸며 남달라 보이고 싶어 한 학생들의 과시 욕구도 숨어 있었다.

학교 수업의 근간 교재(敎材)인 교과서를 사랑하는 마음이 곧 학업에 대한 열정을 엿볼 수 있는 또 다른 기준이 된다는 경쟁심리도 끼어 있었다. 학생들이 너 나 할 것 없이 교과서 북 커버에 정성을 쏟은 이유였다.

#코팅 포장지

신학기를 앞두고 학생들은 일제히 새 교과서를 받았다. 방학이 끝나 갈 무렵 다음 학기 과목별 교과서를 받아 든 학생들은 집에서 북 커버 장식에 온 정성을 다했다. 이때를 위해 용돈을 아껴 둔 학생들은 문방구에서 화사한 꽃 그림이나 사계절 풍경, 고풍스러운 건축물, 기하학적 문양 등 아름다운 이미지가 새겨진 코팅 포장지를 사 북 커버로 꾸몄다. 코팅 포장지는 세련된 도안과 화려한 색상이 돋보였는데, 특히 질감이 매끄럽고 반지르르한 윤기 때문에 시각적인 만족도가 높아 학생들에게 인기가 많았다.

#코팅 포장지의 대체재

코팅 포장지로도 성이 차지 않는 아이들은 비닐로 덧씌우는 이중 포장을 하기도 했는데 주로 여자아이들이 그랬다.

용돈이 부족해 코팅 포장지를 살 수 없는 아이들은 달력 종이나 두꺼운 잡지 종이로 북 커버를 대신했다. 달력 종이는 재질이 반들반들하고 질긴 데다 배경 그림으로 유려한 자연 풍광이 많아 코팅 포장지의 부재(不在)를 메우기에 그만이었다. 여성 월간지 종이도 재질이 좋고 컬러 사진으로 채워져 있어 코팅 포장지의 대체재로 선호도가 높았다.

그도 저도 아니면 집 안에 흔하게 굴러다니는 신문지로 교과서 책 꺼풀을 입히는 아이들도 더러 있었다. 신문지는 찢어지기가 쉬워 그 위에 비닐로 한 꺼풀 더 싸는 경우가 많았다. 교과서 표지 크기에 맞춰 책에 바로 끼우는 비닐 표지도 문방구에서 팔았는데, 교과서 몸체의 민낯이 다 드러나 북 커버다운 특징이 없다는 이유로 별로 인기가 없었던 걸로 기억한다.

#북 커버에 새긴 정자체(正字體) 글씨

나도 새 학기를 앞두고 다른 아이들처럼 북 커버에 신경을 기울였는데, 코팅 포장지를 사용하기도 했지만, 은행 고객용 달력 종이를 애용했던 기억이 난다. 그때는 네임 펜이 없던 시절이라 볼펜이나 사인펜으로 북 커버에 과목명과 반, 학생 이름을 정자체(正字體)로 반듯하게 새겼다. 사인펜 글씨는 손때가 묻으면 흐릿해지고 땀이나 습기에도 잘 지워져 글씨 위에 투명 테이프를 붙이기도 했다.

#북 커버 요령

　북 커버 용지만큼이나 신경을 쓴 게 있었는데 책 꺼풀을 입히는 요령이다. 포장지로 교과서 몸체를 둘러싼 뒤 규격에 맞게 가위로 잘라 표지 안 접힌 부위를 풀칠로 고정한 다음 위아래 모서리와 앞, 옆, 뒷면의 꺾이는 부분을 엄지손가락이나 자로 꾹꾹 눌러 각을 잡아 주는 게 중요했다. 이 작업은 북 커버의 매무새를 단정하게 결정짓는 행위로 꺾이고 접히는 포장지의 해당 부위를 몇 번이고 매만져 각지게 마무리했다.

　북 커버는 단순한 책 꺼풀 포장이라는 의례적이고 장식적인 의미를 넘어 교과서 표지의 멋스러움을 추구한 학생들의 풋풋한 감성이 반영된 결과라고 할 수 있다. 중고등학교 때는 교과서 외에 참고서도 북 커버로 단장하기도 했는데 교과서만큼은 아니었던 것 같다.

　사회생활을 막 시작한 아들과 딸이 중고등학생일 때 북 커버의 북 자도 몰랐던 것을 보면, 북 커버도 철 지난 이야기가 된 지 오래다. 세월이 흘러도 변하지 않는 것이 있는가 하면 변한 것도 있어, 북 커버의 추억이 새삼 그립다.

⑤ 공중목욕탕(沐浴湯)

#사우나의 옛날 이름, 목욕탕

사우나의 옛날 이름은 목욕탕이다. 공식적으로는 공중목욕탕 또는 대중목욕탕이라고 불렀다. 지금의 사우나가 냉탕, 온탕은 물론 쑥탕과 건식 사우나, 습식 사우나, 입식 샤워기, 휴식 및 혈액 순환에 도움이 되는 건강 증진 시설을 갖춘 현대식 목욕탕이라면 옛날 목욕탕은 냉탕과 온탕으로만 구성된 단출한 목욕 공간이었다. 1970~80년대 초까지 목욕탕은 대중들의 사랑을 한 몸에 받았으나 이후 찜질방 등 세련된 시설과 일부 스파 기능, 쾌적한 공간을 겸비한 24시간 사우나 시대가 열리면서 90년대 들어 점차 설 땅을 잃어갔다.

좌식 사우나 시설과 큰 세숫대야, 작은 세숫대야를 보면 1970년대 공중목욕탕이 생각난다. 그때 세숫대야는 플라스틱이 아니라 고무 세숫대야였다.

#때 밀러 가는 목욕탕

옛날 목욕탕은 샤워기도 앉아서 사용하는 좌식(坐式) 스타일이었고 뜨끈뜨끈한 온탕에서 몸

입식 사우나 시설.

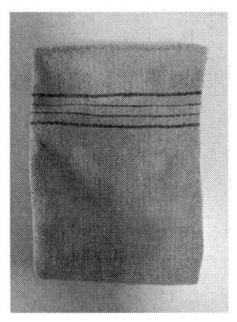
작은 때 수건.

을 불린 뒤 때를 밀어 피부를 매끈하고 깨끗하게 단장하는 것이 주목적이었다. 옛날 목욕탕에서는 몸을 씻는 것도 씻는 것이지만 몸에 낀 때를 때수건, 일명 이태리타월로 박박 밀어 각질을 털어 내기 위해서 갔다고 해도 무방할 것이다. 날마다 샤워하는 게 자연스러운 일상이 된 지금의 생활양식과는 딴판이었다.

그 시절 사람들에게 목욕탕에 가는 일은 그만큼 남다른 의미가 있었고 때를 밀고 나면 하늘을 날아오를 것처럼 상쾌한 기분이 든 것도 당연했다고 할 수 있다.

#목욕 품앗이

그때는 목욕 시설을 갖춘 가정이 별로 없어 세수와 머리 감고 발 닦는 것 말고는 몸을 제대로 씻을 수 없었던 시절이라 벼르고 별러 큰맘 먹고 가는 곳이 목욕탕이었다. 그러다 보니 목욕탕에서 사람들이 가장 큰 관심을 둔 일은 때를 미는 것이었고 식구들끼리 혹은 가깝게 지내는 이웃 몇이 함께 간 것도 서로 등을 밀어 주는 품앗이할 목적에서였다.

냉탕.

사정이 여의찮아 혼자 가는 사람도 많았는데 얼굴도 성도 모르는 처음 만난 사이라도 스스럼없이 상대의 등을 밀어 주는 모습이 아주 흔했다. 혼자 가더라도 등을 못 밀어 애를 태울 일은 없었으며 인정도 많았고 품앗이 정서도 두터운 시절이었다.

#이태리타월의 추억

이태리타월은 때를 벗겨 내기 쉽게 까칠까칠한 섬유로 만든 수건인데 1970년대만 하더라도 지금처럼 긴 때수건은 없었고 정사각형 모양의 작은 때수건만 있었다. 때수건을 사용하는 방법도 흥미로웠다. 때수건만으로 몸을 닦는 사람도 있었지만, 대개는 손이 들어갈 수 있게 디자인된 때수건 속에 마른 수건을 집어넣어 이용했다. 이때 때수건에 약간의 물을 묻히는 게 중요했는데 때수건에 적당한 물기가 올랐을 때 피부가 따갑지 않고 상하지 않을뿐더러 때도 술술 잘 밀렸기 때문이다.

온탕.

물기가 없고 마른 때수건으로 몸을 너무 세게 밀면 살갗이 따갑고 심할 경우 찰과상(擦過傷)을 입을 염려가 있었다. 있는 힘 없는 힘을 다해 박박 미는 것을 유달리 좋아한 손님들도 있었는데 주로 중년의 아저씨, 아주머니가 그랬다. 남자인 내가 직접 본 것처럼 아주머니도 거론하는 근거는 어머니에게 들은 얘기가 기억났기 때문이다.

탈의실 전경.

실제로 어렸을 때 고향집 근처 동네 목욕탕에서 특정 부위의 피부가 벌겋게 달아오른 아저씨를 본 적도 많이 있었다. 살갗이 벗겨질 정도로 야무지게 때를 밀어야 민 것 같다는 얘기를 귀동냥으로 들었는데 보기에도 좋지 않고 살이 타들어 가는 통증에 시달릴 것이 뻔해 미련하다는 생각이 들었다.

#등 밀이 품앗이의 훈훈한 광경

따가움이라는 감각은 때를 미는 사람은 알 수가 없고 등을 내준 사람만 알 수 있어 등을 밀 동안 서로가 나누는 대화도 재미있었다. 때를 밀기 시작하면 때를 미는 사람은 "이 정도면 됐나요?"라고 묻기 십상이었고 등을 내준 사람은 "조금만 더 세게, 조금 더."라거나, "너무 세요, 조금만 더 약하게. 딱 좋습니다."라고 응수했다. 때를 밀 동안 때를 미는 사람이나 등을 내준 사람 모두 즐거워했고 옆에서 보는 사람의 입가에도 흐뭇한 미소가 배어 나왔다. 때 미는 광경은 훈훈하고 보기 좋았다.

옷가지 보관함.

목욕탕 탈의실 입구에 설치된 신발장.

옛날 신문 기사를 보면 70년대 초 일부 목욕탕에 때를 밀어 주는 사람이 간혹 있었다고 나오기도 하는데, 극히 예외적인 경우라 사실상 그때는 각자 알아서 때를 미는 시대였다고 할 수 있다. 때밀이에서 시작해 세신사(洗身師)로 불리던 명칭은 통계청의 한국표준직업분류 기준에 따라 지금은 목욕관리사로 통일됐다.

#삶은 달걀과 목욕탕

나도 대여섯 살 때까지 어머니 손을 잡고 동네 목욕탕에 자주 갔었다. 목욕탕 안의 답답한 공기와 뜨거운 온탕에 들어가기가 싫어 칭얼대는 나에게 어머니는 삶은 달걀과 사이다를 사 준다며 어르느라 진땀을 뺐고, 그 말에 나는 금세 마음이 바뀌었다. 어머니는 꼭 나를 먼저 씻기고 당신의 몸을 씻었다.

목욕을 끝내고 먹는 삶은 달걀의 맛은 꿀맛이었다.

목욕을 끝낸 뒤 탈의실에서 먹는 삶는 달걀은 꿀맛이었다. 달걀 한 입 베어 물고 병사이다 한 모금을 마시면 세상 다 얻은 기분이었다. 요즘 사우나에서도 삶은 달걀을 파는 곳이 많고, 내가 사는 지금의 동네 사우나에서도 삶은 달걀을 찾는 사람들이 적지 않다. 그러고 보면 목욕탕과 삶은 달걀 사이에는 분명 인과관계가 있을 법한데, 여행길 기차 안에서도 삶은 달걀, 시외버스 안에서도 삶은 달걀, 소풍 가는 학생들 가방 안에도 약방의 감초처럼 꼭 들어 있는 삶은 달걀이 필수 먹거리였던 1970년대 생활문화에서 비롯된 게 아닐까 생각된다.

내가 사는 동네 목욕탕 탈의실 구석에 마련된 남성용 이발 공간.

세월이 흐르고 시대가 바뀌어 이제 옛날식 동네 대중목욕탕은 찾아보기 어렵지만 그때의 목욕탕 풍경은 내 기억 속에 선명히 남아 있다.

⑥ 동네 개천의 여름과 겨울(上) 잠자리 사냥

#고향 동네 개천의 추억

내가 대학에 입학하면서 떠난 고향집 근처에는 개천이 흐르고 있었다. 집에서 걸어서 10분쯤 가면 개천이 나왔는데 그 주변으로 이름 모를 잡초와 풀이 무성했다. 여름이면 잠자리가 지천으로 날아다녔고 매미 울음소리는 사방팔방으로 퍼져 나갔다. 장마철에 개천의 수위는 갑자기 올라가 잡초와 풀을 뒤덮었고 어린 꼬마들이 다가가기에는 물이

긴 몸통에 회전이 가능한 머리, 6개의 다리, 한 쌍의 투명한 날개를 지닌 잠자리. ©Tim Bekaert - wikipedia commons, public domain

제법 깊었다. 비가 그치고 맑게 갠 날 개천의 모습은 몰라보게 달라져 있었다. 며칠 새 잡초의 키가 한 뼘 이상 쑥쑥 자랐고 풀들도 이전보다 훨씬 성숙한 자태를 뽐내고 있었다.

#잠자리 채집의 명당

여름방학 때 개천은 또래 친구들의 훌륭한 놀이터였다. 뙤약볕이 내리쬐는 한낮에 아이들은 개천을 찾았고 손에 잠자리채 하나씩을 들고 있었다.

암수 잠자리 한 쌍이 찰싹 달라붙어 흘레하는 장면이 눈에 띄면 아이들은 신기해하면서 경쟁적으로 다가갔다. 두 마리의 잠자리 눈치를 동시에 따돌리고 맨손으로 순식간에 덮쳐야 해 잡기가 여간 까다롭지 않았지만, 눈에 쌍

심지를 켜고 달려들지 않는 아이가 없었다. 잡기만 하면 잠자리 많이 잡기 내기 실적이 두 배로 올라가기 때문인데 성공할 때보다 실패할 때가 압도적으로 많아 헛물만 켜는 셈이었다.

흘레붙은 잠자리를 내가 산 지역에서는 '곰배 붙었다'라고 표현했는데 곰배는 흘레의 경상도 방언이다.

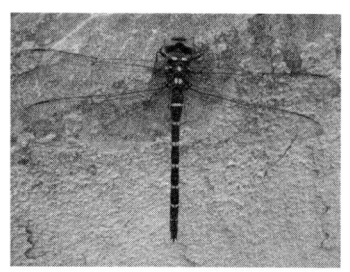

몸통에 노란색 줄무늬가 있는 장수잠자리. 개천이나 하천, 개울가가 서식지다. ©Brian Adler - wikipedia commons, public domain

#맨손 잠자리 사냥이 어려운 이유

맨손 잠자리 사냥이 어려운 이유는 두 가지다. 하나는 사통팔달(四通八達)의 뛰어난 잠자리의 시력이고 다른 하나는 민첩하고 탁월한 비행 능력인데 둘 다 오랜 세월 진화를 거쳐 잠자리 고유의 특성으로 굳어진 것이다. 잠자리는 회전이 가능한 머리에 크고 불룩한 2개의 겹눈과 정수리에 3개의 홑눈을 지녀 상하좌우 사방을 자유자재로 경계할 수 있다. 미세한 인기척만 있어도 고감도 레이더망인 겹눈에 포착되기 십상이다. 잠자리는 또 급상승과 급강하, 급선회, 후진 비행 등 타의 추종을 불허하는 명품 비행 실력을 무기 삼아 공격자의 손이 제 몸에 닿기 일보 직전인 백척간두(百尺竿頭)의 위기 상황에서도 손쉽게 도망갈 수 있다.

#눈치 100단 잠자리

잠자리는 이런 본능적 생존력 때문에 웬만해서는 맨손 사냥을 허락지 않는다. 엄지와 검지 또는 검지와 중지로 잠자리 날개를 정조준한 뒤 밀착 접근해 집게로 물건 집듯이 양 손가락을 오므리는 순간 성공했다 싶다가도 어느

잠자리 포획 방법은 잠자리가 착지한 위치에 따라 다르다. 풀밭에 앉아 있을 때는 잠자리채를 위에서 땅바닥을 향해 빠르고 힘차게 내리꽂아야 한다.

새 공중으로 탈출해 버리기 일쑤다. 맨손으로 잠자리 사냥을 해 본 사람은 눈치 100단의 순발력 고수와의 버거운 싸움이라는 말을 실감할 것이다. 잠자리를 맨손으로 잡은 날은 운수 좋은 날이다. 잠자리 사냥에 잠자리채가 필요한 이유다. 잠자리채는 괜히 있는 게 아니다.

#흥미진진한 잠자리 사냥의 전말(顚末)
풀이나 나뭇가지 위에 살포시 앉아 있는 잠자리를 겨냥한 사냥 욕구는 스릴감이 뛰어나 아이들에게 인기 만점이었다. 스릴감은 잠자리를 눈으로 포착한 순간부터 발동된다. 잠자리 사냥은 시작부터 끝까지 흥미진진하다. 사냥에 잠자리채가 동원되는 것은 물론이다.

- 촘촘한 그물망 주머니가 달린 잠자리채를 두 손으로 꽉 쥐고 살금살금 목표물을 향해 접근한다. 기다란 대나무 막대에 연결된 그물망이 어른 머리가 들어갈 만한 크기로 포획 범위가 넓더라도 눈치 끝판왕 잠자리의 경계망을 따돌리기 위해서는 최대한 인기척을 내지 말아야 한다.

- 잠자리가 사정권(射程圈)에 들어왔다 싶으면 그물망이 사냥감을 안정적으로 덮칠 수 있도록 막대를 거머쥔 두 손의 그립을 고쳐 잡고 공격 자세를 취한다.

- 잠자리채와 잠자리와의 거리가 30cm 이내로 근접했을 때 승부수를 던

지는데 그 요령은 잠자리가 머문 위치에 따라 다르다. 잠자리는 대개 풀밭 위나 화초, 나뭇가지 위에 사뿐히 내려앉은 뒤 모기나 파리, 하루살이 따위의 먹잇감을 기다린다.

하나, 잠자리가 착지한 곳이 풀밭 위라면 위에서 땅바닥으로 잠자리채를 빠르고 힘차게 내리꽂는다.

둘, 잠자리가 화초나 나뭇가지 위에 앉아 있다면 포획 방법이 달라진다. 이때는 야구방망이를 휘두르듯 잠자리채를 옆으로 세게 빗겨 친 뒤 잽싸게 땅바닥에 뒤엎는다.

잠자리가 화초나 나뭇가지 위에서 모습을 드러낼 때는 야구방망이를 휘두르듯 잠자리채를 옆으로 세게 빗겨 친 뒤 재빠르게 땅바닥에 뒤엎어야 한다.

포획했지만 김새는 경우

두 경우 모두 잠자리채를 내리꽂고 휘두르는 타이밍만 맞으면 잠자리를 포획할 가능성이 높다. 포획에는 성공했지만 그렇지 않은 것이나 다름없는 때도 아주 가끔 있다. 잠자리채 철망에 잠자리 몸통이 가격당해 반신불수(半身不隨) 내지 즉사하는 경우인데 이럴 때 아이들은 '김샜다'라고 투덜거렸다. 반대로 고추잠자리를 잡은 날, 오늘은 운발이 따르네, 하고 외쳤다.

방심은 금물

포획에 성공한 다음에도 조심할 것이 남아 있다. 그물망 속에 갇힌 잠자리를 빼내 곤충채집통에 집어넣어야 하는데 빼내고 집어넣을 때 자칫 방심하면 비행 순발력이 뛰어난 잠자리가 별안간에 탈출해 버린다. 빼낼 때는 그물망 주머니 입구를 땅에 밀착시킨 상태에서 임무를 수행해야 하고, 집어넣을 때는 채집통에 잠자리를 밀어 넣은 뒤 빠른 속도로 채집통 개폐문을 닫아야 한다. 끝날 때까지 끝난 게 아니라는 말은 잠자리 포획에도 그대로 적용된다.

1970년대 잠자리의 후손들은 요즘에도 건재해 잠자리 사냥은 현재진행형이다. 사냥 장소만 산책로 숲길이나 체육공원 풀밭으로 바뀌었을 뿐, 잠자리채의 효용성도 여전하다.

⑦ 동네 개천의 여름과 겨울(下) 얼음 썰매 타기

#개천이 내린 최고의 선물, 썰매 타기

동네 개천이 놀이터이던 시절 잠자리 사냥보다 아이들이 더 즐거워하고 행복해한 겨울철 놀이가 있었다. 그 놀이 또한 개천이 아이들에게 선사한 선물이었는데 이름하여 썰매 타기다.

더위가 기승을 부릴 때 잠자리 사냥이 개천에서 즐긴 여름방학 최고의 아이들 소일거리였다면 썰매 타기는 동심(童心)을 사로잡은 겨울 레포츠의 대명사였다. 잠자리 사냥이 숨 막히는 긴장감 속에 스릴감을 만끽하는 곤충 포획 게임이었다면 썰매 타기는 혹한의 추위에도 아랑곳없이 시종일관 흥겨운 분위기 속에서 온 세상이 제 것인 양 썰매와 한 몸이 된 빙판 위 아이들의 최애(最愛) 오락이었다.

얼음 썰매 제작에 필요한 망치, 톱, 펜치, 대못, 사포 등 공구들.

#빙판의 제왕을 꿈꾼 아이들

70년대 겨울은 추웠다. 본격적으로 한파(寒波)가 몰아닥치면 동네 개천도 꽁꽁 얼어붙었다. 개천이 얼기 시작하면 아이들 세상도 막이 올랐다. 새로운 세상을 여는 놀이 도구는 썰매였다. 내가 살던 동네에서는 썰매를 앉은뱅이 스케이트라 불렀다. 겨울 한철 아이들은 저마다 빙판의 제왕임을 자처했고 개천을 가로지르는 썰매 빨리 달리기로 날마다 진검승부를 펼쳤다.

얼음 썰매와 한 쌍으로 된 썰매 스틱.

얼음 썰매를 뒤집은 모습.

그 시절 썰매 타기는 아이들이 열광한 겨울나기 최고의 인기 놀이였다. 승부 욕구에 불탄 아이들의 속마음은 더 우수한 썰매 제작 욕심으로 드러났다. 아버지나 형에게 썰매를 만들어 달라고 조르는 아이, 철삿줄보다 얼음판에 더욱 친화적인 쇠붙이 날을 손에 넣기 위해 몇 날 며칠 용돈을 아끼는 아이, 썰매 날을 연탄불에 달구고 망치로 두드려 날카롭게 벼리는 아이, 아예 두 개의 썰매를 뚝딱 만들어 번갈아 경주(競走)에 나서는 아이…….

썰매왕이 되고픈 아이들의 경쟁심은 끝이 없었다. 아버지한테 썰매 만드는 법을 배운 나는 집 마당에서 혼자 나만의 썰매, 애마(愛馬)를 제작했다. 나의 애마는 두 대였다. 철물점 아저씨가 특별히 골라 준 굵직하고 튼튼하게 생긴 철삿줄을 장착한 썰매 하나와 형이 물려준 스케이트형 썰매를 새로 고친 썰매였는데 성능이 꽤 괜찮아 내기 승률도 만족스러웠다.

#얼음 썰매 타기의 ABC와 묘미

빙판 위를 쏜살같이 내달리는 얼음 썰매에서 가장 중요한 포인트는 두말할 것도 없이 질주 본능이었다. 오로지 빠른 자만이 살아남는 세계, 그것이 썰매 타기의 ABC이자 전부였고 처음이자 마지막이었다.

아이들이 빙판 썰매 타기에서 쟁취하는 묘미(妙味)는 바람을 가르는 속도감에서 오는 쾌감과 상대를 이겼을 때 느끼는 짜릿한 성취감, 매서운 추위를 한 방에 떨쳐 버리는 스트레스 해소로 요약할 수 있다.

여느 아이와 마찬가지로 나도 초등학교 겨울방학만 되면 하루가 멀다고 썰매를 들고 개천으로 출동했다.

#얼음 썰매 만들기
얼음판 위를 쌩하고 빠른 속도로 지쳐야 하는 썰매 타기에서 장비의 우수성이 중요한 것은 말할 나위가 없다. 썰매를 다루는 주체는 사람이지만 빙판 위를 미끄러져 앞으로 나아가는 추진체는 썰매에 장착된 철삿줄과 블레이드라고 불리는 스케이트 날처럼 생긴 쇠붙이 날이기 때문이다. 아이들은 썰매를 돌진하게 하는 장치인 철삿줄과 쇠붙이 날을 갈고 다듬어 빙판과 최상의 궁합이 이루어지도록 정성을 쏟았다. 아이들이 썰매 만들기에 목숨을 건 것도 다 그런 까닭에서였다.

얼음 썰매의 구조
썰매의 구조는 앉는 자리인 판자와 판자 양옆 아래에 고정하는 각목, 각목 밑에 홈을 파 설치하는 철삿줄 또는 쇠붙이 썰매 날로 이뤄진다. 여기에 더해 쇠꼬챙이나 대못을 아래에 박은 둥근 막대기 스틱도 따로 만들어야 한다. 둥근 막대기 스틱은 썰매 추진체인 철삿줄과 쇠붙이 날이 제 몫을 다하는 데 없어서는 안 될 필수 보조 도구다. 스틱 밑에 달린 쇠꼬챙이나 대못이 빙판을 찍고 나서야 비로소 썰매의 전진이 가능한 동력(動力)이 썰매 추진체에 전달된다. 쇠꼬챙이와 대못, 빙판은 찍고 찍히는 관계이지만 스스로 독립적인 존재감을 발휘할 수 없고 서로 협업함으로써만 썰매의 질주를 이끌 수 있다.

썰매 제작에 필요한 판자와 각목은 동네 목공소 마당에 버려진 나무를 주워 만들었고, 철삿줄과 쇠붙이 날은 철물점에서 돈을 주고 샀다. 집에 있는 톱과 망치로 나무를 자르고 못을 박았고, 판자와 각목의 거친 표면을 매끄럽게 다듬는 사포(砂布)는 문방구에서 구매했다.

철삿줄과 쇠붙이 날을 장착하는 방법

철삿줄 썰매는 톱으로 각목 가운데를 위에서 아래 끝까지 얕게 썰어 홈이 패게 한 뒤 그 위에 철삿줄을 놓고 철사 양옆 여러 군데에 못을 박아 고정했다.

쇠붙이 날 썰매 역시 각목에 약간 깊게 홈을 만들고 그 위에 쇠붙이 날을 대고 망치로 살살 두들겨 안쪽으로 자리를 잡게 한 다음 센 망치질로 깊숙이 박아 넣은 뒤 좌우 수평 균형을 맞춰 마무리 짓는다.

쇠붙이 날을 장착한 썰매는 철삿줄 썰매보다 얼음판 위를 달리는 힘과 속도감이 뛰어나 아이들과의 내기 시합에서 유리했지만, 바닥에서부터의 높이가 높아 가속도가 붙으면 균형을 잃고 넘어질 위험이 있어 숙련된 조종술이 필요했다.

스틱을 얼음판에 힘차게 내리찍으며 몸을 밀면 쉭쉭, 빙판이 깎이는 소리가 나며 전진하는데 이때부터 얼음 썰매 타기의 신바람이 시작된다.

얼음 썰매 안쪽을 비스듬히 세운 모습. 썰매 날이 보이는데, 옛날 썰매 날보다 각목 바깥으로 돌출된 날 부위가 좁다.

#얼음 썰매의 조종 기술

썰매를 타는 아이의 운전 솜씨가 승부에 영향을 미치는 변수임도 틀림없다. 운전 솜씨는 썰매에서 떨어지지 않게 안정적인 자세를 유지하는 균형감각, 스틱으로 얼음판을 찍고 나가는 순발력과 지구력, 상체와 하체의 힘을 스틱과 썰매에 실어 나르는 운동신경 등을 말한다. 특히 곡선 주로(走路)에서 가속도를 이기지 못해 개천 가장자리로 이탈하거나 조종 기술 미숙으로 나자빠지는 경우가 많았다.

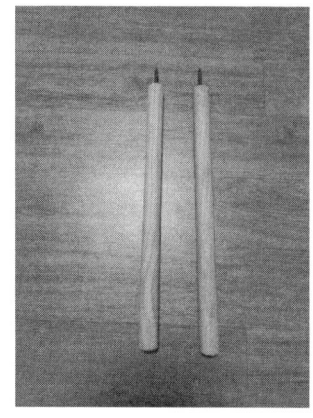

대못을 박아 넣은 얼음 썰매 스틱.

#얼음 썰매 타는 자세

썰매를 탈 때 아이들은 양 무릎을 꿇거나 발바닥을 짚고 무릎을 구부려 앉거나 책상다리 자세를 취했다. 썰매 타는 자세는 아이들 취향에 따라 다 달랐다. 발바닥을 짚고 타면 하체 힘을 최대한 이용할 수 있어 속도를 내는 데 유리했으나 자칫 몸의 균형이 흐트러져 넘어질 위험이 있었다. 책상다리 자세는 가장 안정적이나 하체 힘을 살릴 수 없어 속도 싸움에서 불리했고 오래 타면 허리에 부담이 가 지치기 쉬웠다. 양 무릎을 꿇은 자세는 양반다리 자세보다 속도가 빨랐지만 한두 바퀴 돌고 나면 다리에 쥐가 났다.

#얼음 썰매 즐기는 방법

썰매를 즐기는 방법은 여러 가지였다. 내기를 걸고 전력 질주하는 게임을 선호하는 아이들이 있었는가 하면 혼자서 타는 것을 좋아하는 아이도 적지 않았다. 썰매를 다루는 기술이 능숙지 못한 아이들은 서로 번갈아 앞에서 끌거나 뒤에서 밀어 주는 방법으로 상부상조했다.

썰매를 한참 타다 보면 개천 둑 한구석에서 폐고무 타이어 타는 냄새가 났고 그 주변으로 추위에 얼어붙은 손과 발을 녹이는 아이 여럿이 모여 있었다.

#얼음 썰매 체험장
얼음판 위를 지치는 얼음 썰매 타는 장면을 마지막으로 본 게 언제인지 아득하다. 요즘에도 얼음 썰매 체험장에 가면 얼음 썰매를 즐길 수 있고 온라인 쇼핑몰에서 얼음 썰매도 유통된다. 눈이 많이 내린 날, 아파트 옆 눈 쌓인 언덕길 위에서 플라스틱 썰매를 타고 내려오는 아이들이 드문드문 눈에 띄는데 눈썰매 장면이다.

추위가 지금보다 더 독했던 70년대 겨울, 동네 개천에서 깔깔대며 얼음 썰매의 황홀경에 빠졌던 또래 친구들이 그립고 보고 싶다.

⑧ 민화투(花鬪) 놀이

#딸의 깜짝 제안

2023년 초여름 오랜만에 네 식구 모두 가족 여행을 떠났을 때 일이다. 2박 3일 일정으로 강릉을 찾은 첫날 밤 숙소 거실에서 TV를 시청하던 중 딸아이가 뜻밖의 제안을 했다.

"아빠, 심심한데 고스톱이나 칠까?" 깜짝 놀란 나를 본 딸은 고등학교 때 기숙사 친구들과 장난삼아 화투를 배웠는데 서툴게 칠 줄 아는 정도라고 했다. 내가 놀란 이유는 잡기(雜技)와는 담을 쌓은 것처럼 보였던 딸이 느닷없이 화투 얘기를 꺼냈기 때문이다.

1월부터 12월까지 각각의 달을 상징하는 그림 4장씩 짝을 이룬 48장의 화투 패. 왼쪽 위에서부터 1월~6월, 오른쪽 위에서부터 7월~12월.

평소 식구들끼리 고스톱을 친 기억이 거의 없고 내가 고스톱을 친 기억도 가물가물하다.

#초반 끗발은 개끗발

집사람과 딸, 셋이 자리를 잡고 화투(花鬪)판을 벌였다. 본인 말대로 딸은 화투 패(牌)를 섞는 동작이 어설펐고 규칙에 대한 이해도 어렴풋이 아는 정도였다. 선무당이 사람 잡는다고, 어설픈 손놀림과 달리 딸의 초반 끗발은 물이 올랐다. 신바람이 난 딸의 모습에 웃음이 나왔다.

그러나 초반 끗발은 개끗발이라고, 딸의 기세는 오래가지 못했다. 세 판을 내리 이긴 딸은 운발이 다했는지, 더 이상 힘을 쓰지 못하고 패를 돌리는 족족 헛심만 쓰고 말았다. 화투판은 한 시간을 넘기지 못하고 유쾌하게 파장(罷場) 됐다.

위에서부터 남약 또는 초약, 풍약, 비약. 각각 20점의 점수가 걸려 있다.

나는 아무것도 모를 어릴 때 화투를 배웠다. 잘 치는 화투도 아니고 성인이 되고 나서는 화투를 만진 적이 손에 꼽을 정도다. 화투판에 끼는 것을 별로 내켜 하지 않아서인데 순전히 개인적인 성향 때문이다.

#오락 화투와 내기 화투

화투 치는 사람들은 대개 오랜 시간 책상다리 자세로 허리를 구부리고 고개를 숙여 신경을 곤두세울 수밖에 없는데 나는 이 자세가 불편하다. 몇 차례 패가 오고 가고 시간이 흐르면 그다지 흥도 나지 않을뿐더러 온몸이 욱신거리고 좀이 쑤셔 견디기가 힘들다. 아주 가끔 지루하지 않을 정도로 재미 삼아 즐기는 오락 화투는 몰라도 장시간 내기 화투판은 비생산적 악다구니 게임이라는 생각은 지금도 변함이 없다.

회사 다닐 때 화투를 즐기는 동료들 얘기를 들어 보면 화투판은 어김없이 끝장 승부로 흐르다 막판에는 꼭 서로 얼굴을 붉히며 볼썽사납게 끝난다는 것이다. 희한한 것은 분명 두 번 다시 서로 안 볼 것처럼 씩씩대다가도 언제 그랬냐는 듯이 며칠 사이 또 내기 화투로 의기투합하고 싸우는 일이 반복된다는 점이다. 내가 직접 본 장면도 여럿 있어 틀린 말은 아닐진대 화투꾼들은 화투판 싸움을 싸움이라고 생각하지 않는지, 알다가도 모를 일이다.

#할머니와 화투

나는 1970년대 초 할머니한테 화투를 배웠다. 내가 초등학교 3~4학년 무렵이다. 그때 할머니는 경북 상주 큰아버지 댁과 우리 집을 번갈아 오가며 머물렀다. 할머니는 혼자 화투판을 펼쳐 놓고 운수 띠기로 당신의 운세와 피붙이들의 운세를 맞춰 보곤 했었는데 그 모습을 신기해한 나와 형들도 화투라는 존재를 처음 알았다.

할머니와 지내는 시간이 많아지면서 우리 형제들은 화투 놀이를 궁금해했고 자연스레 화투 치는 법을 알게 됐다. 화투(花鬪)의 한자어를 직역하면 꽃 싸움인데 일 년 열두 달을 상징하는 꽃이나 나무, 새, 동물, 풍경 그림이 4장씩 짝을 이룬 플라스틱 재질의 직사각형 딱지 48장이 한 세트다.

#민화투의 규칙과 게임 방법

우리가 할머니한테 배운 화투 놀이는 지금은 추억 속에서만 존재하는 민화투라는 가장 기본적인 게임이었다. 널리 알려진 고스톱에 비해 규칙과 요령이 간단해 배우기 쉬웠다. 낱장의 패가 맞아떨어진 민화투의 점수 나기 종류는 비 그림, 단풍 그림, 난초 그림 네 장을 각각 확보한 비약(비約), 풍약(楓約), 남약 또는 초약(草約), 흑싸리, 홍싸리, 난초 다섯 끗 자리 띠로 이

위에서부터 홍단, 초단, 청단. 각각 30점의 점수가 걸려 있다.

뤄진 초단(草短), 송악, 벚꽃, 매화 띠로 된 홍단(紅短), 모란, 국화, 단풍 띠로 된 청단(靑短) 여섯 가지였다.

게임 방법은 2명이 맞붙으면 바닥에 패를 드러낸 바닥 패 8장에 10장씩 손 패를 쥐고 했으며 3명인 경우에는 바닥 패 6장, 손 패 7장, 4명은 바닥 패 8장에 손 패 5장씩을 들고 승부를 겨뤘다.

점수 계산 방법과 난 점수

점수 계산 방법은 약(約)을 하면 20점, 단(短)을 하면 30점이었고, 피 0점, 띠 5점, 열 끗 10점, 광(光)은 20점이었다. 약과 단을 한 사람은 약값과 단값을 상대에게서 받아 자기 패에 더해 점수가 금방 높아졌다.

특이한 점은 의무적으로 채워야 하는 본(本)이라고 하는 기본 점수가 있었는데 각자가 획득한 점수에서 기본 점수를 뺀 점수가 높은 사람이 승자가 됐다. 기본 점수는 2명이면 120점, 3명은 80점, 4명은 60점이었다. 각자 얻은 점수에서 기본 점수를 덜어낸 점수를 '난 점수'라고 했고, 해당하는 사람은 "났다!"라고 소리쳤다.

2명이 하는 게임에서 한 사람이 130점을 얻어 이겼다면 기본 점수를 뺀 10점에 대한 보상을 받는데 보통 5점당 얼마, 이런 식으로 정했다.

둘이 민화투를 치면 바닥 패 8장에 손에 든 패 10장씩을 들고 게임을 한다.

넷이 민화투를 할 때는 바닥 패 8장에 손에 든 패 5장씩을 쥐고 승부를 겨룬다.

먼저 난 사람이 중간에 스톱을 선택할 수 있는 고스톱과 달리 패가 다 돌아야 승패가 결정되는 것도 민화투만의 특징이었다.

#형제들의 음모(陰謀)

형제가 모두 집에 있는 날, 우리는 할머니와 민화투를 가끔 쳤고 '난 점수' 5점당 1원씩을 걸었다. 화투를 치다 말고 할머니는 한 번씩 변소(便所)를 다녀오곤 했는데 이 순간은 우리 형제들이 뻔히 속 보이는 음모(陰謀)를 꾸미는 시간이었다. 음모는 할머니가 없는 동안 화투 낱장의 끗수가 보이지 않도록 바닥에 뒤집어 쌓아 놓은 더미 패(牌)의 순서를 우리 형제들 패와 짝이 맞도록 조작하는 것이었다.

승부는 보나 마나, 화투판으로 돌아온 할머니는 속수무책으로 허탕만 쳤고 할머니가 자리를 비울 때마다 그 일은 반복됐다. 그럴 때마다 할머니는 "그 참, 이상하네." 하며 혀를 끌끌 찰 뿐 내색하지 않았는데 실은 손자들의 장난기 가득한 작당(作黨) 모의(謀議)를 다 알고도 모른 체한 사실을 얼마 안 가 알게 됐다.

아득한 옛날 일이지만 아직도 기억에 생생하다. 알고도 속아 준 할머니의 품이 그립다. 그때 70대 중반이었던 할머니는 10년 후 우리 곁을 떠났다. 삼가 할머니의 명복(冥福)을 빈다.

⑨ 할머니의 곰방대와 막걸리

#단명(短命)한 할아버지와 장수(長壽)한 할머니

나는 할아버지를 본 적이 없다. 할아버지는 아버지가 어렸을 때 돌아가셨다. 할아버지의 존재에 대한 실체가 내 머릿속에 없듯이 아마 생전의 아버지도 당신의 아버지에 대한 기억이 그렇지 않았을까 싶다. 단명(短命)한 할아버지와 달리 할머니는 할아버지 몫까지 다해 장수(長壽)했다.

할머니는 큰집과 작은집인 우리 집을 계절이 바뀔 때마다 번갈아 드나들었다. 그럴 때마다 나는 할아버지에 대해 이것저것 캐묻곤 했다. 할머니가 들려준 얘기 중 몇 가지가 기억나는데, 그중 하나가 할아버지의 사망 원인이 늑막염(肋膜炎)이었다는 것이다. 의료 기술이 지금에 많이 못 미쳤던 시절이라 당시에는 할아버지처럼 늑막염으로 생명을 잃는 경우가 많았다고 한다.

내가 기억에도 없는 할아버지 얘기를 꺼낸 데에는 애연가(愛煙家)이자 애주가(愛酒家)였던 할머니의 무병장수 건강 체질과 관련이 있다.

#할머니와 담배와의 만남

40대 초반에 7남매를 홀로 건사해야 할 막막한 처지에 놓인 할머니는 어느 날 날마다 짓눌러 오는 스트레스를 견디다 못해 할아버지가 애지중지했던 곰방대에 손을 대기 시작했다는 것이다. 잎담배의 맛을 알 리 없던 할머니는 희한하게도 공중으로 흩어져 올라가는 담배 연기가 뭉게구름처럼 보였고, 그 장면을 보고 있노라면 답답한 가슴이 뻥 뚫리는 신기한 경험에 스스로 놀라워했다는 얘기를 들려주셨다.

이때부터 할머니는 돌아가시기 한 달 전 앓아눕기 전까지 둘도 없는 애연가로 담배를 끼고 살았다.

#곰방대를 처음 봤을 때
나는 예닐곱 살 때 할머니의 곰방대를 처음 보았다. 쌈지에서 담뱃잎 뭉치를 꺼내 곰방대 끝 대통(桶)에 꾹꾹 욱여넣고 성냥불을 붙이는 동작과 동시에 빨부리를 물고 몇 모금 뻑뻑 빨면 대통 속 담뱃잎들이 빨갛게 타들어 가면서 불이 붙었다.

할머니가 숨을 내쉴 때마다 코와 입에서 나온 뿌연 연기가 회오리바람을 일으키며 위로 솟구치는 모습을 재미있다고 깔깔대며 흥미롭게 지켜봤던 기억이 화석처럼 내 마음속에 새겨져 있다.

언젠가부터 할머니는 곰방대 대신 필터 없는 담배를 피우기 시작했는데 할머니의 담배 심부름도 여러 번 했었다. 미성년자도 담배를 살 수 있던 시절이라 동네 구멍가게로 담배 심부름을 오는 아이들이 심심찮게 있었다.

#할머니의 흡연 습관
할머니의 흡연 습관 중 기억나는 게 하나 있다.

곰방대.

할머니는 담배를 절반쯤 피우다가 엄지와 검지로 담뱃불을 눌러 꺼 재떨이 가장자리에 걸쳐 놓은 뒤 한참 후에 다시 불을 붙여 담뱃잎이 다 타들어 갈 때까지 피웠다. 생각해 보면 담배를 음식처럼 애지중지했던 당시에는 할머니뿐 아니라 아버지고 그랬고 고모들도 그랬던 것 같다.

대학 입학 후 담배를 배운 나도 용돈이 궁한 하숙생 시절 담배 한 개비를 여러 번 나눠 피우기도 하고 담배 살 돈이 다 떨어지면 재떨이에 쌓인 꽁초 중 쓸 만한 놈을 골라 피우는 궁상(窮狀)을 떨곤 했다.

할머니의 흡연 습관 중 또 하나 생각나는 게 있다. 할머니는 흡연가들에게서 으레 볼 수 있는 마른기침을 일체(一切)하지 않았다. 하루에 한 갑 정도 평생 담배를 태운 할머니가 마른기침 한 번 하지 않은 점은 지금 생각해도 신기할 따름이다.

#할머니의 막걸리 사랑

늦게 배운 담배와 달리 할머니의 술 사랑은 훨씬 빨랐다. 할머니의 술은 우리 집에서 탁배기라고 부른 막걸리였다. 탁배기는 막걸리의 경상도 방언이다. 술을 막걸리로 배운 할머니는 돌아가실 때까지 막걸리 외의 술은 입에 대지도 않았다. 독보적인 막걸리 애주가였던 할머니가 들려준 이야기는 이랬다.

막걸리는 막 걸러서 만든 술이다. 쌀이나 보리를 시루에 찐 지에밥을 말린 뒤 누룩과 물을 섞고 발효시킨 다음 맑은 술(淸酒)과 함께 걸러서 짜낸 게 막걸리다.

농사꾼의 아내에게 시집오고 얼마 지나지 않아 할머니는 막걸리 맛을 알았다고 한다. 논농사, 밭농사 때 빠지지 않는 새참 수발을 하던 중 할아버지가 권해서 어쩔 수 없이 마신 게 막걸리와의 첫 만남이었는데 걸쭉한 목 넘김이 싫지 않았고, 먹을거리가 변변찮을 때라 몇 잔 받아 마시

막걸리를 담은 낡은 주전자와 묵은지, 막걸리 한 사발.

면 배도 불러 차츰 막걸리 사랑에 빠지게 됐다는 것이다.

#할머니의 아침 식사였던 막걸리

정말이지 할머니의 막걸리 사랑은 혀를 내두르게 했다. 할머니에게 막걸리는 마시고 흥에 겨워 기분 좋게 취하는 술이 아니라 삼시 세끼 음식 중 하나였다.

할머니는 아침 식사를 늘 막걸리로 대신했다. 우리 식구들이 아침을 먹을 때, 할머니는 막걸리 석 잔에 김치 몇 조각을 안주로 집어 드셨다.

할머니는 아침 식사 대용(代用)인 막걸리를 하루도 거르지 않았다. 그렇다고 할머니가 술독에 빠질 만큼 술 욕심을 부리거나 툭하면 술을 찾은 것도 아니었다. 할머니의 막걸리 사랑은 오전 식사로 석 잔, 어쩌다 저녁 밥상에서 반주(飯酒) 삼아 한두 잔이 전부였다.

#절제형 애주가(愛酒家)

할머니의 이런 음주 습관은 평생 변하지 않았다. 술을 의식주(衣食住)의 한 축인 끼니처럼 귀히 여겨 일정량을 정해진 시간에 규칙적으로 음용(飮用)한

대신 과음(過飮)을 멀리한 절제형(節制型) 애주가의 전형(典型)이 아니었나 생각된다.

그런 점에서 내가 술에 취한 할머니의 모습을 본 기억이 없는 것은 당연한 결과라고 할 수 있겠다. 카랑카랑한 목소리에 꼬장꼬장한 할머니의 성품과도 연관이 있지 않나 싶다.

막걸리는 찌그러진 주전자에 담아 마셔야 제맛이 난다. 걸쭉하고 텁텁한 막걸리 특유의 맛과 어울리기 때문일 것이다.

젊었을 때나 나이 들어서나 큰 병치레를 한 적이 없는 할머니는 1982년 여름 86세로 자연사(自然死)했다. 할머니 세대는 60세를 장수(長壽)의 상징으로 여겨 환갑잔치가 일상적인 풍속이었다.

#무병장수한 할머니

병원에 입원한 적이 없었던 할머니는 팔십이 넘어서야 지팡이를 일상생활의 벗으로 삼고 세상을 떠나기 한 달 전 앓아누웠다. 경북 상주 큰아버지 댁에서 한 달간 몸져누워 있던 할머니는 거짓말처럼 잠결에 스르르 하늘나라로 갔다. 임종(臨終)을 지킨 아버지한테 직접 들은 얘기다. 19세기에 태어나 '구구 팔팔(구십구 세까지 팔팔하게 살다가) 이삼사(二三死, 2~3일 앓다가 사망)'가 부럽지 않게 무병장수(無病長壽)한 할머니는 타고난 건강 체질이었다.

곰방대와 막걸리는 할머니의 다른 이름이었다.

⑩ 초등학교 가을 소풍과 운동회

#아이들의 해방구이자 축제 한마당

초등학교 가을, 큰 행사 둘이 있었다. 하나는 가을 소풍이고 다른 하나는 운동회였다. 시 외곽 유원지로 전교생들이 야외(野外)로 나들이를 가는 소풍과 학교 운동장에서 학년별 청팀, 백팀 또는 홍팀으로 편을 갈라 체육대회를 여는 운동회는 어린 청춘들이 손꼽아 기다리는 해방구이자 흥겨운 축제 한마당이었다.

해방구는 따분한 학교 수업에서 벗어나 평소 감춰 둔 재기발랄한 끼를 열린 공간에서 마음껏 발산할 수 있었다는 뜻이고, 축제는 모처럼 동급생끼리 한마음 한뜻이 되어 우정을 다지고 애교심을 고양하며 강인한 정신과 육체 건강을 도모할 수 있었다는 의미다.

#어머니표 김밥 도시락과 삶은 밤

소풍과 운동회 전날에는 진수성찬이 부럽지 않은 어머니표 김밥 도시락과 과일, 과자, 음료수 따위를 배가 터지도록 먹을 수 있다는 기대감에 밤잠을 설치는 아이들이 적지 않았고 나 또한 그랬다. 소풍과 운동회 때면 약방에 감초처럼 빠지지 않은 먹거리가 있었는데 바로 삶은 밤이었다.

아득한 옛날, 초등학교 소풍과 운동회 때 손으로 집어 먹었던 김밥은 지금도 존재감이 크고 앞으로도 그럴 간편식의 대명사다.

삶은 밤은 맛있으면서도 불편한 점도 있었다. 삶은 밤은 일단 껍질을 벗기기가 여간 불편하지 않았고 퍼석퍼석한 식감이 달짝지근한 밤 특유의 풍미(風味)를 짓눌러 몇 개 먹고 나면 물렸다. 씹을 때 부스러지는 밤 알갱이도 처치 곤란이었다.

1970년대 초등학교 가을 소풍과 운동회를 상징하는 대표적인 먹거리였던 삶은 밤.

#참을 수 없는 밤껍질 까기의 무거움

삶은 밤껍질을 까려면 일단 위아래 어금니로 밤 끄트머리 부분을 깨물어 뜯은 뒤 겉껍질을 벗겨야 한다. 겉껍질은 딱딱하고 질겨 손가락으로는 벗기기가 쉽지 않아 입에 물고 한참 씨름해야 한다. 1차 관문인 겉껍질을 벗겼다고 끝난 게 아니다. 떫은맛이 나는 얇은 속껍질, 이른바 율피(栗皮)라고 하는 2차 관문이 기다리고 있다.

속껍질은 손톱으로 살살 벗겨 내야 하는데 깔끔하게 작업을 끝내기가 쉽지 않았다. 이럴 때는 앞 치아를 이용해 강제로 벗겨 낼 수밖에 없는데 그마저도 쉽지 않았다. 떫은맛을 감수하고 속껍질 채 그냥 씹어 먹기도 했다.

어금니로 깨물어 두 동강 내기와 찻숟가락 사용하기

껍질 까는 행위 자체가 성가실 때는 이런 방법을 썼다. 어금니로 깨물어 밤을 두 동강 낸 뒤 한 쪽씩 치아의 힘으로 파먹는 식이었다. 손으로 까야 하는 불편함이 없는 대신 껍질에 달라붙은 과육 가장자리까지 온전하게 다 먹어 치울 수는 없었다.

차를 마실 때 쓰는 찻숟가락을 사용하는 방법도 있었다. 한 손에 밤을 쥐고 밤 알갱이와 껍질 사이에 찻숟가락을 밀어 넣고 힘을 줘 떠내는 식이었다. 밤 파먹기라고 불렀는데 품이 들어가 귀찮았지만 의외로 밤 알갱이를 알뜰하게 먹을 수 있었다.

과도로 껍질 벗기기

보다 못해 어머니가 직접 나설 때도 있었다. 과도를 집어 들고 밤껍질을 살살 달래 가며 벗겨 내는 방법인데 시간이 걸리고 손도 많이 가 효용성이 떨어지는 바람에 어머니도 썩 내켜 하지는 않았던 걸로 기억한다.

#삶은 달걀과 김밥

삶은 달걀을 까먹는 재미도 쏠쏠했고 단무지, 시금치, 달걀지단, 우엉, 당근, 어묵, 소시지 등을 김에 말은 김밥 하나를 집어 먹고 사이다를 한 모금 마시면 세상 부러울 게 없었다.

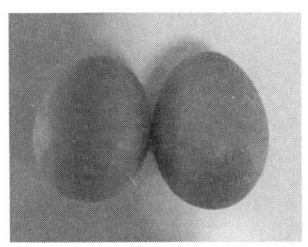

삶은 달걀도 소풍이나 운동회 때 빠지지 않은 별미였다.

소풍의 하이라이트는 점심 식사 후 펼쳐지는 장기 자랑이었다. 장기 자랑에는 푸짐한 상품이 부상으로 걸려 아이들이 감춰 둔 비장의 필살기(必殺技)를 선보이는 무대였고 동료들이나 선생님들 모두 환호하는 시간이었다.

#소풍의 하이라이트 장기 자랑

자칭 가수라며 한껏 으스댄 채 남진(1946~)의 '님과 함께'(1972년 발표)를 그럴싸하게 부르는 아이, 1970년대 슬랩스틱(몸 개그)의 일인자 '비실이' 배삼룡(1926~2010)의 개다리춤을 선보이는 아이, 장소팔(1922~2002)-

고춘자(1922~1994) 콤비의 재기 넘치는 만담(漫談)을 흉내 내는 아이, 백남봉(1939~2010), 남보원(1936~2020)의 성대모사를 어설프게 따라 하는 아이…….

장기 자랑 시간은 환호와 박수갈채, 응원과 격려의 함성이 메아리쳤고 틀에 박히고 하지 말라는 억압과 구속에 짓눌린 아이들이 모처럼 자유를 만끽한 신바람 세상이었다.

선생님들로 구성된 심사위원들의 심사 끝에 수상한 아이들은 학용품을 한 아름씩 받아 든 채 만면에 웃음을 띠었다.

#소풍의 피날레, 보물찾기
소풍의 피날레는 보물찾기 게임이었다. 선생님들이 상품(商品) 이름을 적은 종이쪽지를 군데군데 숨겨 두면 아이들이 우르르 찾아 나섰는데 종이쪽지를 발견한 아이는 해당하는 상품을 경품(景品)으로 받았다. 보물찾기의 경품도 장기 자랑과 마찬가지로 학용품이었다.

#가을 운동회와 만국기(萬國旗)
가을 운동회는 전교생이 한데 어우러진 화합의 대축제이자 신나는 잔치마당이었다. 1년 중 날씨가 가장 청명한 10월에 열리는 운동회는 말 그대로 평소 갈고닦은 건강미와 운동 실력, 동료들과의 협동 정신을 뽐내는 시간이었다.

운동회가 열리는 날, 학교 운동장을 가로지르는 형형색색의 만국기가 줄에 매달려 펄럭이고 있었고 아이들은 저마다 청팀, 백팀, 또는 홍팀으로 나눈 머리띠를 동여맨 채 똑같은 체육복을 입었다. 운동회에는 학부모는 물론 할아버지, 할머니, 친척들까지 총출동했고 동네 주민들까지 몰려들어 학교 행사를 넘어 작은 지역 축제나 다름없었다. 초등학교 운동회 행사에 등장한 세계 각국의 국기인 만국기는 학생과 교사로 대표되는 학교 구성원을 비롯해 학부모와 친지, 지역 주민까지 아우르는 거교적(擧校的) 화합을 도모하는 평화적 축제라는 운동회 본연의 정신을 상징하는 표식(標式)이었다.

#개인 종목과 단체 종목

오전부터 시작하는 운동회는 개인 종목과 단체 종목으로 나눠 실력을 겨뤘다. 화합의 대축제라는 운동회 취지에 어울리게 개인 종목보다는 단체 종목이 압도적으로 많았다.

개인 종목은 빨리 달리기와 씨름 정도가 다였던 것으로 기억한다. 빨리 달리기는 운동장 한 바퀴를 가장 빨리 달리는 승부였는데 반(班)별로 학생 전원이 몇 개 조로 나눠 참가하는 게임과 학급 대표끼리 겨루는 학급 대항 게임이 있었다.

단체 종목은 공 굴리기, 이어달리기, 줄다리기, 기마전(騎馬戰), 이인삼각(二人三脚) 게임, 공중에 매달린 바구니에 콩 주머니를 던져 넣는 콩 주머니 넣기, 콩 주머니를 던져 높이 매단 박 터뜨리기, 단체 줄넘기, 상대편이 던진 공에 맞으면 아웃되는 피구, 배구, 축구 등이었다.

공 굴리기, 이인삼각 경기가 벌어질 때는 학부모들이 참가하기도 했다.

#아이들이 제일 좋아한 점심시간

오전 프로그램이 끝나면 점심시간인데 가족들은 운동장 곳곳에 삼삼오오 돗자리나 신문지를 펴고 모여 앉았다. 어머니가 정성껏 준비한 도시락과 삶은 밤, 과일, 과자, 음료수 등을 원 없이 먹을 수 있는 이때는 아이들이 제일

과일은 운동회 점심시간 때 가족끼리 둘러앉아 맛나게 먹었던 후식(後食)이었다.

좋아하는 시간이기도 했다.

그때는 담임선생 도시락도 학생들이 준비했는데 대개 학급 반장 어머니가 떠맡았다.

#운동회의 하이라이트와 시상식

운동회의 하이라이트를 장식하는 종목은 학교마다 조금씩 달랐는데 주로 이어달리기나 기마전이었다. 운동회의 꽃인 만큼 이어달리기와 기마전 때에는 아이들의 함성(喊聲)이 학교 바깥으로까지 울려 퍼졌고 가족들의 응원전도 치열했다.

운동회는 오후 느지막이 시상식을 끝으로 대단원의 막을 내렸다. 개인 종목 시상과 단체 종목 시상이 끝나면 아이들 손에는 노트 묶음이나 연필 한 다스, 필통, 색연필 세트, 물감 도구 따위가 쥐어져 있었다.

소풍은 체험 학습, 운동회는 체육대회로 명칭이 바뀐 지 오래고 두 행사의 풍경도 예전과는 판이해 반세기(半世紀)라는 세월의 무게를 실감한다.